100
1921
—
2021
建党100周年

中共上海市委党史研究室 编

上海党史
知识读本

上海人民出版社

一、"重要活动和重大事件"部分，全面反映党领导上海人民在革命、建设和改革时期的伟大斗争和伟大实践，分为新民主主义革命时期、社会主义革命和建设时期、改革开放和社会主义现代化建设新时期和中国特色社会主义新时代，涵盖经济、政治、文化、社会、生态文明和党的建设等领域，并按照时间顺序排列。

二、"重要会议"部分，反映记录中国共产党在上海召开的全国代表大会、中共中央在上海召开的会议，其他具有局部或全局影响的重要会议，以及上海地方党代会和代表会议。

三、"重要人物"部分，以逝世时间先后为序，主要收录：（1）出生地今属上海的党和国家领导人以及上海地方党组织主要领导人；（2）牺牲或者出生在上海的有典型意义的烈士；（3）主要活动地在上海并获得重要国家荣誉如："双百"人物、"改革先锋"、"时代楷模"、"国家最高科学技术奖"等。

四、"重要革命遗址旧址"部分，主要收录党在新民主主义革命时期，领导中国人民进行革命斗争时在上海留下的珍贵红色印迹，尤其是党在创建时期，中共中央早期在上海时间段的重要遗址旧址，以及早期党的主要领导人在上海留下的革命足迹。

2021年7月1日，我们将迎来中国共产党成立100周年。100年矢志践行初心使命，100年筚路蓝缕奠基立业，100年创造辉煌开辟未来。习近平总书记在党史学习教育动员大会中指出，"回望过往的奋斗路，眺望前方的奋进路，必须把党的历史学习好、总结好，把党的成功经验传承好、发扬好"。

上海是中国共产党的诞生地，是社会主义建设的重要基地，是改革开放的前沿阵地和中国特色社会主义进入新时代的排头兵、先行者，肩负着历史和时代赋予的重任。中国共产党领导上海人民在危难险阻中英勇斗争，在艰苦奋斗中顽强拼搏，在改革开放中开拓进取，在伟大复兴中锐意创新，展现了一幅幅波澜壮阔的历史画卷，谱写了一首首催人奋进的史诗赞歌。

上海是党的历史上许多重要活动和重大事件的发生地。《共产党宣言》中译本在这里面世，五卅运动在这里爆发，国歌在这里诞生。1949年5月27日，上海解放。毛泽东指出，进上海是中国革命要过的一难关，它带有全党全世界性质。因为上海的解放不仅代表着半殖民地半封建社会在中国的终结，而且意味着人民当家作主的社会主义经济建设的重要开篇。初步建成全国最大的综合性工业基地和科学技术基地后，上海在改革开放的大潮中迎来腾飞机遇。1990年4月18日，以浦东开发开放为龙头，上海开始从单一功能的工业城市向"经济中心、贸易中心、金融中心、航运中心"的多功能城市转变，并在长三角和长江流域发展中发挥带动作用。"一年一个样，三年大变样"，经济社会等各项事业蓬勃发展，上海创造了举世瞩目的成就。党的十八大以来，自贸区、进博会、临港新片区等一项项具有战略意义的国家项目落户上海，上海在改革开放再出发中继续大胆探索、走在前头。

上海是党的历史上许多重要会议的召开地，党的一大、二大、四大在这里召开；"左联"在这里宣布成立；1921年至1933年，党中央机关长期驻扎在上海，留下了丰富的革命印迹，如中央政治局机关、中央军委机关、中央秘书处机关等旧址遗址。上海也是毛泽东、周恩来、刘少奇、邓小平、陈云、张闻天等老一辈革命家成长和战斗过而又倍加关注的地方……这些宝贵的红色资源，是上海这座社会主义现代化国际大都市的精神支撑，是这座海派城市的文化底色。

上海还是无数共产党员抛头颅、洒热血、献终身之地。在革命战争年代，顾正红、罗亦农、赵世炎、林育南、李求实等英烈，在危险的地下斗争环境和监狱刑场的残酷考验中忠诚于党，体现了共产党员坚定信仰、不畏牺牲的崇高追求。在和平建设时期，彭加木、谢晋、谷超豪、邹碧华等各行各业的先进代表鞠躬尽瘁，追求卓越，树起了新上海的时代楷模。

"长风破浪会有时，直挂云帆济沧海。"在迎接建党百年的光荣时刻，在全党开展党史学习教育、全社会开展"四史"宣传教育之际，我们组织编纂《上海党史知识读本》一书，立足上海，着眼全国，以中国共产党在上海的百年奋斗历程为经，以上海党史上的重要活动和重大事件、重要会议、重要人物、重要革命遗址旧址为纬，力求通过历史这个最好的"教科书""营养剂"，简明、通俗地呈现党领导上海人民在革命、建设、改革和复兴时期的伟大斗争和伟大实践，传承红色基因、牢记初心使命，激励广大党员干部在全面建设社会主义现代化国家新征程上勇于担当、敢为先锋，奋力创造新辉煌！

编辑说明 ·· 001

前言 ··· 001

一 重要活动和重大事件

（一）新民主主义革命时期

01 五四运动在上海 ······························· 003

02 留法勤工俭学运动兴起 ······················ 004

03 中国共产党发起组成立 ······················ 005

04 《共产党宣言》中文全译本出版 ·············· 006

05 社会主义青年团成立 ························· 007

06 党的三次全国代表大会在上海召开 ········· 008

07 推动国共合作 ································· 009

08 五卅运动 ······································ 011

09 上海工人三次武装起义 ······················ 012

10 左翼文化运动 ································· 013

11 九一八和一·二八时期的反日斗争 ········· 015

12 创作《义勇军进行曲》 ······················ 016

13 成立救亡协会 ································· 017

14 支援八一三淞沪抗战 ························· 018

15 成立八路军驻沪办事处 ······················ 019

16 重建中共江苏省委 ··························· 020

17 建立难民工作阵地 ··························· 022

18 开创"孤岛文化" ··························· 023

19 支援新四军 ··································· 024

20 领导郊县抗日武装斗争 …………………………… 026

21 贯彻"勤学勤业交朋友"方针 …………………… 027

22 组织地下军 ………………………………………… 028

23 设立周公馆 ………………………………………… 029

24 领导六二三反内战运动 …………………………… 030

25 抗击美军暴行 ……………………………………… 032

26 成立中共中央上海局 ……………………………… 033

27 组织反饥饿、反内战、反迫害运动 …………… 034

28 上海战役军政全胜 ………………………………… 035

29 里应外合迎接解放 ………………………………… 036

（二）社会主义革命和建设时期

01 接管上海 …………………………………………… 039

02 团结各界人士建设新上海 ………………………… 040

03 开展社会改造 ……………………………………… 041

04 支援抗美援朝运动 ………………………………… 042

05 平抑"两白一黑"风波 …………………………… 044

06 开展反封锁、反轰炸斗争 ………………………… 045

07 开展群众性扫盲运动 ……………………………… 046

08 推动人民卫生事业发展 …………………………… 047

09 贯彻市政建设"两为"方针 ……………………… 049

10 完成资本主义工商业的社会主义改造 ………… 050

11 支援国家重点建设 ………………………………… 051

12 开展三次工业改组 ………………………………… 052

13 卫星城的建设与发展 ……………………………… 054

14 贯彻"双百"方针 ………………………………… 056

15 学习"南京路上好八连" ………………………… 058

16 贯彻执行"八字"方针 …………………………… 059

17 初步建成先进的综合性工业基地 ……………… 061

18 初步建成先进的科学技术基地 ……………… 063

19 参加"两弹一星"研制 ……………… 064

20 支援三线建设 ……………… 066

21 《中美联合公报》发表 ……………… 067

22 建设上海石化 ……………… 068

（三）改革开放和社会主义现代化建设新时期

01 全面拨乱反正 ……………… 071

02 建设宝山钢铁总厂 ……………… 072

03 推动科教文化事业恢复发展 ……………… 074

04 发起振兴中华读书活动 ……………… 075

05 制定上海发展蓝图 ……………… 076

06 推行企业承包经营责任制 ……………… 078

07 实施实事工程 ……………… 079

08 建立闵行、虹桥和漕河泾经济技术开发区 ……… 081

09 改善投资环境 ……………… 082

10 落实浦东开发开放国家战略 ……………… 083

11 改革投融资体制 ……………… 086

12 建设多功能多层次金融市场体系 ……………… 087

13 构建城市立体交通网络 ……………… 089

14 建立城市分级管理体制 ……………… 091

15 开展对口支援 ……………… 093

16 推进旧区改造 ……………… 095

17 实施"三、二、一"产业发展方针 ……………… 096

18 推动文化改革发展 ……………… 097

19 建设公共体育设施 ……………… 098

20 建立现代企业制度 ……………… 100

21 建立健全社会保障 ……………… 101

22 实施"聚焦张江"战略 ……………… 103

23 实施口岸"大通关" ……………………………… 105

24 建设洋山深水港 …………………………………… 106

25 大力发展总部经济 ………………………………… 107

26 建成国家园林城市 ………………………………… 109

27 推进浦东综合配套改革试点 ……………………… 110

28 培育上海城市精神品格 …………………………… 112

29 举办上海世博会 …………………………………… 114

30 实施"凝聚力工程" ……………………………… 126

（四）中国特色社会主义新时代

01 建设中国（上海）自由贸易试验区 ……………… 119

02 建设具有全球影响力的科技创新中心 …………… 120

03 推进国家重点改革试点 …………………………… 122

04 打造国际文化大都市 ……………………………… 124

05 持续改善城市生态环境 …………………………… 126

06 统筹城乡协调发展 ………………………………… 128

07 创新社会治理 ……………………………………… 130

08 建设健康上海 ……………………………………… 132

09 推进行政区划大合并 ……………………………… 133

10 全面加强改革的系统集成 ………………………… 135

11 建设崇明世界级生态岛 …………………………… 136

12 打造城市文化新亮点 ……………………………… 139

13 举办中国国际进口博览会 ………………………… 141

14 建设上海自贸试验区临港新片区 ………………… 143

15 支持、配合设立科创板并试点注册制顺利落地 …… 145

16 推进长三角区域一体化发展 ……………………… 146

17 推进"人民城市"建设 …………………………… 148

18 基本建成国际金融、航运中心 …………………… 150

19 探索基层党建创新 ………………………………… 152

20 全面推进党的建设新的伟大工程 ………………… 154

二 重要会议

（一）中国共产党全国代表大会

01 中国共产党第一次全国代表大会 …………………… 159

02 中国共产党第二次全国代表大会 …………………… 160

03 中国共产党第四次全国代表大会 …………………… 161

（二）中共中央在上海召开的会议

01 中共三届中央执行委员会第一次会议 ……………… 163

02 中共三届中央执行委员会第一次扩大会议 ………… 163

03 中共四届中央执行委员会第二次扩大会议 ………… 164

04 中共中央临时政治局扩大会议 ……………………… 164

05 中共中央临时政治局会议 …………………………… 165

06 中共六届二中全会 …………………………………… 165

07 全国苏维埃区域代表大会 …………………………… 166

08 全国红军代表会议 …………………………………… 166

09 中共六届中央政治局会议 …………………………… 167

10 全国组织会议 ………………………………………… 167

11 中共六届三中全会 …………………………………… 168

12 中共六届四中全会 …………………………………… 168

13 中共中央政治局扩大会议 …………………………… 169

14 中共中央八届七中全会 ……………………………… 169

15 中共中央政治局扩大会议 …………………………… 170

16 中共中央政治局扩大会议 …………………………… 170

17 中共中央政治局常委扩大会议 ……………………… 171

（三）其他重要会议

01 中国社会主义青年团第三次全国代表大会 ………… 173

02 中国济难会发起人大会 ……………………………… 173

03 中国共产党江浙区第一次代表大会 ……………… 173

04 共青团中央扩大会议 ……………………………… 174

05 全国总工会执行委员会第二次扩大会议 ………… 174

06 第五次全国劳动大会 ……………………………… 175

07 中国共产党江苏省第二次代表大会 ……………… 175

08 中国革命互济会第一次全国代表大会 …………… 176

09 中国左翼作家联盟成立大会 ……………………… 176

10 中国社会科学家联盟成立大会 …………………… 177

11 远东反战会议 ……………………………………… 178

12 全国各界救国联合会成立大会 …………………… 178

13 上海财经会议 ……………………………………… 179

（四）上海地方党代会和代表会议

01 中国共产党上海市第一届代表大会 ……………… 181

02 中国共产党上海市第二届代表大会 ……………… 182

03 中国共产党上海市第三届代表大会 ……………… 183

04 中国共产党上海市第四次代表大会 ……………… 184

05 中国共产党上海市第五次代表大会 ……………… 185

06 中国共产党上海市第六次代表大会 ……………… 186

07 中国共产党上海市第七次代表大会 ……………… 187

08 中国共产党上海市第八次代表大会 ……………… 188

09 中国共产党上海市第九次代表大会 ……………… 189

10 中国共产党上海市第十次代表大会 ……………… 190

11 中国共产党上海市第十一次代表大会 …………… 191

12 中国共产党上海市第一次代表会议 ……………… 192

13 中国共产党上海市第二次代表会议 ……………… 193

14 中国共产党上海市代表会议（1982年）………… 193

15 中国共产党上海市代表会议（1987年）………… 194

16 中国共产党上海市代表会议（1993年）………… 194

17 中国共产党上海市代表会议（1997年）………… 194

三 重要人物

01 黄仁（1904—1924） …… 197
02 顾正红（1905—1925） …… 197
03 刘华（1899—1925） …… 198
04 奚佐尧（1898—1926） …… 199
05 陶静轩（1890—1926） …… 199
06 侯绍裘（1896—1927） …… 200
07 汪寿华（1901—1927） …… 201
08 张佐臣（1906—1927） …… 202
09 杨培生（1883—1927） …… 202
10 陈延年（1898—1927） …… 203
11 赵世炎（1901—1927） …… 204
12 罗亦农（1902—1928） …… 205
13 许白昊（1899—1928） …… 205
14 陈乔年（1902—1928） …… 206
15 郑复他（1904—1928） …… 207
16 苏兆征（1885—1929） …… 208
17 杨殷（1892—1929） …… 208
18 彭湃（1896—1929） …… 209
19 颜昌颐（1900—1929） …… 210
20 邢士贞（1903—1929） …… 211
21 缪伯英（1899—1929） …… 211
22 龙华二十四烈士 …… 212
23 恽代英（1895—1931） …… 215
24 杨匏安（1896—1931） …… 216
25 应修人（1900—1933） …… 217
26 黄励（1905—1933） …… 217
27 罗登贤（1905—1933） …… 218
28 邓中夏（1894—1933） …… 219

29 顾作霖（1908—1934）…………………… 220

30 陈为人（1899—1937）…………………… 220

31 茅丽瑛（1910—1939）…………………… 221

32 徐阿梅（1906—1939）…………………… 222

33 郑文道（1914—1942）…………………… 223

34 邹韬奋（1895—1944）…………………… 223

35 王孝和（1924—1948）…………………… 224

36 李白（1910—1949）……………………… 225

37 秦鸿钧（1911—1949）…………………… 226

38 张困斋（1914—1949）…………………… 227

39 胡文杰（1916—1949）…………………… 227

40 张权（1899—1949）……………………… 228

41 陈仲信（1929—1949）…………………… 229

42 刘长胜（1903—1967）…………………… 230

43 陈毅（1901—1972）……………………… 230

44 张闻天（1900—1976）…………………… 232

45 陈望道（1891—1977）…………………… 232

46 吕士才（1928—1979）…………………… 233

47 彭加木（1925—1980）…………………… 234

48 刘晓（1908—1988）……………………… 235

49 盛铃发（1944—1989）…………………… 236

50 陈云（1905—1995）……………………… 236

51 谢晋（1923—2008）……………………… 237

52 谷超豪（1926—2012）…………………… 238

53 汤庆福（1947—2013）…………………… 239

54 邹碧华（1967—2014）……………………239

55 钟扬（1964—2017）……………………… 240

56 王逸平（1963—2018）…………………… 241

57 吴孟超（1922—2021）…………………… 241

四　重要革命遗址旧址

01 中国共产党发起组成立地（《新青年》
编辑部）旧址 ……………………………… 245

02 留法勤工俭学出发地（黄浦码头旧址、
汇山码头遗址） …………………………… 246

03 中国共产党第一次全国代表大会会址 ………… 247

04 中国共产党第一次全国代表大会代表宿舍旧址 …… 248

05 中国社会主义青年团中央机关旧址 …………… 249

06 中国共产党第二次全国代表大会会址 ………… 250

07 中国共产党第四次全国代表大会遗址 ………… 251

08 中国社会主义青年团中央局机关遗址 ………… 253

09 中国劳动组合书记部旧址 ………………………… 254

10 沪西工人半日学校遗址 …………………………… 255

11 上海机器工会临时会所遗址 ……………………… 256

12 又新印刷所旧址 …………………………………… 256

13 中共三大后中央局机关三曾里遗址 ……………… 257

14 中共中央联络点遗址 ……………………………… 259

15 中共中央政治局联络点遗址 ……………………… 259

16 中共中央联络处旧址 ……………………………… 260

17 中共中央政治局机关旧址（1928—1931年）……… 261

18 中共临时中央政治局机关旧址 …………………… 262

19 中共中央军委机关旧址 …………………………… 263

20 中共中央宣传部遗址 ……………………………… 264

21 中共中央国际电台遗址 …………………………… 264

22 中共中央无线电训练班旧址 ……………………… 265

23 中共中央第一座无线电台遗址 …………………… 266

24 中共中央秘密印刷厂旧址 ………………………… 266

25 中共中央秘书处机关遗址（青海路） …………… 267

26 中共中央秘书处机关遗址（西康路）………… 268

27 中共中央秘书处机关旧址（江宁路）………… 268

28 中共中央组织部遗址 …………………………270

29 中共中央特科机关旧址（中共六届四中全会会址）… 270

30 中共中央与中央军委联络点旧址 ……………… 272

31 中共中央机关办公地点遗址 …………………… 272

32 中共中央与共产国际代表联络点遗址 ………… 273

33 中共中央文库遗址 ……………………………… 273

34 任弼时旧居及团中央机关遗址 ………………… 274

35 全国苏维埃代表大会中央准备委员会机关遗址 …… 275

36 中共中央上海局机关旧址（江苏路）………… 275

37 中国共产党代表团驻沪办事处旧址 …………… 276

38 《布尔塞维克》编辑部旧址 …………………… 278

39 上海工人第三次武装起义时工人纠察队沪南总部

　　——三山会馆 ………………………………… 278

40 五卅运动爱国群众流血牺牲地点 ……………… 279

41 上海大学遗址（陕西北路299弄）…………… 280

42 中国左翼作家联盟成立大会会址 ……………… 281

43 《中国青年》编辑部旧址 ……………………… 282

44 上海书店遗址 …………………………………… 283

45 1927年中共江苏省委旧址 …………………… 284

46 中共上海区委党校旧址 ………………………… 285

47 八路军驻沪办事处旧址 ………………………… 286

48 抗战时期中共江苏省委机关旧址 ……………… 286

49 新四军驻上海办事处旧址 ……………………… 287

50 1920年毛泽东寓所旧址 ……………………… 288

51 上海茂名路毛泽东旧居 ………………………… 289

52 上海宋庆龄故居 ………………………………… 290

53 张闻天故居 ……………………………………… 291

54 陈云故居 ································· 291

55 李白烈士故居 ···························· 292

56 鲁迅故居 ································· 293

57 瞿秋白寓所旧址 ························· 294

58 上海中山故居 ···························· 294

59 韬奋故居 ································· 295

60 刘晓故居 ································· 296

61 刘长胜故居 ······························ 297

62 龙华革命烈士纪念地 ···················· 298

后记 ··· 299

一

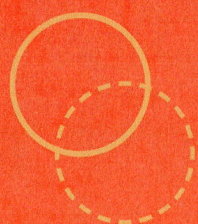

重要活动和
重大事件

（一）

新民主主义革命时期

01 五四运动在上海

1919年初，第一次世界大战的战胜国在法国巴黎召开和平会议。这次和会是在英法美等几个帝国主义强国把持下进行的。会议竟决定把战败国德国在中国山东攫取的一切权利全部让给日本，逼迫北洋军阀政府在和约上签字。

消息传到国内，激起了各阶层人民的强烈愤慨，1919年5月4日，北京学生掀起了震撼海内外的五四运动。全国各地纷起响应，5月7日，上海各界2万余人集会游行，开启上海声援北京学生的爱国运动。在运动中，上海学生联合会宣布成立，并单独组织中等以上学校2万余人举行罢课救国誓师典礼和示威游行。

6月3日，北洋军阀政府大肆逮捕学生，自此五四运动进入新的阶段。6月5日，上海日商内外棉第三、第四、第五纱厂，日商上海纱厂、浦东日华纱厂，商务印书馆、中华书局等厂工人举行政治罢工，第一天罢工人数就达2万余人。同日，学生界罢课、商界罢市，开始了罢工、罢课、罢市的"三罢"斗争，工人罢工成为"三罢"斗争的主力军。以后几天里，电车工人、电气工人、电话工人、码头工人、海员、铁路工人等约11万各业工人汇成政治大罢工的洪流，7万多店员投入罢市斗争。上海的"三罢"斗争如燎原之势，迅速燃遍南北，中国工人阶级以巨大的声势参加了这次运动，唐山、长辛店、九江等地工人相继举行罢工，天津、津浦铁路等处也酝酿罢工。在工人阶级威力的震慑下，在全国人民的压力下，北洋军阀政府被迫释放大批被捕学生，撤销了曹汝霖、陆宗舆、章宗祥的职务，并于6月28日宣布拒绝在和约上签字。

五四运动是坚决地不妥协地反对帝国主义和封建主义的运动，工人阶级

▲ 五四运动中，上海工人大罢工，显示了工人阶级的巨大力量

在政治舞台上显现了前所未有的巨大威力。五四运动促进了马克思主义同工人运动的结合，为党的成立作了思想上和干部上的准备。五四运动揭开了新民主主义革命的序幕。

02 留法勤工俭学运动兴起

第一次世界大战结束后，在俄国十月革命的影响下，法国出现了极为有利的革命形势。五四运动前后，为寻求救国救民真理，部分中国青年知识分子开始留法勤工俭学运动。

1919 年 3 月到 1920 年 12 月，共有 20 批 1600 余名中国青年从上海乘船出发到法国"勤以作工，俭以求学"。其中著名的有天津的周恩来、郭隆真、刘清扬，湖南的蔡和森、李富春、李立三、李维汉、向警予、蔡畅、徐特立等，四川的赵世炎、邓小平、陈毅、聂荣臻等，贵州的王若飞，安徽的陈延年、陈乔年等。具有初步共产主义思想的知识分子在运动中积极参与指导，并逐步发挥了主导作用。以毛泽东为代表的新民学会骨干，倡导和组织了湖南青年留法勤工俭学运动，积极输送了大批有志青年出国求学。

到达法国后，以蔡和森、赵世炎、周恩来等为代表的先进分子，在思想上、组织上为党的创建和发展作出了重要的贡献。他们认真学习和广泛宣传马克思主义，批判无政府主义、工读主义错误思潮，逐渐确立了坚定的共产主义信念，并组织领导了一系列的革命运动，积累了丰富的实践斗争经验，提高了思想政治素质，增强了领导和组织才能，在斗争实践中迅速地成长成熟起来。蔡和森对中国共产党建党理论进行了探索，得到了毛泽东和陈独秀的赞同和重视。1921年初，张申府、刘清扬、周恩来、赵世炎、陈公培5人建立了旅法共产党早期组织。6月，旅居法国、比利时、德国的勤工俭学学生代表在巴黎郊区建立旅欧中国少年共产党。1922年冬，根据中共中央的指示，旅法、德、比的中共党员统一组成中共旅欧支部。1923年2月，旅欧中国少年共产党改名为"旅欧中国共产主义青年团（中国社会主义青年团旅欧支部）"。中共旅欧支部和旅欧中国共产主义青年团成为留法学生和华工、华人开展政治活动和斗争的领导核心。

从1923年起，中共旅欧支部从旅法勤工俭学生中选送优秀分子去苏联学习。周恩来等人于1924年7月奉命回国，邓小平等人于1926年1月赴苏联。1926年后，大批学生回国，留法勤工俭学运动基本结束。

03 中国共产党发起组成立

1920年2月，李大钊护送陈独秀离开北京至天津，途中两人酝酿了建党问题，史称"南陈北李，相约建党"。陈独秀一到上海，就开始把马克思主义与工人运动结合起来。1920年5月，陈独秀在上海建立了马克思主义研究会，学习和研究马克思主义的理论，酝酿建党，邀请邵力子、陈望道，以及星期评论社的李汉俊、戴季陶、沈玄庐、俞秀松、沈仲九、刘大白等参加。6月，陈独秀、李汉俊、俞秀松、施存统、陈公培5人在环龙路老渔阳里2号陈独秀寓所开会，决定成立共产党，初名为社会共产党，会议起草了具有党纲、党章性质的若干文件。8月，征求李大钊的意见，定名为共产党。这是中国最早建立的共产党组织，它在中国共产党的创建过程中，发挥了发起组织和联络中心的重要作用，史称中国共产党发起组。

继上海成立中共发起组之后，各地成立的共产党早期组织有的称共产党小组或共产党支部。1920年夏季之后，在中共发起组的推动下，共产主义运动在中国进入了有组织、有目的、有计划的实践阶段，各地共产党早期组织以中共发起组为中心，保持密切的联系。为了统一各地党员的思想认识，为正式建党作准备，1920年11月，中共发起组制定了《中国共产党宣言》，明确提出：要依靠工农群众进行社会革命，要建立无产阶级专政，表明中国共产主义者决心走十月革命的道路，为在中国实现崇高的共产主义理想而奋斗的愿望。虽然该宣言当时未公开发表，仅供内部学习和吸收党员时作参考，但也发挥了有利于统一和提高共产党早期组织成员思想的作用。

中共发起组在传播马克思主义，开展同非马克思主义的论争，将马克思主义和工人运动相结合，推动各地建立党团组织，以及筹备召开中国共产党第一次全国代表大会等方面，都作出了重大贡献。

04 《共产党宣言》中文全译本出版

李大钊、陈独秀等在筹备建党的过程中，非常重视学习和传播马克思主义。1920年夏季，陈独秀在上海成立社会主义研究社，出版的《共产党宣言》中译本，是该社的第一个成果。

马克思、恩格斯所著《共产党宣言》，第一次集中又精辟地阐述了科学社会主义的基本原理。辛亥革命之前以至五四时期前后，中国已有不少人介绍或翻译过《共产党宣言》的片段内容，其中从1919年11月9日起，《民国日报》副刊《觉悟》和《建设》《星期评论》等刊发过有关文章介绍《共产党宣言》部分内容，论述《共产党宣言》的伟大意义。由于《共产党宣言》的重要性为越来越多的人士所认识，有一个完整的中译本面世，成为共产主义知识分子的迫切愿望。

1920年春，按照年初星期评论社的约请，陈望道在故乡浙江义乌县分水塘村，根据日文和英文本《共产党宣言》进行翻译。陈望道译完后于1920年4月底来到上海，因《星期评论》被迫停刊，《共产党宣言》无法发表。中共发起组成立后，陈望道托中共发起组成员俞秀松将《共产党宣言》译稿交给陈独秀。中共发起组把《共产党宣言》译稿的出版看为头等大事，陈

▲《共产党宣言》中文全译本

独秀、李汉俊又参照外文版对中译本进行了校对。8月，陈独秀将陈望道译《共产党宣言》作为"社会主义研究小丛书第一种"，由社会主义研究社出版。

陈望道所译的《共产党宣言》是《共产党宣言》的第一个中文全译本，使中国人民第一次看到这个科学社会主义伟大历史文献的全貌。1920年8月首版印了1000余册，很快售完；当年9月再版，以后由其他出版社多次再版。各地的党团组织将它作为规定的读物。《共产党宣言》中译本对于宣传马克思主义、推动社会主义的蓬勃发展、为党的创立奠定思想基础，都发挥了非常重要的作用。

05 社会主义青年团成立

1919年爆发的五四运动，使中国青年在黑暗的旧中国看到了黎明的曙光。五四运动高潮过去后，各地进步青年纷纷来到上海，寻求新的理想的道路。中

国共产党发起组在霞飞路新渔阳里 6 号创办了外国语学社，容纳了这些革命青年，他们多数是由各地共产党早期组织介绍来的。

中共发起组为了加强建党工作力量，同时也为了满足进步青年的革命渴望，委派俞秀松等 8 人经多次商议，于 1920 年 8 月 22 日成立了上海社会主义青年团。团机关设在渔阳里 6 号，俞秀松担任青年团的书记。最早的团员是外国语学社的 30 多名学生。上海社会主义青年团要求青年团员到劳动群众中去，要求知识分子和工人运动相结合。青年团员在社会实践中受到了教育，也增长了才干。

和中共发起组的情况相同，上海的青年团组织也起到了青年团发起组作用。上海社会主义青年团在同各地党组织的联系中，推动各地建立青年团。到 1921 年初，全国各地团员有 1000 多人。3 月，中国社会主义青年团临时中央执行委员会在上海成立，临时团中央机关仍设于渔阳里 6 号。

1921 年 5 月，中国社会主义青年团暂时停止活动。1921 年 11 月恢复活动，并迅速发展。团临时中央局设在上海。1922 年 5 月，中国社会主义青年团第一次全国代表大会在广州召开，大会通过了团的纲领、章程等 6 个决议案宣告中国社会主义青年团正式成立。会后，青年团中央迁至上海。

06 党的三次全国代表大会在上海召开

1921 年 7 月 23 日，中国共产党第一次全国代表大会在上海召开。7 月 30 日，因会址受到法租界巡捕的搜查，最后一天的会议改在浙江嘉兴南湖的游船上举行。大会通过的《中国共产党第一个纲领》明确党的名称为中国共产党，规定中国共产党要领导无产阶级进行革命斗争，推翻资产阶级国家机器，建立无产阶级专政，消灭阶级，实现生产资料公有制，最终实现共产主义的目标。大会选举了中央领导机构人员，陈独秀被选为中央局书记，李达分管宣传工作，张国焘分管组织工作。中共一大正式宣告中国共产党的成立。从此，在中国出现了一个完全新式的，以共产主义为最终目的，以马克思列宁主义为指南的统一的无产阶级政党。

经过一年的革命实践，1922年7月16日至23日，中国共产党第二次全国代表大会在上海召开。大会发表了《中国共产党宣言》，在中国近代史上第一次明确地提出了彻底的反帝反封建的民主革命纲领，提出了党的最高纲领和最低纲领、革命分两步走的战略方针。大会还制定了党的第一部党章《中国共产党章程》，规定了党员条件、党的组织、党的纪律等，明确地体现了民主集中制原则，促使中国共产党由群众党成为一个具有严密组织和铁的纪律的政党。

1925年1月11日至22日，中国共产党第四次全国代表大会在上海召开。在党的历史上第一次明确提出无产阶级在民主革命中的领导权和工农联盟问题，对中国民主革命的内容作了更加完整的规定，第一次将支部确立为党的基本组织，初步奠定了党的支部制度基础。中共四大促进了党的基层组织的发展，为中国共产党由一个宣传性的小政党发展为真正的群众性政党作出了积极的贡献。

07 推动国共合作

1923年6月召开的中共三大决定，中国共产党同国民党进行党内合作。1924年1月，国民党第一次全国代表大会承认共产党员和青年团员以个人身份加入国民党，国共合作正式形成。

国民党一届一中全会决定在上海、北京、汉口等地设立中央执行委员会执行部。1924年3月，国民党上海执行部在环龙路44号正式办公。国民党上海执行部是国共合作的成果，共产党员毛泽东、恽代英、邵力子任组织部、宣传部、工农部秘书，并负责各部具体工作，另有许多共产党员在各部任干事，环龙路 44 号在当时被称为"国共群英会"。

上海执行部积极推动国民党党务革新，组织国民党老党员重新登记，发展新党员，建立国民党地方基层组织。成立平民教育委员会，建立平民学校，全力推进平民教育。负责黄埔军校在沪招生工作，为黄埔军校输送了大批优秀生源。积极创办革命进步刊物，组建宣传委员会，开展全方位的革命宣传工作。成立工人农民部、青年委员会和妇女运动委员会，组织领导工人、青年和妇女运动。

国共两党还通力合办上海大学。1922 年 10 月，上海大学由东南高等专科师范学校改组而成，国民党员于右任被公举为上海大学校长。1923 年夏天，共产党员邓中夏任校务长，实际主持工作。瞿秋白、陈望道等很多共产党员任系主任和教员。短短一年中，上大成为共产党人为主的、人文荟萃的高等学府，当时人称"文有上大，武有黄埔"。在上大办得最有特色的社会学系，执教的多为中国共产党的著名领导人、杰出的理论家、宣传家，他们在上大的理论教育，促进了党的思想建设，提高了党的理论水平，推动了将马列主义理论和中国革命实践相结合的研究和探索。

在国共合作的背景下，上大成为中国早期革命者的摇篮、革命的大熔炉，很多学生在此成长并投身民族解放事业。1924 年，上大学生积极参加社会运动，到沪西小沙渡和沪东杨树浦工人集中区建立平民学校，进行革命宣传，开展工人运动。上大学生也在工作中受到工人的教育与激励，成长为工人运动或女工运动的领导者。从 1924 年秋起，上大学生积极投身日益高涨的国民革命运动，在五卅运动、上海工人三次武装起义和迎接北伐军的工作中，发挥了先锋和模范作用。

08 五卅运动

1925 年 2 月，上海日商纱厂 3.5 万余人举行总同盟罢工并取得胜利。四五月间，日商纱厂的资本家反攻倒算，撕毁 2 月罢工谈判时与工人达成的协议。5 月 7 日，日商资本家组织的纺织同业会决定取缔工会，开除工会积极分子，甚至以关厂相威胁。5 月 15 日傍晚，日本内外棉七厂资本家关闭工厂，停发工人工资，夜班工人被阻厂门外。共产党员、工人顾正红带领群众冲进厂内，同资本家开展斗争，结果与十余名工人被日本大班开枪打伤。5 月 17 日，顾正红牺牲。

日本帝国主义的暴行，激起工人群众的无比愤怒。中共上海地委当天晚上决议发动全市各界团体援助开展反对日本帝国主义运动。经中共中央组织策划，5 月 30 日，3000 余名学生、工人到南京路及其他繁华马路宣传演讲，抗议帝国主义的暴行，租界当局的巡捕立即出动，驱赶、殴打、拘捕学生、工人。下午 3 时，大批群众聚集在南京路老闸捕房门前，要求释放被捕的学生、工人。英国捕头下令向手无寸铁的群众开枪，当场打死 13 人，伤者无数，制造了震惊中外的五卅惨案。

6 月 1 日，上海总工会发表罢工宣言，宣布翌日起实行全市工人总罢工。在各界实行"三罢"的基础上，6 月 4 日，在中共中央领导下，上海总工会联合全国学生联合总会、上海学生联合会和各马路商界总联合会建立上海工商学联合会，作为统一领导运动的公开机关。中共中央和青年团中央连续发布文告、宣言，中共中央领导人在《向导》《中国青年》等刊物上发表

▲ 五卅惨案现场

大量文章，揭露帝国主义和反动派的阴谋，并指派瞿秋白等负责创办《热血日报》指导运动。在党的领导下，五卅运动迅速从上海发展到全国各地，形成了席卷全国的反帝风暴。8月10日，中共中央指示改变斗争策略，主动收缩罢工。9月，上海罢工工人基本都有条件、有组织地复工。

五卅运动是中国共产党第一次领导中国人民自觉反抗帝国主义的斗争，扩大了党的影响，壮大了党的组织，为以后党领导大规模的斗争奠定了组织基础，为中国革命提供了宝贵的经验。

09 上海工人三次武装起义

为配合北伐，推翻军阀统治，上海工人在中国共产党领导下举行了三次武装起义。第一次武装起义发动于1926年10月24日。中共上海区委计划和国民党特派员钮永建合作在上海发动起义，响应浙江省省长夏超倒戈反对军阀孙传芳。22日，夏超兵败，形势不利。但是，钮永建仍想借工人武装一搏。24日凌晨，原定起义信号黄浦江上军舰的炮声迟迟未响，许多在夜间集中待命的工人纠察队只得纷纷散去。上海区委下令停止行动，有少数地区举行起义，但很快被军警驱散。第二次武装起义发动于1927年2月22日。国民革命军北伐军向浙江挺进，先头部队到达嘉兴，上海区委决定发动第二次武装起义，19日开始罢工，至此，有36万工人参加的总同盟罢工转入武装起义。22日下午6时，以停泊在黄浦江的两艘军舰向制造局等处开炮十余响为起义信号。但由于原先制定的起义计划受到租界方的干预，第二次起义又遭到挫折。为了保存实力，避免更大的损失，23日，中共中央和上海区委联席会议决定停止起义与总罢工。

接受两次起义失败教训，中共中央和上海区委联席会议决定，成立特别委员会为起义最高机构，下设组织特别军事委员会和特别宣传委员会，做好起义的各项准备工作。1927 年 3 月 21 日正午 12 时，上海 80 万工人举行总同盟罢工，接着举行武装起义。在总指挥周恩来的指挥下，上海工人纠察队向驻上海的直鲁联军发动全面进攻。各区起义队伍按预定目标先后发起对警署、兵营和军队驻地进攻。南市、虹口、浦东、吴淞、沪东、沪西 6 个区在当天完成起义任务。22 日下午 6 时，北火车站的战斗胜利结束。经过两天一夜 30 小时的奋战，上海工人纠察队解放了除租界以外整个上海市区。上海工人第三次武装起义获得了全胜。

上海工人第三次武装起义，是大革命时期中国工人运动的一次伟大壮举。起义胜利之后成立的市民政府是中国历史上第一次在中国共产党领导下，由民众自己建立起来的人民政权。

10 左翼文化运动

四一二反革命政变后，一批党和党所影响的左翼文化工作者汇集上海，提出无产阶级革命文学的口号，开展左翼文化运动。以左联为发轫的上海左翼文化团体，在中国共产党领导下，冲破了国民党政府的文化"围剿"，积极从事马克思主义理论传播和革命文艺创作，在文学、戏剧、电影、音乐、美术、哲学社会科学等方面取得了辉煌成就，为传播先进文化、动员各阶层群众起了重大作用，为迎接抗日救亡运动新高潮的到来奠定了思想基础和积蓄了力量。

鲁迅带动形成了针砭时政的杂文"鲁迅风"。他以极大的精力投入杂文创作，汇集出版了《而已集》《花边文学》等十余本杂文集。蒋光慈、丁玲、萧军、萧红等人创作的革命文学作品成为左翼文学最为丰实的成果。茅盾创作的长篇小说《子夜》将文学创作推向现实主义高峰。1932 年 9 月成立的中国诗歌会则创造了左翼诗歌的鼎盛期。夏衍的《包身工》成为报告文学作品中的杰作。

▲ 中华艺术大学，中国左翼作家联盟成立地

在影剧、音乐、美术方面，左翼文化团体也有积极建树。剧联创作公演了《放下你的鞭子》等一批中外剧目，有力地抵制了帝国主义的文化侵略，鼓舞了人民的抗日斗志。电影小组领导左翼电影工作者摄制了《渔光曲》《风云儿女》等一大批进步影片。音乐小组领导左翼音乐者创作了《毕业歌》《义勇军进行曲》等大量电影歌曲和革命歌曲，宣传、动员、鼓舞群众投身抗日洪流。美联组织盟员出版工人画报，为苏区教科书画插图，配合了革命斗争需要。

在哲学社会科学领域，社联翻译出版马克思列宁主义的重要论著，撰写和出版以马克思主义为指导的哲学、社会科学著作，推动马克思主义社会科学的繁荣和发展。开展关于中国社会性质问题、中国社会史等方面的论战，使"近代中国是一个半殖民地半封建的社会"概念成为人们的共识，印证了中国共产党坚持反帝反封建革命斗争的必要性。语联、记联和教联等也相继投入左翼文化反"围剿"斗争。

在新闻出版领域，左翼文化工作者不断拓展新闻出版阵地，改换进步刊物名称、变换出版社进行抗争，以《东方杂志》《申报》等各大报纸杂志为合法阵地进行宣传，《生活》《新生》周刊等进步刊物，高举抗日救国旗帜，为唤醒民众，振奋民心作出了贡献。

11　九一八和一·二八时期的反日斗争

1931 年 9 月，日本侵略军在东北发动九一八事变。次年，又在上海发动一二八事变。中国共产党坚决主张对抗日抗战，率先举起武装抗日的旗帜，号召全国人民奋起反对日本帝国主义侵略。中共江苏省委坚决贯彻执行党中央的抗日方针，积极组织和领导上海人民开展抗日救亡运动。

九一八事变的消息传到上海后，上海各界以各种形式开展抗日活动，各种抗日团体遍及各行各业。1931 年 12 月，中共江苏省委组织成立了具有广泛群众性的全市反日团体——上海民众反日救国联合会（简称"民反"）。"民反"成立后，积极领导全市的抗日救亡运动，组织数万人次市民举行示威游行，组织大批工人、学生积极投入到抵制日货运动中去。在党的领导下，上海文化界进步人士纷纷发表文章，深刻揭露日本的侵略野心，严厉抨击国民党当局的不抵抗政策；戏剧界组织反日公演并上街宣传，极大地鼓舞和激发了全市人民的爱国热情。上海学生奋起抗日救亡，并在全市运动中发挥先锋作用。各校的共产党员、共青团员和左翼群众团体成员，团结广大学生投入抗日救亡运动，成立上海各校抗日救国联合会和中学抗日救国联合会，连续 3 次赴南京请愿示威，推动了全国各地爱国学生运动的发展。

一·二八事变爆发后，中共江苏省委全力以赴领导上海各级党团组织、群众团体，开展支援十九路军抗战的活动。中共中央军委直接领导的"民反"义勇军，除直接参加战斗外，还编成救护、运输、宣传、慰劳等队，从各方面支援十九路军抗战。各界群众踊跃捐款捐物，积极支持前线抗战。中共江苏省委和各级党团组织、广大党团员在其中做了很多工作，使一·二八淞沪抗战出现了史无前例的军民联合抗战新局面，粉碎了日军速战速决占领上海的美梦。中共江苏省委还领导和组织沪西日商纱厂工人举行反日大罢工。1932 年 1 月，领导日商纱厂罢工由经济斗争变为抗日总同盟罢工，发动全市各抗日团体和群众组织声援沪西工人。在社会各界的支持下，罢工工人积极组织义勇军帮助十九路军前线抗战，组织宣传队进行抗日形势宣传，举行抗日集会和游行示威等。大罢工历时 4 个月，沉重打击了日本帝国主义，使工人在政治上得到锻炼，扩大了党在工人群众中的影响。

12 创作《义勇军进行曲》

1934 年春，在党的电影小组的领导下，电通影片公司成立，成为"左翼电影大本营"。

同年底，电通开始筹拍电影《风云儿女》，该片由田汉创作电影故事梗概，叙述了 20 世纪 30 年代处于深重民族危机下，青年知识分子克服动摇、迷惘，参加义勇军，奔赴抗日战场的故事，反映了中国人民抗日救国的共同愿望和坚强意志。田汉还创作了电影主题歌的歌词。1935 年 2 月，中共上海中央局机关遭破坏，田汉被捕。聂耳主动请缨担当起主题歌作曲的任务，很快就谱写出了歌曲的初稿。为躲避反动当局的迫害，党组织决定让聂耳取道日本去苏联学习音乐。赴日本不久，聂耳把修改定稿的歌谱寄给电通公司。在谱曲过程中，为了增强感染力，聂耳对歌词做了调整，主要为：将"每一个人"改为"每个人"，在"我们万众一心"前加了三个"起来"，将"冒着敌人的飞机大炮"改为"冒着敌人的炮火"，将最后一个"前进"改为"进"。后该歌被定名为《义勇军进行曲》。5 月 9 日，电通公司第一次将《义勇军进行曲》灌制成唱片发行，其后再把唱片上的录音转录到电影《风云儿女》的胶片上。5 月 24 日，《风云儿女》在上海金城大戏院首映，该曲作为该片主题歌在影片片头、片尾播放。

《义勇军进行曲》立即在观众中引起了强烈反响，并成为流行极广的抗战歌曲。在全民族抗战时期，该歌不仅在全国人民中到处传唱，而且影响远及东南亚、欧洲、北美等地。著名美国黑人歌唱家保罗·罗伯逊也曾演唱此歌，并录制成唱片，使这首歌驰誉世界，被公认为一首国际性的战歌。1949 年 9 月，《义勇军进行曲》被确定为中华人民共和国代国歌。1982 年 12 月，正式成为中华人民共和国国歌。2004 年 3 月，《义勇军进行曲》作为国歌写入宪法。

13 成立救亡协会

七七事变爆发后，上海人民成立的救亡团体达 170 余个。刘晓、冯雪峰、王尧山三人组成的中共上海三人团决定将各界救国会扩大改组为救亡协会，以最大限度把各阶层人民动员组织起来，使抗日救亡活动在党的直接领导下深入持久地进行下去。

1937 年 7 月 28 日，上海文化界救亡协会（简称"文协"）宣告成立。随后，教育界、职业界、工人界、学生界救亡协会（简称"教协""职协""工协""学协"）先后建立。各救亡协会均设立秘密党团，党团成员以基层团体代表的公开身份参加各救亡协会理事会，救亡协会理事会有国民党上层分子或著名爱国民主人士参加。各救亡协会还以团体会员的名义，加入国民党市政府主持的上海各界抗敌后援会，成为公开合法的群众抗日团体。

各界救亡协会发动组织战地服务队、运输队、救护慰劳队配合前线抗战。工协联系的各区产业工人战时服务团，在支援前线的战斗中发挥着核心作用。救亡协会组织的 200 多个宣传队深入全市大街小巷，发动声势浩大的救国募捐运

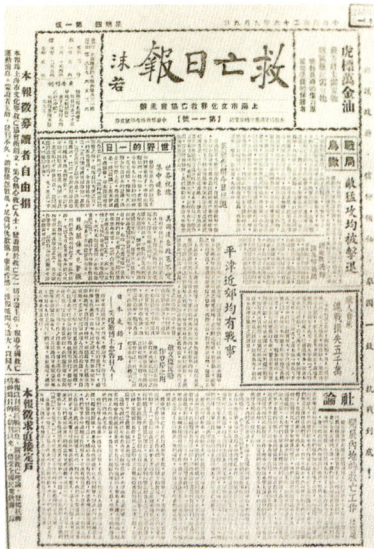

▲ 上海文化界救亡协会机关报《救亡日报》

动。救亡协会的歌咏队到伤兵医院、难民收容所教唱抗日救亡歌曲，举办音乐会，演唱救亡歌曲鼓舞群众斗志。戏剧界救亡协会（简称"剧协"）下属13个救亡演剧队及孩子剧团不仅在上海演出，还奔赴外省开展救亡演出活动。文协出版报刊进行全面抗战宣传，增强群众争取抗战胜利的信心。

上海租界沦为孤岛后，工协、职协、学协在各系统党委的领导下，及时调整斗争策略，改变团体的组织形式和活动方式。其中，职协改战时服务性质的群众救亡团体为群众性业余联谊团体，坚持寓抗日救亡宣传于文化娱乐、生活互助之中的活动方针，成为各救亡协会会员最多的团体。救亡协会党团以星期聚餐会等公开形式，在爱国人士、社会名流、工商界巨头中开展上层统战工作。

1940年汪伪政府成立后，日伪势力勾结，孤岛形势日趋恶化。1941年初，中共江苏省委决定结束日伪最注目的工协和学协工作；安排各协会从事公开活动的党员和积极分子转移到华中根据地；指示职协调整、巩固组织，各业联谊团体利用租界的合法环境，重点开展社会福利活动，继续坚持群众工作阵地。

14 支援八一三淞沪抗战

八一三淞沪抗战爆发后，中共上海三人团根据中共中央关于武装民众，配合主力军作战的指示精神，决定全力发动群众，支援前线。在群委、工委和各级基层党组织的领导、推动下，各救亡协会组织起数以百计的募捐队、慰问队、救护队、运输队和战地服务队，支援八一三淞沪抗战。

由职协和工人、学生救亡团体组成的千人劝募队开展群众性劝募活动。到9月10日，全市共募得爱国捐款150余万元，各类实物200多种。9月中旬，全市发起为抗敌将士赶制御寒衣物运动，各妇女团体和各界救亡协会，发动全市近40万妇女，昼夜不断地缝制出20万件棉背心和部分印有"保卫大上海"红字的棉手套。各救亡团体缝制了70万只民众慰劳袋，在每只慰劳袋中装入食品、药物和日用品，连同棉背心一起，送到前线将士的手中。

各救亡团体组织的运输队、救护队、战地服务团，冒着炮火，运送物资，抢救伤员。由各行业工人组织的战地服务团达 100 多个，数以千计的上海工人奔赴前线，抢救伤员，修筑工事，到伤兵医院护理伤员。上海煤业救护队是各战地救护队中规模最大，也是最引人瞩目的一支队伍。在八一三淞沪抗战爆发前夕，煤业党支部成功地争取到上海煤业公会及煤业界上层人士的支持，调集了 50 辆卡车，动员了 500 名职工，成立了上海煤业救护队。八一三淞沪抗战爆发的当夜，煤业救护队就开出十几辆卡车，赴前线开展救护工作。继后，救护队冒着炮火，昼夜不停地驰骋在宝山一带，抢救伤员，护送难民，运输慰劳品、军需物资，救护工作一直持续到国民党军队撤离上海。

在各支战地服务团中，以文协和全国妇女抗敌慰劳总会上海分会组织的三支战地服务队影响最大。9 月中旬，八路军驻沪办事处决定由文化界救亡协会出面发动组织随军战地服务队，到作战部队开展政治工作和战地服务工作。9 月 25 日，第一支战地服务队赴浦东国民党第八集团军工作，随军开展慰问宣传活动。10 月初，第二、第三支战地服务队，分赴昆山国民党第十五集团军和嘉定国民党十八军工作。服务团出色的宣传鼓动工作，赢得了部队官兵和战区民众的普遍欢迎。

15 成立八路军驻沪办事处

全面抗战爆发后，1937 年 8 月下旬，根据国共双方的协定，中国共产党在上海成立八路军驻沪办事处（简称"八办"），系由中共上海办事处和红军驻沪办事处二者改组而成，是抗战初期党在上海的公开机构。潘汉年任主任，冯雪峰任副主任，刘少文任秘书长。主要任务是进行上层统战、文化宣传、营救和安排出狱的政治犯、情报机要工作。

八办成立后，高举抗日民族统一战线的旗帜，充分利用其公开合法的地位，打破了党在国统区城市秘密工作的局限性，成为党同广大人民群众联系、开展抗日民族统一战线工作的公开阵地。八办领导人与各阶层爱国进步人士、抗日救亡社团的领袖人物广泛接触，争取和团结他们与共产党合作抗日。与国民党市政当局洽谈、协调，以国共合作形式拓展上海抗日救亡工作的阵地，与上海党组织密切配合，将救国会扩建为抗日救亡协会，扩大了党的群众工作基础。

八办直接领导的文化界，利用合法和秘密形式出版各种刊物，全面宣传共产党抗日路线政策和八路军沉重打击日本侵略者的战果。每天有不计其数的进步学生、工人、难民青年、中间人士和寻找共产党领导的救亡团体，到八办来领取抗日报刊、传单等宣传品，到马路、里弄、学校等处张贴、散发、宣传，扩大了党的全民抗战路线和建立抗日民族统一战线的宣传。

八办是共产党在上海的公开机构，许多与党失去联系的同志，都通过这个渠道来寻找党组织。8月初国共两次庐山谈判后，大批被释放的党员干部到南京、上海八办寻找党的关系，要求参加抗日工作。八办为出狱人员安排联络接待地点，并临时安排一部分同志到难民收容所落脚。经八办政审后，大部分同志由八办介绍去延安学习或赴重庆、武汉大后方参加公开的救亡工作，只选择少部分在上海有隐蔽条件的同志，转由上海三人团个别审查了解后接上关系，安排工作。

八办的上层统战工作和抗日宣传扩大了党的政治影响，为上海党组织的重建提供了更为广泛的群众基础，创造了有利的政治环境。1937年11月上海沦陷后，八办转入半公开活动，后因形势恶化，于1939年11月撤销。

16 重建中共江苏省委

中共江苏省委成立于1927年6月，是党在上海地方的秘密领导机构。因屡遭国民党破坏，1935 年 1 月后不复存在。

1937 年 6 月，中共中央派刘晓到上海，重建上海地方党的组织。7 月，根据中央指示，由刘晓、冯雪峰、王尧山组成中共上海三人团，作为党的临时过渡性组织。七七事变后，为加强党对群众抗日救亡运动的领导，上海三人团建立的群众团体工作委员会（简称"群委"）和工人工作委员会（简称"工委"），以已确认党籍的党员为核心，在领导群众斗争的同时，按系统建立支部干事会，在救亡团体中建立党团。到 9 月，上海党组织的恢复重建工作初见成效，党员发展到 130 余人，党的各级组织也得到了进一步健全。为进一步加强上海党的领导力量，8 月底到 9 月底，中共中央又分两批先后派出张爱萍、余立金、吴克华、彭林、曾广泰 5 名军事干部和长期从事职工运动领导工作的刘长胜到上海。至此，重建上海党组织的时机已经成熟。

根据过去 10 年来领导上海工作的地方一级的党组织是中共江苏省委的传统，1937 年 10 月，上海三人团致电中共中央，建议成立中共江苏省委。11 月初，经中共中央批准，中共江苏省委正式成立。书记刘晓，副书记刘长胜，组织部部长王尧山，宣传部部长沙文汉，军委书记张爱萍。中共江苏省委以上海市为中心，同时领导江苏、浙江两省沪宁、沪杭铁路沿线的重要城市党的工作，还担负江浙敌后农村抗日武装游击战争的开辟工作。省委直属中央领导，同时受南京中共代表团领导。省委下设 6 个委员会，即军事运动委员会（简称"军委"）、工人运动委员会（简称"工委"）、职员运动委员会（简称"职委"）、学生运动委员会（简称"学委"）、妇女运动委员会（简称"妇委"）、文化运动委员会（简称"文委"）。此外，省委还直属领导教育总支部和海关、巡警两个特别支部。随着党组织的发展和工作的需要，1937 年 12 月后，省委又先后建立了难民运动委员会（简称"难委"）、外县工作委员会、教育界运动委员会（简称"教委"）、基督教学校学生运动委员会（简称"教会学委"）、近郊区工作委员会、情报工作委员会。

上海全面沦陷后，1942 年 8 月至 12 月，根据中共中央决定，中共江苏省委机关全部转移到新四军淮南根据地。工委、职委、学委、教委、文委和警察特支 6 个组织系统坚持在上海斗争。1943 年 1 月，中共中央决定撤销中共江苏省委，建立华中局敌区工作部（后改称城市工作部），继续领导上海和江苏重要城市党的工作。

17 建立难民工作阵地

八一三淞沪抗战爆发后，大量难民从战区涌向租界，最多时达 70 万人，大多数是工人、店职员、农民和他们的家属。上海各慈善团体紧急行动起来，成立 200 多个临时收容所，开展救济、遣送难民工作。上海沦陷后，仍有 25 万难民滞留在孤岛。难民中的绝大多数人是工人、农民，是党的基本群众。

八一三淞沪抗战期间，中共上海三人团就十分重视难民工作，并从各系统组织动员了一批党员、积极分子进入各难民收容所，把难民的安置、教育和疏散工作，与开辟敌后农村武装游击战结合起来。中共江苏省委成立后，于 1937 年 12 月成立了难委，统一领导党在上海慈善团体联合救灾会救济战区难民委员会（简称"慈联会"）50 余所难民收容所，和上海国际第一、二难民收容所中的工作。

难委组织发动数十名党员和数百名积极分子到各收容所工作，同时加强对各慈善团体和社会上层人士的统一战线工作，争取各方力量的支持。各难民所按照难民的不同情况，开设识字班、文化班，同时开展读报、演讲、歌咏、演剧等各种活动，把文化教育与抗日宣传教育结合起来，激发难胞的抗日爱国热情和阶级觉悟。与此同时，还集中各收容所的一批青壮年和优秀儿童，分别举办军政短训班、难童学校和无线电训练班，先后参加学习培训的有 4000 多人。

到 1939 年，经过近两年的工作，广大难民的思想觉悟和爱国热情普遍提高，涌现出一大批积极分子。有 26 个收容所建立了党支部，党员从 30 人发展到 390 余人。随着各业生产陆续恢复，难民工作逐步收缩，各难民收容所先后以"移民垦荒""回乡种田"的名义，分别于 1938 年 7 月、1938 年底和 1939 年初，分三次向皖南新四军输送 1200 余名青年，其中有党员 80 多人；向上海郊区和苏南、苏中游击区输送 2000 余人；向外县和市郊农村分别派出近 50 名党员和一批积极分子，开辟、发展抗日武装斗争。难民收容所从单纯的社会救济场所，变为党在难民这一特殊群体中开展工作，培养、壮大抗日救亡生力军，向各条战线输送骨干力量的基地和学校。党中央赞誉上海党的难民工作是成功的创举。

18 开创"孤岛文化"

上海沦为孤岛后，中共江苏省委领导文委在孤岛特殊的社会环境和条件下，以多种形式开展革命文化活动，开创了著名的"孤岛文化"，使进步文化运动成为打破孤岛沉寂局面的先锋，对广大群众起到了潜移默化的影响和感召的作用。

重建报刊宣传阵地。进入孤岛后，在八一三抗日宣传工作中曾经发挥重要作用的上海进步报刊阵地遭到极大冲击。文委在最短的时间内，集中力量，冲破敌人新闻、文化封锁，创建报刊宣传阵地。出版半公开的各界救亡协会机关刊物《团结》周报和公开的报纸《译报》。1938 年 1 月后，出版《每日译报》《文汇报》《华美周刊》《译报周刊》等一大批免受日军新闻检查挂洋商招牌的报纸和洋商期刊。这些由党直接领导和受党影响的抗日进步报刊，在孤岛报刊宣传阵地上占据了绝对的优势。

出版革命进步读物。孤岛时期，上海各大出版社、书店相继迁往内地。

党领导的进步文化工作者，依靠自己的力量，建立了复社、北社等多家由党和文化人自己创办的出版机构，相继出版《西行漫记》《鲁迅全集》《上海一日》等一批革命进步读物以及《论持久战》《论新阶段》等中共领导人撰写的书籍，其中《西行漫记》和《鲁迅全集》是党领导的出版机构复社出版的具有广泛深远影响的书籍。

拓展戏剧电影宣传阵地。为发挥留沪戏剧界人士的作用，文委将话剧分为职业和业余两大块，对应成立大剧场支部和小剧场支部，分别主管专业戏剧和群众业余戏剧活动。大剧场支部创办了青鸟剧社、上海剧艺社等职业剧社，小剧场支部将群众业余剧团联合起来组成星期小剧场，演出了《雷雨》《花溅泪》《日出》等50多部反映抗战现实生活的时事剧、借古讽今的历史剧、中外名剧等以及贴近生活、直接反映社会问题的独幕剧、活报剧，广泛宣传爱国主义思想，使话剧成为党团结人民、教育人民的有效武器。为重振孤岛进步电影市场，进步电影界拍摄了《木兰从军》《女子公寓》等一批颂扬爱国主义思想的历史题材影片和反映现实生活的影片。

19 支援新四军

抗日战争期间，中共江苏省委充分发挥上海政治、经济、文化各方面的优势，动员广大工人、学生、职员、普通市民，在人力与物力等方面踊跃支援新四军、根据地，为新四军、根据地的发展壮大作出了贡献。

为突破国民党的封锁，1938年下半年开始，中共江苏省委先后在《译报》《译报周刊》等一系列报纸杂志中加强对新四军的宣传工作。1938年12月和1939年2月，中共江苏省委先后组织两次"上海各界民众慰劳团"赴皖南慰劳后，以小型展览会、报告会等形式，宣传介绍新四军的英勇斗争事迹。

为在人力上支援新四军，中共江苏省委除组织难民青年赴皖南参加新四军外，1939 年至 1940 年，先后输送了一批文化青年以及工委、职委系统的党员干部、工人、职员、学生赴根据地。1941 年 3 月，中共江苏省委与新四军合作设立新四军上海办事处，作为组织上海青年去华中抗日根据地的专门机构。抗战期间，从上海输送到新四军的人员，总共有 2 万人左右，许多人成为政治、文化、技术骨干。

▲ 1938 年 12 月，上海民众慰劳团成员与新四军政委项英合影

为支援新四军，在中共江苏省委的支持下，1938 年 1 月至 4 月，100 余名上海红十字煤业救护队队员，在完成八一三战时救护任务后，携带 25 辆汽车参加新四军。1938 年至 1939 年，中共江苏省委通过各界救亡协会和抗日群众团体，发动全市民众开展"节约献金""节约救难""义卖义演"等募捐活动，为新四军募集物资和款项。上海对新四军物质支援数量大，范围广，既有棉衣、罐头食品等日用品，也有药品、无线电器材等军用必需品以及造迫击炮的无缝钢管、五金器材、机床等大件的军工器材、设备。

1942 年后，上海支援新四军工作的中心转移到配合华中抗日根据地的各项建设事业上。中共江苏省委动员之江、复旦等大学教授帮助新四军创办了江淮大学，为新四军培养了一批包括哲学、医学等在内的人才。帮助购买机器设备和印刷原料，出版《江淮日报》《苏中报》等出版面广量大的报纸。在新四军筹建和发展银行、印钞厂的过程中，中共江苏省委协助购买设备、纸张，调派技术人员支援。此外，还购买大量的军用设备、原料，帮助新四军创办军工厂，提高军工生产能力；购买药品和医疗机械，改善新四军后方医院的物质条件，提高抢救、医治伤员的效率。

20 领导郊县抗日武装斗争

1937年上海沦陷后，郊县人民纷纷组建抗日武装，点燃了郊县抗日烽火。中共江苏省委在1938年初建立外县工作委员会，负责领导上海附近地区的抗日游击战争。长期坚持在上海工作的中央情报部门（原中央特科）筹建华东人民武装抗日会（简称"武抗"），先后派遣干部到浦东、青浦、崇明、嘉定和苏南、苏北，与各地正在寻找党组织的共产党员、爱国志士取得联系，先后建立了川沙边区民众抗卫第四大队，青浦的江南抗日义勇军等抗日武装。在省委外县工委直接领导下，先后成立中共浦东工委、青浦县工委、崇明县工委和嘉定支部。经过两年艰苦努力，创建了浦东、青东抗日根据地，嘉定西乡、崇明中部抗日游击区。1939年7月1日，新四军江南抗日义勇军东进部队由昆山抵达青东根据地。1939年秋，江抗部队奉命西撤，嘉定外冈游击队编入新四军主力部队，随主力部队去苏州、常州、太仓根据地。

1940年，日军调集重兵对青东、崇明进行"扫荡"。青浦三支队、嘉定新建游击队转移到苏南抗日根据地，中共崇明工委和崇明抗日自卫总队北移启（东）海（门）地区。1940年5月，上海郊县党组织和抗日武装斗争划归新四军东路军政会统一领导，10月建立中共淞沪中心县委，组建淞沪游击纵队，开辟淀山湖抗日游击区。中心县委还派出干部秘密恢复和健全青东、嘉定地区党的活动，重建中共青东工委和嘉定工委。1941年5月，汪伪南京政府推行全面"清乡"计划，浦东五支队分批南渡浙东，在三北地区开展抗日游击战。1942年7月，中共中央华中局决定成立中共浙东区党委，淞沪地区外县工作划归浙东区党委领导，设立中共浦东地委。1942年9月初，中共浙东区党委派中共浦东地委委员朱亚民率11人的短枪队，由浙东返回浦东开展反"清乡"斗争。中共浙东区党委、浦东地委在浦西的青东、吴江、嘉定地区，开辟了浦西武装抗日的阵地，粉碎了日伪的"清乡"计划。

1944 年 11 月，中共浙东区党委指示中共浦东地委改组为中共淞沪地委，命名浦东支队为新四军浙东纵队淞沪支队。1945 年 3 月，中共淞沪地委奉命率淞沪支队西迁青浦观音堂地区与浦西武装会合，淞沪支队整编为三个大队三个中队。同时积极配合各县工委和区委，成立淞沪行政公署和县、区抗日民主政权。1945 年 8 月，日本无条件投降，淞沪支队根据苏浙军区的统一部署，解放了浦东平原，歼灭了北新泾、七宝地区的伪税警大队。10 月，淞沪支队奉命随新四军浙东纵队撤离上海郊区，赴苏南根据地。

21 贯彻"勤学勤业交朋友"方针

勤学勤业交朋友又称勤学、勤业、勤交友，简称"三勤"方针，是中共中央关于"长期隐蔽，积蓄力量，等待时机"方针的具体化，是党员"职业化、群众化、社会化"政策的发展和深化，是中共中央针对国民党统治区和日军敌占区敌人"积极破坏我们秘密党"这一特定时期、特定地区而提出的特定政策。1941 年太平洋战争爆发后，上海党组织的生存环境日益险恶。广交朋友，团结群众，才能使党组织和党的工作得到最可靠的掩护和屏障。"勤学"，就是要求各条战线的党员，努力学习技术，学习文化，不断提高技术和业务水平。"勤业"，就是要在各自岗位上埋头苦干，勤于职守，成为业务骨干力量，以此站稳脚跟，取得巩固的职业地位和群众的信赖，以便掩护身份。与此同时，党员还要广交朋友，争取团结更多的群众，与群众交知心朋友。在群众中建立感情，树立威信，把党组织真正植根于群众的土壤中，使每个党员成为紧密联系群众，并且善于影响、推动群众的中坚力量。

为贯彻"三勤"方针，在上海坚持斗争的各系统，均在组织上进行了调整。在力量统筹上，实行分散经营，开辟重点，各个负责，互不打通。安排党员有重点地进入重要产业部门及要害部门，以有限的力量发挥更大的作用。共产党员在进入重要部门后，首先努力勤于学和业。在工厂企业中，是精于技术的生产能手、业务骨干；在学校中，是用功读书、品学兼优的好学生，是业务精良、诲人不倦的好教师。同时，每个共产党员都必须学会主动关心群众，了解群众的冷暖，帮助群众解燃眉之急。通过与群众的交往，从中结交知心朋友，并对其中思想进步，家庭和社会关系清楚的，作为直接联系对象，经过培养教育，条件成熟时，发展其入党。党员还特别注意了解、结交那些技术高、业务精的老工人、老职员，以及在群众中有影响的关键性人物，通过团结一个人，带动一批人，更好地做好团结群众的工作。

抗日战争时期，由于上海党组织贯彻执行了"三勤"方针，保存、发展了党的力量。党员在艰苦环境中经受了锻炼与考验，独立战斗能力明显提高。党与群众的联系更加密切，使得党组织在政治环境非常严酷的情况下，仍能得以巩固和发展，真正成为团结群众、组织群众的坚强堡垒。

22 组织地下军

地下军亦称"上海工人部队"。1944年9月，中共中央华中局根据《中央关于城市工作的指示》中准备武装起义的精神，决定在上海建立一支城市地下武装，组织上海人民武装起义，以配合新四军里应外合解放上海。按照华中局指示，工委和近郊工委负责组建地下军，工委主要在市区组建工人地下军，近郊工委主要在郊县组建近郊地下军。

▲ 上海地下军的臂章

工委通过所属各级组织，在沪西、沪东、浦东、吴淞、南市等地区组织工人地下军，以沪西和浦东为重点，便于与青浦的淞沪支队相策应。徐家汇、吴淞等地区以及法电、江南造船厂、三兴船厂等工厂也都先后建立了多支工人地下军。到 1945 年春，工委领导下的各地区、各工厂的工人地下军共 260 余人。近郊工委把组建近郊地下军的重点放在南郊的龙华地区和北郊的杨行地区。为建设地下军，近郊工委在新四军淞沪支队的帮助下，在青浦观音堂举办了两期地下军骨干训练班，先后有 40 余人受训。通过学习，近郊地下军的政治、军事素质，有了明显提高，人员发展到 50 余人。地下军建立后开展筹措武器、进行训练等活动，积极为武装起义作准备。

1945 年 8 月，华中局决定加速上海武装起义的准备工作，并致电上海市委正式下达起义命令，成立行动委员会，负责实施起义计划。同时，派刘长胜从根据地赶回上海，就地领导起义工作。根据中央和华中局指示，上海市委选定沪西信义机器厂作为发动起义的据点。8 月 23 日清晨，沪西工人地下军 60 余人，编成三个战斗突击队，在 2000 余名棉纺、机器等行业工人的声援下，迅速占领了该厂，并等待进一步行动的命令。下午 4 时左右，传来了中共中央和华中局关于停止起义的决定。沪西地下军以上街游行示威的方式有序撤离信义机器厂。

起义中止后，上海市委迅速将部分在准备起义中暴露政治身份的地下军成员和共产党员，撤往青浦观音堂淞沪支队驻地。同时，领导各委迅速把工作转入深入发动群众，开展复工、救济和清算汉奸等斗争中。

23 设立周公馆

全民族抗战胜利后，国民党政府于 1946 年 5 月还都南京。仍在同国民党谈判的以周恩来、董必武为首的中共代表团也随之迁到南京。代表团在南京设立办事处的同时，也在上海设立办事处，为党在国统区特别是上海提供一个合法的活动基地。

6 月 18 日，董必武由南京到上海，了解到国民党当局阻挠设立中共代表团驻沪办事处的情况后，即指示，不让设立办事处，就称周公馆，周恩来将军的公馆。6月22日，在已经租下的马斯南路107号房屋门号牌的旁边挂出了"周公馆"的户名牌，下端还有一行英文字"Gen. Chou En-lai's Residence"（周恩来将军官邸）。1946年2月后，各民主党派的总部及广大民主人士陆续集中到上海。周公馆将做好上层人士的统战工作作为一项重要任务，为促进上海爱国民主统一战线的巩固和发展发挥了重要的作用。

为组织好6月23日的请愿和示威活动，周恩来亲自约见马叙伦商谈，并指派人与马叙伦保持经常的联系，及时互通信息。六二三惨案后，周恩来、董必武两次宴请上海人民和平请愿团的代表，倾听他们的意见，介绍中共为争取和平民主所作的种种努力以及与国民党谈判的情况。对于民主人士所提出的进步主张、所开展的活动，周恩来总是给予热情的支持。在他们遇到挫折和困难时，更是给予鼓励和千方百计予以援助。闻一多被暗杀后，周恩来与董必武向国民党政府发出书面抗议，并在周公馆举行中外记者招待会，呼吁社会舆论予以揭露并制止此类暴行。周恩来亲笔为李公朴、闻一多书写悼词，参加上海各界公祭活动。周恩来在上海会见国民党左派人士，就如何在国统区开展和平民主运动等问题交换意见，希望他们在国民党的朋友中多做工作，争取更多的开明人士脱离反动统治集团。周恩来十分关心上海的文艺界进步人士，召开文艺界人士座谈会，宣传中共对于时局的主张和有关政策。1946年10月，中华全国文艺界协会等12个团体发起召开鲁迅逝世10周年纪念大会，周恩来前往参加并发表了讲话。国共谈判破裂后，1947年3月，中共驻沪人员被迫离开，上海周公馆的历史使命完成。

24 领导六二三反内战运动

1946年四五月间，国民党积极准备发动全面内战。中共中央指示上海党组织，全力以赴投入反对内战运动。中共上海市委联合各民主党派及爱国民主人士，于5月5日成立上海人民团体联合会，积极开展反对内战争取和平的各项运动。6月中旬，蒋介石部署30万军队包围中原解放区。全面内战迫在眉睫。

中共中央南京局决定：在上海人民已进一步组织起来的条件下，由上海各界群众团体选派代表赴南京请愿，呼吁和平，反对内战，并举行全市性的反内战示威游行。上海市委领导经过与各方面广泛协商，决定由上海人民团体联合会推选马叙伦、黄延芳、盛丕华、胡厥文、包达三、张䌹伯、阎宝航、雷洁琼、吴耀宗9名代表，由上海市学生联合会推选出陈震中、陈立复两位代表，组成"上海人民和平请愿团"，赴南京请愿。在筹组和平请愿团的同时，中共上海市委积极发动各界群众准备欢送代表并组织游行示威。

6月23日晨，5万多职工、学生、教师及工商、文化界群众齐集北火车站欢送上海人民和平请愿团。许广平、田汉、叶圣陶、周建人、陶行知、沙千里等知名人士参加了大会。王绍鏊、黄延芳、雷洁琼、陶行知、吴晗、林汉达和

▲ 1946年6月23日，上海各界人士云集北火车站欢送请愿代表赴南京

学生代表陈震中、陈立复相继发言，表达"反内战、要和平"的共同心愿。送走代表以后，各界 5 万群众游行进入市中心。

晚 7 时，代表团抵达南京下关车站，遭到国民党特务的围困殴打，4 名代表被打成重伤，前往采访的《新民报》《大公报》记者也遭毒打，造成"下关惨案"。当时周恩来正率领中共代表团在南京与国民党谈判，闻讯后，连夜与邓颖超、董必武、李维汉、滕代远、王炳南等赶到医院慰问受伤代表并向国民党当局提出强烈抗议。毛泽东、朱德代表中共中央致电慰问。6 月 25 日，陶行知以全国和平联合会暨上海人民团体联合会的名义，举行外国记者招待会，揭露下关惨案真相，控诉特务暴行。六二三反内战运动揭开了上海各阶层人民团结起来反对美蒋统治的爱国民主运动的序幕。

25 抗击美军暴行

全面内战爆发前后，美国政府加强了对国民党政府的军事援助。帮助国民党打内战的驻华美军，在国民党统治区到处胡作非为，欺压中国百姓。从 1945 年 8 月至 1946 年 7 月，美国军车轧死的中国民众多达 1000 余人。1946 年 9 月 22 日晚上，上海发生美军士兵乘坐人力车拒付车费并将车夫臧大咬子打死的惨案，激起全市各界群众的极大愤怒，很快成立"臧大咬子惨死后援会"，要求惩凶、赔偿，并发起为受害者募捐活动。

3 个月后，12 月 24 日晚上，北平发生美国兵强奸北大女学生的严重事件，引发了一场全国性的大规模抗议美军暴行的运动。30 日，北大、清华等校上万名学生举行抗暴示威大游行。上海各学校学生积极响应，准备走出校门上街游行。30 日，中共代表团驻沪联络处发言人就美军暴行发表公开谈话。31 日，中共中央发出指示，要求各地响应北平学运，发动游行示威。在上海党组织的指导下，当天下午，由交通大学、同济大学、复旦大学等 17 所学校成立上海市学生抗议美军暴行联合会（简称"抗暴联"），组成抗暴联主席团，作为运动的具体领导和协调机构。党内仍以学团联党组为领导。1947年1月1日，由上海抗暴联出面组织的27所大中学校1万余学生举行示威游行。同日，抗暴联发出《致杜鲁门总统书》，向美国政府提出对被辱同学赔偿损失、严惩肇事祸首、向中国人民道歉、勒令美军撤退等4项要求。广大爱国学生的正义行动得到了极其广泛的声援，各大学教授、上海工人协会、民主党派及知名人士发表声明、谈话或宣言，声援运动。抗暴运动很快蔓延到蒋管区的几十个大中城市，参加的学生达50万以上。

中共中央对抗暴运动十分重视，1947年1月5日、6日接连发出指示，对抗暴斗争作了充分肯定，并就深入开展运动、扩大成果作了部署。在抗暴示威游行取得成功的情况下，为贯彻"有理、有利、有节"的原则，党组织适时提出结束罢课，以使斗争能持久地深入下去。抗暴运动冲破了国民党当局限制防范爱国民主运动的一系列禁令，对于唤起人民、鼓舞群众斗志、增加斗争信心起到了十分重要的作用。

26 成立中共中央上海局

由于内战逐步升级，国共谈判破裂，中国共产党驻国统区南京、上海、重庆的联络机关即将撤离。为了适应当时的政治形势，更有力地领导国统区的爱国民主运动，中共中央决定调整国统区的党组织系统，并于1947年1月16日就调整方案征询有关地区的意见。之后即成立了中共中央上海分局，领导成员由刘晓、刘长胜、钱瑛、张明（刘少文）组成，统一管理原刘晓、钱瑛两处的秘密党组织。

1947年5月6日，中共中央发出通知，将中央上海分局改为中央上海局，"管辖长江流域、西南各省及平津一部分党的组织与工作，并于必要时指导香港分局"。领导成员仍由刘晓、刘长胜、钱瑛、张明（刘少文）组成，刘晓为书记，负责全面领导；刘长胜为副书记，着重负责对上海党组织的领导；钱瑛负责对西南4省、湖南、武汉以及平津南系党组织的领导；张明负责情报系统的工作。上海局的主要领导机关设在江苏路永乐村21号，一些重要会议和活动都在此进行。上海局下设组织部、宣传部，还先后设立了文化工商统战委员会、策反委员会、文化工作委员会、外县工作委员会等。

中共中央上海局成立后，根据党中央关于国统区的领导机关必须严守精干隐蔽、平行组织、单线领导、城乡分开、上下分开、公开与秘密分开等原则，在白色恐怖笼罩的上海，始终保持领导机关的安全，并卓有成效地领导了长江流域和西南等地国统区主要城市的反内战、反饥饿、反迫害的大规模群众运动和其他一系列斗争，对于开辟、巩固、扩大人民革命的第二条战线，配合解放战争的胜利，作出了重要的贡献。上海局领导国统区内党的地下工作，直至上海解放。

27 组织反饥饿、反内战、反迫害运动

1947年5月，国民党统治区各种政治、经济危机日益加剧，人民群众对国民党政府的不满情绪进一步增强，分散的生活性群众斗争此起彼伏。5月13日，上海医学院学生在体检时，查出15%的学生因营养低劣患有肺结核。消息传开，中共上海学委决定从上海医学院学生斗争入手，提出"抢救教育危机"的口号。中共中央上海局与中共南京市委、上海市委研究决定在南京组织游行示威，沪、平、津、汉、杭等地响应。

5月19日，上海14所专科以上学校7000余名学生在北站欢送代表赴南京后，沿南京路、西藏路游行至外滩，高呼"向炮口要饭吃"等口号。5月20日，京、沪、苏、杭等16所专科以上学校6000余名学生汇集南京，联合举行

挽救教育危机大游行，向国民政府请愿，高呼"反对饥饿，反对内战""取消临时办法"等口号。游行队伍行至珠江路口时，遭到国民党军警宪特毒打和消防车水龙猛冲等持续 2 个小时的法西斯暴行，当场百余人被殴伤，重伤 19 人，28 人被捕。同日，北平、天津参加反饥饿反内战示威游行的学生也受到了特务干扰和殴打。

五二〇惨案发生后，中共中央上海局当即指示：斗争总口号加上"反迫害"，发动学生总罢课，组织抗议和反击，使反饥饿、反内战、反迫害运动成为全国学生和社会各界反对蒋介石统治集团的统一斗争。反迫害浪潮波及全国，形成了全国性反饥饿、反内战、反迫害的革命大风暴。国民党当局对学生的迫害激起各界的义愤，文化教育界、新闻舆论纷纷发表宣言、讲话，揭露国民党政府的暴行，要求严惩凶手，立即释放被捕学生。各业职工也开展罢工声援学生。

五二〇运动历时一个月，席卷国统区 60 余个大中城市，仅上海就有百余所学校的 5 万学生直接参加，成为配合解放战争的"第二条战线"的重要部分。

28 上海战役军政全胜

1949 年 4 月 21 日，毛泽东、朱德发布《向全国进军的命令》，在渡江战役总前委的指挥下，解放军百万雄师突破长江天险。23 日南京解放。

随着渡江战役的胜利，上海解放被提上日程。上海战役是我军转入战略追击后唯一的一次大规模的城市攻坚战，中共中央对上海的解放和接管极为重视。面对退据上海的国民党军京沪杭警备总司令部所属 20 万人，为了使上海这座中国最大的城市完整地回到人民怀抱，党中央确定了既要歼灭防守上海的国民党军，又要保护上海市区，免遭战争破坏，以利日后建设的战役指导方针。并强调：单纯军事上占领城市是小胜，只有完整地把上海交给人民才是大胜、全胜。同时，总前委在丹阳开展集训，组织干部学习中央有关城市工作的指示、华东局关于接管江南城市中所指出的原则以及沈阳平津各市的接管经验。

这次战役在中共中央、中央军委、总前委的统一领导和三野前委的直接指挥下进行。毛泽东就战役的发起时间、何时发动进攻、上海解放后的接管工作以及统战政策等，亲笔拟发了20多份电报。为了既歼灭守军，又不使城市遭战火破坏，经中央军委同意，三野决定采取自浦东、浦西钳击吴淞口，断敌退路，诱敌于市郊，将其聚歼，并规定市区战斗不准使用重武器。

5月10日，三野下达《淞沪战役作战命令》。5月12日，上海外围战役打响。经过10天的激烈战斗，除吴淞口尚未完全封闭外，解放军已从东、南、西三面紧紧地包围了上海的国民党军。上海战役进入第二阶段，即总攻上海市区，全歼国民党守军。根据敌军状况和接管上海的准备工作已大体就绪的形势，中央军委致电三野前委和总前委，指示只要军事条件许可，即可总攻上海。21日，三野司令部下达，于23日夜各部队同时发起总攻。25日上午，苏州河以南的市区解放。26日，吴淞、杨行、宝山大场及苏州河以北的市区解放。27日，上海市区全部解放。6月2日崇明全岛解放。在战役中，人民解放军不顾自己的生命，尽量不使用火炮和炸药，付出了伤亡3万余人的代价；为了不惊扰市民，宁愿露宿街头而不入民宅。上海这座城市完整地回到了人民手中。

29 里应外合迎接解放

1949年初，国民党政府濒临全面崩溃。中共中央上海局发出指示，全面部署迎接京沪解放的工作。中共上海市委根据党中央和上海局的指示精神，为里应外合迎接解放做准备。

为了适应迎接解放的斗争环境的需要，上海市委对全市党组织作了全面调整，扩大和发展党的力量，恢复或建立所属各系统党的外围团体，成立市政、交通工作委员会以及官僚资本、金融系统的准备接管组织。恢复上海人民团体联合会的活动，统一领导各群众团体。在上海市委统一部署下，全市各企事业、机关大专院校中共组织开展反迁移、反破坏、护厂、护校斗争，以挫败国民党当局对重要工厂、机关资财南迁和破坏阴谋。在上海解放前夕，全市建立了6万人参加的人民保安队和4万人的人民宣传队。

各级党组织派专人向上海市代市长赵祖康，中纺公司总经理顾毓瑔，资源委员会委员长孙越崎、吴兆洪，海关副总税务司丁贵堂，永安公司总经理郭琳爽，科技界茅以升、吴有训、吴觉农等上层爱国人士、专家学者宣传党的有关政策，促其留在上海，为新中国建设作贡献。很多人在党组织的团结引领下，抵制国民党限令搬迁设备、物资，保管档案、财物，为解放军提供资料情报等。

中共中央上海局和上海市委还对在沪的国民党党、政、军、警、宪人员开展策反和情报工作。隐藏在各警察局的500余名中共党员，在中共警委领导下，向顽固分子投寄警告信，令其停止为非作歹。活跃在情报战线的党员还把获取的国民党军队番号、驻地、人数、武器和江防计划，以及上海作战计划、兵力部署、工事构筑等军事情报，送往人民解放军指挥机关。上海市委布置各级组织对本系统基本概况作深入调查研究，收集重要机关、工厂、仓库的人员、设备、资财等情况，统一汇总，转送华东局社会部，整理汇编成《上海概况》等30册，为接管上海提供了可靠的依据。陈毅称赞这套调查资料为上海接管立了一大功。

上海市委团结带领上海各阶层人民，配合人民解放军里应外合、迎来了上海的解放。新华社在毛泽东改定的《祝上海解放》社论中指出："上海的革命力量和全国的革命力量相配合，这就造成了上海的解放。"

（二）

社会主义革命和建设时期

01 接管上海

　　1949 年 5 月 27 日，上海全市解放。入城前，接管上海的 5000 名干部于 5 月初集中在江苏丹阳，学习党的七届二中全会精神、中央各项城市政策及华东局关于接管江南城市指示，加强入城纪律教育，并进行组织和物资准备。

　　5 月 27 日，中国人民解放军上海市军事管制委员会（简称"市军管会"）成立，陈毅任主任、粟裕任副主任。市军管会为全市最高军政权力机关，统一指挥军事、政治、经济、文化等管理事宜；下设军事、政务、财政经济、文化教育 4 个接管（管理）委员会和公安部、外侨事务处、近郊接管委员会等机构，分别对各系统进行接管。28 日，市军管会接管国民党上海市政府。由此，接管工作全面展开。

▲ 解放军进入上海市区后严守入城纪律，露宿街头

市长陈毅强调：我们接管上海，是要组织人民政府，为人民服务。整个接管工作根据"按照系统、整套接收、调查研究、逐渐改造"的方针，本着"稳步前进、实事求是"的精神，分为接收、管理、改造三个阶段，并根据机构的不同性质，采取不同的接收办法：对于旧政权在上海的权力机器，即原有军事、政治、官僚、特务机构，实行彻底打烂的办法；对带有技术性的业务管理机关，采取部分改造的方法；对官僚资本企业采取"自上而下、原封不动、按照系统、整套接收"和"快接细收"的办法。在打烂旧政权机构的同时，对旧政权机构人员采取慎重负责、区别对待、量才录用、基本上"包下来"的政策。

经过两个月的工作，到 7 月底，接收任务顺利完成。8 月 3 日，上海市第一届第一次各界人民代表会议召开，市军管会将政务、财经、文教接管（管理）委员会所属的有关处等划归市政府领导，建立市人民政府各局。在市级各单位进行接管的同时，政务接管委员会按 30 个行政区划委派接管委员会分别接管旧政府公所，并宣布废除旧的保甲制度。1950 年 6 月 16 日，市人民政府决定各区成立区人民政府；7 月 1 日，市军管会布告撤销各区接管委员会。

02 团结各界人士建设新上海

上海解放后，按照党的七届二中全会精神，陈毅等上海市党政领导广泛团结各界人士，调动各方积极性，共同建设新上海。

上海是工人阶级最集中的城市，在党的领导下，上海工人阶级在争取民族独立和人民解放斗争中始终走在前列，充分体现了上海工人阶级的伟大力量。在解放后的城市建设中，工人阶级是党要全心全意依靠的力量。5 月 31 日，召开上海职工代表纪念五卅代表大会。会后，上海总工会筹备委员会成立 103 个工作组，下厂协助工人组织工作，至 1950 年 2 月，上海总工会正式成立。全市工人阶级在接管工作中发挥了主力军作用，并全力投入生产的恢复。

上海一解放，陈毅等党政领导就根据党的七届二中全会关于进城后要同党外民主人士长期合作，并同他们诚恳地坦白地商量和解决问题的指示精神，在半个月内先后拜访宋庆龄、张澜等知名人士，广泛地与各界人士亲切交谈。市委、市军管会和市人民政府接连召开了一系列会议，主要领导同志亲自出席讲话，阐明党的政策，征求各方意见，就共同建设新上海的主题，开诚与各界协商。

上海市党政领导在6月2日工商界代表人士座谈会上，阐明了保护民族工商业的政策，并与工商界坦诚协商，尽快恢复生产。工商界人士表示拥护发展生产、繁荣经济、公私兼顾、劳资两利的方针，提出不少克服暂时困难、恢复生产的办法。在6月5日文化界著名人士座谈会上，对党的文化教育以及对知识分子的政策进行了详细解释，加强了党与政府同知识分子之间思想上的沟通与团结。在6月30日"七一纪念晚会"上，社会知名人士和各界代表表示要和中国共产党合作，努力建设新中国。此外，市委、市政府还召开了青年代表、妇女代表、教师代表、工程师代表等方面的大型座谈会，注重发挥青年、妇联等群众团体的组织作用。

03 开展社会改造

为整顿社会秩序、改变社会风气、维护社会的安定，1949年6月起，上海相继开展改造妓女、禁烟禁毒和禁赌工作。

1949年7月，上海市政府发布《管理妓女妓院暂行规则》，限制妓院和妓女的发展，并着手组织已经停业和希望转业的妓女参加劳动技能的训练。经过两年多的准备，1951年11月，市委制订关于全市处置娼妓的计划。同月，市各界人民代表会议协商委员会第七次会议作出取缔残存妓院，废除妓女制度的决定。至1957年底，经过6年的努力，全市共封闭妓院627家，收容妓女 7513 人，对收容的妓女由市民政局、妇联举办妇女教养所进行了教育改造。到 1958 年，她们全部得到妥善安置。

解放前夕，上海有毒品工厂 20 余家，吸毒者高达 10 万人。1950 年 2 月，中央人民政府政务院发布《关于严禁鸦片烟毒的通令》。5 月，上海开展第一期禁毒工作，至 1951 年底，全市破获烟毒案 6.8 万余起，捕获案犯 1.2 万余人。1952 年 4 月，中共中央发出《关于肃清毒品流行的指示》，7 月，市委成立上海市肃清毒品工作委员会，领导开展全市第二期禁毒行动。禁毒工作采取严厉惩办与教育改造相结合的方针，广泛发动群众，重点杜绝毒源，打击制、运、贩毒分子。到 11 月底，全市共破获制、贩毒专案 159 件，清查出毒贩和犯罪分子 13685 名。

旧上海有跑马厅、跑狗场和回力球场三大赌窟。解放后，市委、市政府坚决反对赌博，严禁赌博活动。先后将跑马厅改建为人民公园和人民广场，跑狗场改建为文化广场，回力球场改建为体育馆。1953 年 6 月，在全市范围内取缔赌博。整治取缔大小赌台和散居于街头巷尾的赌博窝点和赌摊，对其中一些专门从事抽头聚赌活动的赌台主及赌棍进行收容教养或予以逮捕法办。在群众中主要进行思想教育，开展声势浩大的禁赌宣传以及发动家属规劝活动。禁赌工作取得重大成效，至 1954 年基本上制止了赌博活动。这一时期的社会改造工作还包括整顿和管理公共娱乐场所、收容改造游民等工作。上海社会风气日趋良好，人们的精神面貌为之一新。

04 支援抗美援朝运动

1950 年 10 月，中央作出抗美援朝出国作战的重要决策后，上海立即掀起了轰轰烈烈的支援抗美援朝、保家卫国的爱国主义运动。

1950 年 11 月起，在全市开展时事宣传，广泛组织各类宣讲团，宣传保家卫国的爱国主义思想和抗美援朝的无产阶级国际主义精神；组织志愿军归国代表和上海市赴朝慰问团向市民作报告，让全市人民了解前线情况，增强人民群众对抗美援朝的必胜信心和责任意识；通过组织示威大游行和签名运动等各种爱国行动，显示上海各界人民抗美援朝的意志和力量。通过宣传，爱国主义和革命英雄主义深入人心，民族自信心大为增强，"抗美援朝，保家卫国，打败美国野心狼"成为全上海人民的强烈要求和实际行动的口号。

抗美援朝运动开始后，参军参干、踊跃报名上前线、以实际行动支援抗美援朝，成为上海人民的自觉行动。工人、农民、学生、教师、干部纷纷报名参军参干上前线，医务工作者志愿参加抗美援朝医疗队，铁路员工、汽车司机志愿参加赴朝运输队，全市到处出现母亲送儿子、妻子送丈夫、兄弟争相入伍的动人场面。全市共有4万多人报名参加各种军事干校，著名越剧演员徐玉兰、王文娟还带领玉兰剧团的演职员集体参军。

1951年6月，在全国抗美援朝总会发出"六一"号召（《关于推行爱国公约》共十二条）后，全市各界人民和各行各业都制订了爱国公约，作为支援抗美援朝的行动纲领。在爱国公约的推动下，各界人民还积极开展捐献飞机大炮的活动。至1952年5月底，全市捐献款项达8491万多元，折合战斗机566架，超计划70%，占全国捐献总额的15.3%。

抗美援朝开始不久，中央财政工作方针是国防第一，首先保证战争的胜利，其次是力争金融市场不乱，第三是开展各种经济和文化建设，当时被称为边抗、边稳、边建方针。上海在贯彻这一方针的过程中，进一步清除美国在华的经济、文化侵略势力，军事管制美国在上海的企业并冻结其财产。上海工人阶级始终以极大的政治热情努力保证朝鲜前线所需物资供应，凡是支援朝鲜前线的生产任务，工人都保质保量完成；开展爱国增产节约运动和劳动竞赛，涌现了一批生产能手和劳动模范。

05 平抑"两白一黑"风波

"两白一黑"指的是大米、纱布和煤炭。上海解放之后,投机商在1949年7月至1950年2月,连续掀起了3次大幅度的物价上涨风。

第一次是1949年7月的上涨风。这次上涨风从棉纱市场开始,接着转向粮食和煤炭。从6月23日到7月30日,物价总指数上涨了1倍多。为平抑物价、保障人民生活,1949年7月,中央财经委员会主任陈云受中央委托,到上海进行调查研究,主持召开了有华东、华北、华中、东北、西北5个地区的财政、金融、贸易部门领导干部参加的财经会议。会上,陈云明确了克服财经困难的指导原则,作出了精简节约、抓紧征粮征税、发行公债、从各地调拨物资保证上海需要4项决策。市委、市政府也发挥国营经济优势,大量地集中抛售物资。上海国营贸易公司在市场上抛售棉纱、棉布、大米、面粉等商品,保证市场需要。实行配售制度,保障基本生活需要。上海国营粮食公司从1949年6月开始,向产业工人、公职人员和学生平价配米,价格仅及市价的2/3。7月又进一步扩大配售面,总人数达91万余人。工商行政部门加强对投机奸商市场交易的管理,对集中交易的商品批发市场实行统一交易时间,实行成交登记和当日交割等制度,有效地限制了投机活动。

▲ 为了保障上海人民生活需要,中央从全国各地调运棉花运抵上海支援纺织厂生产

第二次是1949年10月的上涨风。这是上海解放后物价涨势最猛、时间延续最长的一次,以花纱布和粮食为主,波及五金、化工等商品。到11月25日,物价比10月上旬上涨3.3倍。针对

第二次上涨风，主要采取集中抛售物资的措施，上海花纱布公司根据中财委的统一部署于 11 月 25 日集中、大量地抛售纱布，并且每过一个钟头降一次价。在粮食、煤炭、食盐等主要商品市场，与投机商进行物资吞吐斗争，使投机商囤积的商品既因价格不断下跌而亏本，又要支付贷款利息。通过这种经济手段，这场持续 50 多天、席卷全国的物价上涨风，被平抑下来。

第三次是 1950 年 2 月的上涨风。1949 年我国农业歉收，投机势力从 1950 年 1 月开始，就事先调集资金，抢购、囤积粮食和纱布，准备在农历春节"红盘看涨"时再图一搏，从上涨风中牟取暴利。由于人民政府物资准备充分，抑价措施有力，这次物价上涨没有形成气候，不到 3 天就被平抑。

06 开展反封锁、反轰炸斗争

1949 年 6 月，国民党海军在美帝国主义支持下，在长江口外布雷，公然宣布对上海口岸实行武装封锁，企图破坏上海建设，窒息上海经济。中共中央华东局和上海市委及时制订了积极支援人民解放军南下计划，有计划有步骤地疏散人员，动员共产党员、干部和工人、学生到乡村去开展农村工作等 6 项方针。8 月 3 日，上海市第一届第一次各界人民代表会议通过这 6 项方针。根据各界人民代表会议的决议，市委和市人民政府动员全市人民独立自主、自力更生，为粉碎敌人封锁和建设新上海而斗争。到 1949 年底，上海经济形势逐步趋向好转，粮食、煤炭、棉花的库存大大增加。美蒋武装封锁海口，窒息上海经济的阴谋被基本粉碎。

自 1949 年 6 月 11 日起，国民党空军对上海市区进行空袭轰炸。1950 年初，轰炸规模不断升级。最为严重的是 1950 年 2 月 6 日，17 架美制蒋机分 4 批窜来上海，以上海电力公司杨树浦电厂、闸北水电公司电厂、南市华商电气公司电厂和卢家湾法商水电公司为主要目标进行轮番轰炸。千余间民房被毁，市民死伤 1600 余人，受灾群众达 5 万多人。上海主力电厂杨树浦电厂 2/3 的发电设备被损坏，全厂无法发电，全市工厂因此大都被迫停产。

上海市委一方面进行全市紧急动员，开展反轰炸斗争。市委第一书记陈毅亲往杨树浦发电厂慰问、动员。在全市人民和人民解放军的大力协作和支援下，杨树浦发电厂仅用 42 小时就恢复部分发电。2 月 15 日，全市已恢复原有发电量的 65%，基本能够满足当时的急需用电。另一方面，上海市委连续发电报向中央军委报告情况，并请示加强上海的防空实力，以打击国民党空军的轰炸破坏活动。在中央的领导下，上海人民同仇敌忾、万众一心、努力恢复生产、积极参加防控，并在苏联的支持下成立人民防控力量。舟山群岛的解放，打破了国民党当局以舟山为基地对上海实行封锁轰炸的计划，上海取得反轰炸斗争的胜利。

07 开展群众性扫盲运动

上海刚解放时，有大量文盲人员。自 1949 年下半年起，上海逐步开展扫盲工作。在全市范围内陆续开办各种形式的扫盲班组，采取包教保学的教学形式，由点到面，分期分批逐步开展群众性的扫盲运动。1949 年 12 月，第一次全国教育工作会议明确提出，积极准备进行全国规模识字运动，逐步扫除文盲。上海在全市范围开展扫盲运动，并形成三次扫盲高潮。

1950 年至 1954 年，上海掀起第一次扫盲高潮。至 1952 年时，上海市贯彻全国扫盲工作会议提出的扫盲工作方针，并推行"速成识字法"，扫盲工作进展迅速。下半年入学人数达 39.9 万多人，年内扫除文盲 7.4 万多人，至 1953 年脱盲数达 11.8 万多人。为巩固扫盲工作成效，自 1953 年 3 月开始整顿扫盲工作，提高了巩固率。1954 年，上海市提出，职工、农民、市民的扫盲对象一般从 14 至 50 岁。对 50 岁以上的文盲如自愿参加学习仍欢迎，并给予学习上的便利。对于女工、农妇、重体力劳动的男工,可以以40岁以下的作为扫盲对象。在扫盲对象中首先动员党团员、干部、劳动模范、积极分子当中的文盲、半文盲先识字,并起带头与推动作用。

1955年下半年至1956年上半年,上海掀起第二次扫盲高潮。1956年3月,中共中央、国务院正式颁布《关于扫除文盲的决定》,指出从1956年开始,在五年或七年内基本扫除文盲。在党中央的号召下,上海市工会、青年团、妇联以及社会各方面力量,积极配合参与扫盲工作。各行各业支援扫盲工作并形成合力,再次把扫盲运动推向新的高潮。市、区(县)建立扫除文盲协会,各街道、乡镇、国营工厂都设立相应的扫盲组织,建立并加强了扫盲工作的领导机构。1956年4月时全市文盲在学人数达8.5万多人,成为上海解放后文盲入学的最高峰。1956年,全市11万人领到了政府颁发的识字证书,相当于1956年之前6年中全市已扫除了35万名文盲的34%。

1958年至1960年,上海掀起扫盲运动的第三次高潮,形成"千人教、万人学"的扫盲高潮,成为历次扫盲高潮中规模最大的一次,扫除文盲人数为1949年上海解放至1957年8年间扫盲总数的153%。

08 推动人民卫生事业发展

新中国成立后,在上海市委、市政府的重视下,上海的人民卫生事业得到了较快发展。

在建立医疗网络方面,1950年8月,市政府开始建立联合诊所的试点工作和筹建联合劳工保健站(后改名为工厂联合保健站)工作。1957年,市区基层医疗机构网络初步形成。1957年1月,市人委发布《上海市推行划区医疗方案》,按照"就近就医、分工分级"的原则,实施市、区、街道三级医疗机构分工,按级挂钩指导和确定转诊、会诊制度。经试点后,同年8月起在全市推行。上海在建立三级医疗网的同时，预防、保健网络，基层医疗卫生保健机构也逐步建立，城乡三级医疗网络进一步健全。

在卫生防疫方面，市政府和市卫生部门对给市民造成重大危害的急性传染病进行研究和防治，通过采取疫情报告制度、推行传染病计划免疫等措施，使疫病得到控制和杜绝，先后使用牛痘、白喉等十多种疫苗制剂进行预防接种，并实行经常性、程序化的免疫接种制度。在1955年11月毛泽东发出"一定要消灭血吸虫病"号召后，市政府积极动员组织各方力量，开展血吸虫病防治工作，1958年5月上海西

▲ 1958年5月，上海西郊八万大军分块灭钉螺

郊八万大军分块消灭钉螺。与此同时，各郊县也都纷纷开展群众性的血吸虫病防治运动。至9月，上海各疫区的螺情、血吸虫病患者的病情大幅下降，血防工作取得显著成效。医药事业也取得了发展，1950年3月，上海青霉素实验所成立。1951年4月，试制出第一支国产青霉素，填补了国内青霉素生产的空白。1953年5月，第一批国产青霉素生产出来。同年，上海第三制药厂创建，拉开我国青霉素大批量专业化生产的序幕，"盘尼西林"依靠国外进口的时代一去不复返。

在卫生保健方面，1950年开始，市政府成立联合妇幼保健站，推行新法接生，积极推行预防接种制度，以迅速降低婴幼儿的传染病发病率和死亡率。1957年上海在推行划区医疗制度的同时，逐步建立和健全三级妇幼保健网。20世纪60年代妇婴保健工作逐步实现规范化和制度化，并在全市开始进行孕

产妇定期检查和保健工作。此外，还开展学生保健，在学校中开展防疫和卫生宣传工作；开展职工保健，在全市开展有计划有重点的职业病防治。

上海还积极开展群众卫生运动，重点是清洁卫生和防治疫病。1952 年 5 月，市春季防疫委员会改称市爱国卫生委员会，下设办公室。市爱卫会成为市政府负责统一领导、统筹协调上海市爱国卫生工作的议事协调机构，动员和组织市民参加清洁卫生运动，控制传染病流行。

09 贯彻市政建设"两为"方针

上海解放以后，市委、市政府对市政建设十分重视，指出市政建设要贯彻"为生产服务，为劳动人民服务"的方针，强调生产建设和生活设施两者必须兼顾。市政府根据这一方针，积极推进市政建设，取得明显成效。

在改善劳动人民生活方面，人民的住宅建设首先列入议事日程。从 1949 年开始，市政府就着手规划和建设大批工人住宅区。第一批 1002 户工人住宅区——曹杨新村于 1952 年竣工。第二批规模为 2 万户的住宅工程于 1952 年 8 月全面开工，整个工程包括房屋 2000 幢，建筑面积 54.6 万平方米，分布在沪东、沪南、沪西工厂区附近共 9 处，占地 4000 余亩，约等于当时黄浦、老闸两个区面积的总和。市政府还改造居住条件极为恶劣的"药水弄"等 180 处棚户区，填平臭水浜、埋管铺路、装置路灯、建立给水站、治理环境卫生，使这些棚户区的居住条件得以初步改善。

为了丰富人民的文化生活，市政府对城市绿化和体育场馆、剧场、电影院等的兴建也极为重视。3 年中，先后整理新辟龙华、莘庄、复兴岛等公园 10 处。将昔日西方冒险家的乐园"跑马厅"改建为人民广场和人民公园，"跑狗场"改建为文化广场，成为劳动人民集会和休憩的场所。

在市政设施方面，水、电、煤气、市内电话和公共交通的线路、管网都得到统一，各自为政的分割状态得到基本改变。为了改善给水系统，为期5年的市内给水环流工程开始施工，第一期工程于1952年完工。至1952年底，全市的公用电话由解放前的207只增加到1155只，路灯新增4501盏。

在市政工程方面，修整了市内交通干道和郊区道路桥梁；疏浚了黄浦江、苏州河航道；疏通了大部分沟渠，改善了市区积水状况。解放后3年，上海路面新建、改建、养护达453万平方米，修理桥梁572座，新建、改建桥梁117座，疏浚大小河道26条，共计长87.39公里，完成浦东以及吴淞堤塘工程9437米。

10 完成资本主义工商业的社会主义改造

解放初，上海私营工商业占有很大比重，其中私营工业产值占上海工业总产值的83.1%。1953年6月，中共中央政治局扩大会议确定了党在过渡时期的总路线和总任务后，到1956年，上海基本完成了对资本主义工商业的社会主义改造。

对私营工业的改造，是从国家资本主义的初级形式向国家资本主义的高级形式逐步发展的。改造的初级形式主要是加工订货和统购包销。到1952年，私营工业加工订货产值占私营工业总产值的58.8%。过渡时期总路线确定以后，市委根据党对资本主义工商业的"利用、限制、改造"的政策，继续扩展加工订货和经销代销并对之加强管理。1953年8月，市政府公布《上海市加工订货管理暂行办法》，有计划地在工业中扩展公私合营企业。到1954年底，全市已有244家公私合营工厂。从1955年起，上海开始进入全行业公私合营阶段。经过合并改组，上海公私合营工厂发展到375家，其产值占全市工业总产值的30.2%。

对私营商业，解放初期经过三次反投机斗争，国营经济初步掌握了上海市场的领导权。过渡时期总路线公布以后，上海对私营商业采取"安排与改造相结合"的方针，对私营批发商的改造采取全面安排、逐步代替的办法，到1955年，基本完成私营批发商的改造。对私营零售商主要实行经销、代销等初级形式的国家资本主义。在中央提出个别合营与按业改造相结合的方针以后，上海私营零售商业也试行按行业和按地区实行合营。

1955年11月，中共中央召开对资本主义工商业社会主义改造工作会议，认为对资改造已进入实行全行业公私合营的新阶段，提出要争取在1957年底在一切主要行业实行全行业公私合营的任务。12月，上海召开市一届三次人代会，确定在两年内基本上完成私营工商业的改造任务，各委办局也相应制定了完成改造的规划。1956年1月20日，全市召开资本主义工商业公私合营大会，宣布批准全市205个行业、106274户资本主义工商业实行公私合营，标志着上海资本主义工商业的社会主义改造基本完成。

11 支援国家重点建设

在第一个五年计划期间，全国各地在原料、燃料等方面支援上海，上海工业基地也以大量的人力、物力、财力支援国家的重点建设。

为国家重点建设项目组织协作生产。全市直接为鞍山钢铁公司建设工程协作生产的（不包括间接协作）有30个厂、提供了78种装备，长春汽车厂需要的43种产品，西北石油工业需要的400多种机械，佛子岭、梅山、官厅水库工程的40套闸门和100多台启闭机都是上海制造的。各地区从上海取得了很多成套的轻工业和纺织工业装备。5年内，上海为各地发展纺织工业制造了156万枚纱锭的细纱机和5.9万多台自动织布机。还为各地发展造纸、印刷、橡胶、制药、肥皂、牙膏等工业提供设备1000多种。

为国家重点建设项目输送人才。从1953年到1956年，全市根据国家建设需要外调的人员共达 23.87 万人，其中工人 16 万余人，工程技术人员 23752 人，包括工人、技术人员、管理人员及政治干部，涉及钢铁、机械、煤炭、电力、石油、航空、汽车等各行各业。其中，1956 年是上海职工参加重点建设人数最多的一年。此外，上海还积极为外地厂矿企业培训艺徒达 3.6 万人。

国家重点建设项目的推进，也带动西安、兰州、洛阳等一批新兴城市的迅速发展。上海还选择一批经营有特色、在社会上有影响、服务质量优秀的商业企业进行整体搬迁，组织交通大学等学校西迁，做好剧团输送等工作，以满足人们物质生活的需要，并为重工业的发展提供配套。

上海还为全国市场供应了大量的商品，5 年中经过国营商业系统外调各地的工业品达 187 亿元。为国家提供了大量的建设资金。从 1953 年至 1957 年，全市各经济部门企业上缴给国家税收共 165.65 亿元，相当于第一个五年全国基本建设投资额预计完成 484 亿元的 34%。5 年内，全市工业上缴利润 33.82 亿元，为国家对上海工业全部投资的 5.17 倍。输出了大量的工业品，为国家换取了外汇。从 1953 年至 1957 年，上海口岸出口商品总值 62.8 亿元，其中，上海的工业品出口达 28.4 亿元，占 45.2%，共换取外汇 402098 万卢布和 65357 万美元。这些外汇可以进口许多机器设备及重要原料，支持了国家建设和生产事业的发展。

12 开展三次工业改组

1956 年 4 月，毛泽东在《论十大关系》的重要讲话中，提出"沿海的工业基地必须充分利用"的重要思想。5 月，陈云到上海传达毛泽东关于"上海有前途的，要发展"的重要指示。根据这一指示，7 月，上海第一届党代会通过决议，提出"充分利用，合理发展"的工业发展方针，从产业结构上明确上海以发展工业为主的方针。为实现以工业为主的城市发展方针，从 1956 年起，上海先后分三次，对产业结构、生产布局和企业组织进行大规模的改组，基本形成上海以先进工业和科学技术为主的产业布局。

1956年5月，上海在完成对资本主义工商业的社会主义改造后，根据中央的指示，按产品相近、工艺相同、协作对口的原则，对上海工业进行第一次大的改组。加大对重工业特别是机电工业和冶金工业的投入，把全市公私合营的2万多家私营工业企业按行业成立83个行政性专业公司，实行归口领导。通过这次改组，工业的经济实力有了比较大的提高，工业技术水平有了大幅度的提高，促进工业生产更为集中，初步改变了工业分散落后和布局不合理的状况。

从1958年至1960年，上海进行第二次工业改组。这次改组是为进一步适应上海工业发展的要求，更是顺应当时"大跃进"运动的要求。进一步调整轻、重工业的比重；进一步调整工业企业组织形式，组建大型骨干企业，对原有企业并、改、扩建，形成大批量、能成套生产的能力；大力发展高级、精密、尖端产业等新兴工业，扩大工业门类；进一步发展专业化协作和行业分工。通过改组，基本形成上海现代工业体系的框架，使上海工业的专业化和协作化得到进一步加强，工业基础得到大的发展，形成一些新的工业部门，为上海和全国填补了空白。

从1962年至1965年，上海进行第三次工业改组。这次改组是在中央提出的"调整、巩固、充实、提高"的八字方针指导下，纠正"大跃进"和第二次工业改组中的失调，做到"下中有上""退中有进"，引导上海产业进一步向"高、精、尖"方向发展，达到工业布局合理的目的。主要是压缩重工业，发展轻纺工业，按照压缩长线产品、提高产品质量和发展急需产品的要求，关、停、并、转部分企业；调整工业生产结构，按照"瞻前顾后，统筹兼顾"的原则，适当压缩了技术力量较强、产品质量较好、暂时生产任务不足的大型骨干企业和重点企业的生产规模；调整工业产品结构，大力发展高、精、尖产品，把调整同发展结合起来；重新确定和调整各工厂的专业分工，进一步发展专业化协作。通过改组，上海的产业结构和生产管理体制达到比较符合当时生产力水平的状态，各工业部门基本形成大中型企业相结合、各有分工、协作配套的生产体系，上海工业的生产能力和技术水平跃上一个新的台阶。

13 卫星城的建设与发展

1957 年，根据上海经济和社会发展的需求，市委作出"在上海周围建立卫星城镇，分散一部分工业企业，减少市区人口"的决定。1958 年 1 月，经国务院批准，江苏省的上海、宝山、嘉定 3 个县划归上海市管辖；同年 11 月，川沙、南汇、奉贤、金山、松江、青浦、崇明 7 个县也相继划入上海，上海市的面积从 1949 年的 618 平方公里扩展到 6185 平方公里，为卫星城的建设创造了空间条件。

1958 年 3 月，上海确定将闵行作为以机电工业为主的卫星城首先进行建设。此后又陆续选择吴泾、安亭、松江、嘉定 4 个点开建卫星城。各卫星城的功能定位一一确定，除闵行以机电工业为主外，吴泾在原有化工企业的基础上扩建为化工卫星城，靠近江苏等原棉产区的松江以纺织、轻工业为主，安亭则以汽车制造为特色发展机电工业，最后还安排了以科研和无害精密工业为重点的嘉定卫星城。

从 1958 年起，上海大规模地建设卫星城。卫星城的建设是按速战速决、打歼灭战的方针进行的，进度比较快，并同时兼顾水电、排污等基础设施建设。如在闵行卫星城建设中，闵行一条街的首期工程，仅用 78 天的时间就在长 550 米的道路两侧，建起 11 幢 4.3 万平方米的房屋。从市区通往该卫星城的新沪闵路，长 23.5 公里，路幅 29 米，建设周期也仅为 10 个月。从 1958 年 6 月到 1959 年 10 月，在短短的 1 年多时间内，闵行就基本建成总长约 27.15

▲ 1962 年 6 月，闵行卫星城建设基本完成

公里的一号、二号、三号、四号、六号等道路，同时架设 7 座桥梁，埋设污水管网 5 公里。紧接着，在 1961 年 6 月以前，4 座污水泵站、1 座简易污水处理厂及电厂、水厂、电话局、公交和货运车场、港区码头、铁路支路等又相继建成投入使用。

到 1966 年，闵行、吴泾、松江、嘉定、安亭 5 个卫星城建成。这 5 个卫星城的建设，对当时上海工业的发展，尤其是对上海工业的布局的改善，市区工业建筑密集程度的减轻，部分工厂生产场地狭窄的解决，上海工业改组的促进，以及对市区人口的疏散，新的工业"三废"污染的防治等，均起到了一定的积极作用。同时，对上海的城市结构也起到了一定影响，使上海呈现出组合式的城市结构。

14 贯彻"双百"方针

1956 年 4 月，党中央提出发展文化和科学的"百花齐放、百家争鸣"后，上海社会科学、文学艺术工作者在"双百"方针的指导下，创作出一批有影响的力作，促进了上海社会科学和文化艺术事业的繁荣发展。

在社会科学方面，中国科学院社会科学部上海经济研究所和上海历史研究所、上海社会科学院、上海哲学社会科学学会联合会等各类社科研究机构先后成立，上海广大社会科学工作者在马克思主义理论的普及，哲学、文学、史学、经济学方面推出不少力作，出版一批介绍马克思主义哲学的书籍、研究中国传统哲学思想的专著，有关古代文论、诗词的研究专著以及文艺理论的研究著述。整理一批颇有价值的经济史料，出版了一批史学著作。启动具有极高学术价值《中国历史地图集》的绘制工作、《辞海》的重修工作。承担并完成高校文科教材的编写任务，为新中国成立以来我国高校的文科教学填补了不少空白。

在文学艺术方面，创办《萌芽》《收获》等文艺刊物，创作一批以弘扬英雄主义精神，歌颂党、人民军队和人民大众，反映党领导人民进行民主革命的战斗历程为主题的或以贴近现实生活，讴歌社会主义革命和建设事业中涌现的先进人物和思想为创作题材的优秀作品，如小说《黎明的河边》《百合花》等。创作叙事长诗《复仇的火焰》和《猪八戒新传》儿童文学作品等，翻译一批外国优秀作品，编写一批很有影响力的文学理论研究力作。

在电影艺术方面，上海美术电影制片厂、上海电影译制片厂等先后成立，上海电影艺术工作者以饱满的热情投入影片的创作和拍摄中，涌现出一批思想性、艺术性均有突破的优秀作品，既有反映青工生活的、农村生活、公安战线的影片，也有涉及知识分子、体育、革命历史、历史人物等题材的影片，如《幸福》《枯木逢春》《羊城暗哨》《红色娘子军》《上饶集中营》等。1958 年拍摄了我国第一部剪纸片《猪八戒吃西瓜》，1960 年拍摄成功世界上独一无二的水墨动画片《小蝌蚪找妈妈》，试制成功折纸片《聪明的鸭子》及一大批优秀美术片和科教片。

在戏剧艺术方面，新中国成立后相当长一段时间内，上海在旧戏的整理和创作方面做了不少工作。1959 年后，上海各剧种将更多的力量投入到新编历史剧和现代戏的创作中。在旧戏的整理和创作方面比较突出的，周信芳自 1954 年起就先后完成《清风亭》《乌龙院》等十几个京剧剧目的整理。上海京剧界献演了历史剧《淝水之战》《海瑞上疏》等。越剧《梁山伯与祝英台》的改编取得空前的成功，多次获得国内和国际的大奖。上海越剧院上演的《红楼梦》，根据旧戏改编的《追鱼》及甬剧《双玉蝉》等也获得了好评。上海现代剧的创作也收获颇丰，比较有名的有京剧现代戏《赵一曼》《智取威虎山》等，沪剧《罗汉钱》《鸡毛飞上天》，淮剧《海港的早晨》《三女抢板》，话剧《七月流火》《年轻的一代》以及越剧《祥林嫂》、滑稽戏《满园春色》等。

在音乐舞蹈方面，先后组建上海音乐学院、交响乐团等专业音乐教学和创作演出单位，创作出大量的优秀作品，有《唱支山歌给党听》《英雄的红五月》等优秀声乐作品，《梁祝》《红旗颂》等优秀器乐曲，以舞剧《小刀会》和芭蕾舞剧《白毛女》为代表的舞台音乐作品。20 世纪五六十年代，上海作曲家还创作出不少脍炙人口的《小燕子》《娘子军连歌》等电影歌曲。舞蹈方面，上海艺术工作者创作了大型民族舞剧《宝莲灯》《小刀会》等作品，开始民族化、大众化的探索。上海文化部门在 1960 年 5 月首创融音乐舞蹈展演、出人、出作品于一体的节日——"上海之春"，每年一次，到 1966 年，共举办 6 届。

此外，上海还创作出不少优秀的美术作品，如国画"河清可俟图""棉花和谷子"，油画"女配电工"，年画"冬瓜上高楼"等，由上海博物馆复制印刷的《上海博物馆藏画集》获得莱比锡国际书籍装帧展览会金质奖章。

15 学习"南京路上好八连"

从 1949 年 5 月起,中国人民解放军某部八连进驻上海市南京路,担负警卫和巡逻任务。全连官兵身居闹市,一尘不染,始终保持艰苦奋斗的优良传统,提出"为国家节约一粒米、一分钱、一滴水、一度电、一寸布"的口号,把节约下来的衣服和钱捐献给灾区人民。八连的战士乐于助人,走到哪里,就把好事做到哪里。

1959 年 7 月 23 日《解放日报》刊登"南京路上好八连"的事迹后,上海社会各界陆续开展向好八连学习的活动。上海各主要街道、车站、码头等公共场所的宣传橱窗贴满了介绍好八连事迹、反映学习好八连活动的美术作品。静安、黄浦等十多个区县举办故事员培训班,深入基层学习宣传。有的单位还邀请八连官兵举行事迹报告会,参观访问好八连。1960 年 9 月,共青团上海市委和上海人民广播电台联合举办"学好八连艰苦奋斗、勤劳俭朴革命精神"的广播大会,好八连由此而声名远播。1963 年 4 月 25 日,国防部授予该连"南京路上好八连"荣誉称号。8 月 1 日,毛泽东亲自为八连题写了《八连颂》:"好八连,天下传。为什么?意志坚。为人民,几十年。拒腐蚀,永不沾。因此叫,好八连。……"全国全军广泛持久地开展学习南京路上好八连的活动。1964 年 4 月,上海团市委向全市各级团组织发出通知,要求全市青少年广泛开展向集体的雷锋"南京路上好八连"学习的教育活动。上海各界还举办好

▲ 1963 年 7 月,上海市民参观"南京路上好八连事迹展览"

八连先进事迹报告会，举办"南京路上好八连事迹展览"。"好八连"的事迹被改编为话剧和电影《霓虹灯下的哨兵》后，"好八连"的革命传统在群众中广为传播。

2013年3月，习近平总书记在出席十二届全国人大一次会议解放军代表团全体会议后，会见"南京路上好八连"指导员闫永祥，称赞道："'南京路上好八连'可是我军的一面旗帜啊！"

16 贯彻执行"八字"方针

为克服"大跃进"运动、人民公社化运动和三年自然灾害造成的国民经济严重困难局面，1961年1月，中共中央召开八届九中全会，确定对国民经济实行"调整、巩固、充实、提高"的"八字"方针。从1961年起，上海国民经济开启5年贯彻"八字"方针的调整时期。

上海贯彻执行"八字"方针的5年分为两个阶段：1961年至1962年底是后退、整顿阶段。在这一阶段的调整过程中，市委统一全市党员干部的思想，逐步实行一系列卓有成效的调整措施，历时两年走出了经济发展低谷。随后的1963年至1965年是恢复、发展阶段。根据以农业为基础、以工业为主导的方针，按照解决吃穿用、加强基础工业、兼顾国防的要求，继续对国民经济近些调整、巩固、充实、提高工作。1963年底召开的第三届党代会提出依靠上海科学技术力量向高级、精密、尖端（简称"高、精、尖"）发展的方针，为上海的经济调整赋予新的内容。

上海对"八字"方针的贯彻，主要从以下几个方面展开：一是调整工业。针对"大跃进"中工业内部比例严重失调，以及工业与其他各业严重不平衡的状况，上海采取果断措施调整工业，并且在调整过程中致力于合理的发展，降低工业生产指标，压缩重工业，发展轻工业；实行第三次工业改组，调整

▲ 为精简城镇人口，上海动员家在农村的职工回乡参加农业生产，图为原上海油脂公司劳模回乡参加农业生产

工业结构和产品结构；调整中结合向"高、精、尖"方向发展。二是调整基本建设。"大跃进"中进行的大规模基本建设，超过了国家和地方财力、物力的承受能力，基建投资的增长过快和投资分配比例的不当也是造成国民经济比例严重失调的重要原因之一。上海在贯彻"八字"方针中，从压缩基建投资、协调基建投资比例、提高基建投资效益、调整城市建设等方面着手对基本建设进行了压缩调整。三是整顿人民公社。对郊区人民公社普遍进行以纠正"一平二调"的共产风为主要内容的调整，主要是改革分配等制度，纠正农村中的共产风、浮夸风等"五风"；降低公有化程度，实行以生产队为基本核算单位的制度；恢复社员家庭副业、自留地和农村集市贸易。四是调整商业。根据党中央、国务院有关改进商业的多次指示，对商业采取有力的整顿和改进措施，包括调整商业经营管理，改善工商、农商关系；恢复供销合作社，开放集市贸易，活跃城乡物资交流；建立副食品基地，保障商品供应；开放部分高价商品回笼货币。五是精简城镇人口。"大跃进"运动中从农村大量招工，使城镇人口猛增，大大加重农业的负担，使粮食的紧张状态更加突出，从 1961 年开始，通过动员家在农村的职工回乡参加农业生产等方式有步骤地精简企业职工和城镇人口。

经过 5 年的艰苦奋斗，上海国民经济迅速全面好转，全市工业总产值从 1963 年起不断增长，职工工资水平从 1963 年起逐步回升，消费品零售价格指数不断下降，社会消费量大幅度增加。同人民生活密切相关的主要消费品，除粮食（贸易粮）因城市人口精简而大致持平外，其余都大幅度增加。市场重现繁荣景象，人民生活获得较大的改善。

17 初步建成先进的综合性工业基地

经过近十年的建设和发展，到1965年底，上海初步建成了门类比较齐全、物质基础比较强、大中小企业结合、协作条件比较好，具有一定科学技术水平的综合性工业基地。

工业生产门类比较齐全。除采掘和采伐工业外，上海拥有了当时全国所有的工业生产门类。经过对原有工业的改造和必要的建设，不仅原有的生产门类从少到多、从低到高、由老到新、由一般到精密，有了较快的发展，而且初步建立了一批新兴工业和缺门工业。建成了以机电工业为主的闵行工业基地、以轻工业和机床工业为主的松江工业基地等7个工业基地。

工业技术水平处于领先水平。原材料工业、机电仪表工业占着重要地位，新型材料工业也有一定的基础。在1965年的工业总产值中，重工业占50%左右，原材料占24.1%。主要包括高温合金、精密合金等新型金属材料，石油化工、煤焦化学等石油化工和高分子合成材料，激射光材料、光学材料等新型无机非金属固体材料，精密机床、真空设备等精密机械，半导体器械、特种电子管等电子设备，工业生产自动化装置、光学仪器、分析仪器以及无线电测试仪器等精密仪器仪表在内的新型材料工业有了较快的发展。汽车和拖拉机、手表等缺门工业也有一定程度的发展。

形成了以中小为主、大中小企业结合的工业生产体系。1965年，上海共有工业企业8189家。按企业规模划分，大中型企业有404家，占4.93%；按所有制划分，全民所有制工业企业（含中央企业、地方企业）占41.81%，集体所有制工业企业占58.19%。在全民所有制工业企业中，100人以下的小企业

▲ 上海江南造船厂成功制造的我国第一台万吨水压机

占有相当的比例，而集体所有制工业企业的规模一般都比较小，只有几十人或一二百人。上海构成了一个既有中央、地方企业，有全民、集体所有制企业，又有大、中小型企业；既有分工又有协作的生产网络。

具有相当的生产规模和能力。在生产门类迅速增加的同时，上海主要产品的生产能力也有了显著的增强，其中占全国重要比重的有：钢材约占 1/4、机床约占 1/5、缝纫机约占 2/3、棉纱约占 1/4 等，1965 年上海调往外市的工业品和农副产品达 52.27 亿元。设备成套能力较强，自行设计水平较高。机械工业已从装配修理发展到能独立制造，从单机制造发展到成套制造。根据对以工厂（车间）成套为范围的 87 种成套的主要设备的调查，上海能够基本成套生产的设备占 90% 左右。在全国七大类 252 种主要成套设备中，上海能够成套的由 1957 年的 40% 提高到 1965 年的 80% 以上，已能成套生产许多重型、精密、技术要求复杂和具有现代水平的关键设备。产品的设计也从仿到创，自行设计水平大大提高。1957 年机械工业的新产品中，自行设计的比重不到 20%，1965 年提高到 80%，并能设计许多比较重大的新产品。

形成了一支有一定实践经验和专业知识的产业大军。1965 年全市 114 万名职工中，其中 60% 以上的职工具有初中以上水平，工业工程技术人员有 6 万人，研究人员 1.1 万人。各行各业也都有一批技术熟练、生产经验丰富的老工人。

18 初步建成先进的科学技术基地

在先进的综合性工业基地初步建成的同时，上海的科学技术事业也取得了长足的进步和发展，上海初步形成了比较完整的、能适应当时及以后一段时间内的经济和科技发展需要的科研体系。科学技术在为工农业、国防事业服务方面，在推动把上海建设成为我国最大的工业基地、促进全国经济的发展方面，日益发挥巨大的作用。至此，上海作为我国重要的、先进的科学技术基地也已初步建成。

到1966年，全市科学技术管理系统初步形成。由市人委设置的上海市科学技术委员会负责领导全市的科学技术工作，各系统，各工业局，各区、县也相继设置了科技管理部门。建立了一批具有科学和技术优势而又适应当时及以后经济和科技发展需要及相互配套的各种专业研究院所，上海全市的科研机构从1956年的38个发展到1965年底的182个。形成了一支结构比较合理的、具有开创性的科技队伍。到1965年，上海全市科技人员从1956年的4.72万人发展到15.69万人，专业科研人员2.35万人，其中高级、中级、初级科研人员的比例为1∶3∶15。

在基础研究、应用研究及国防尖端技术方面，上海取得了一批世界先进水平的重要成果，其中有的达到了世界领先的水平。基础理论研究在与发展新兴技术密切的结合中，解决了高精尖技术发展中提出的许多理论问题。到1966年，上海从无到有，从小到大，发展了一些追踪世界先进水平的科研项目，突破了原子能、计算机、激光、半导体等若干新技术领域，在许多方面填补了国家的空白。在基础理论研究方面，1961年，朱洗培育成功世界上第一批"没有外祖父的癞蛤蟆"。1965年，钮经义、王应睐、汪猷等人研制出世界上首次人工合成蛋白质——结晶牛胰岛素。上海医药卫生方面取得的深低温体外循环心脏直视手术、大面积烧伤治疗、针刺麻醉及断手断指再植手术等先进科研成果均已接近或超过了国际先进医疗水平。

科学技术的发展，有力地推动了上海工业科学技术研究的发展，不仅改变了上海传统工业技术陈旧落后的面貌，推动了上海工业半机械化、机械化、半自动化和自动化的进程，而且突破了传统工业的结构，促进了新兴工业的逐步建立和发展，带动了新技术、新工艺的发展。科学技术的发展在提高工业产品的自行设计能力的同时，还促使工业产品由仿制发展到自行设计、制造；由低级发展到高级；由单机发展到成套设备，一些重量级产品的研制均获得了成功。

19 参加"两弹一星"研制

20世纪60年代，我国成功研制出"两弹一星"。在"两弹一星"的研制工作中，上海的航天工作者作出了重大贡献。

攻克原子弹研制的关键技术。为研制原子弹，1960年，党中央向上海下达了研制甲种分离膜的任务。甲种分离膜，是一种用于浓缩铀的关键部件，也是原子弹研制中的一项重要技术。中科院上海冶金所联合原子能所、沈阳金属所和复旦大学三家单位的研究人员，于1962年组成专门的甲种分离膜研究室。科研人员经反复试验，在1963年底研制出了符合要求的分离膜元件。第二年，兰州铀浓缩厂将上海研制的甲种分离膜用于工业生产，成功地分离出了用于原子弹装料的合格的高浓缩铀产品。1960年11月，党中央把制造原子弹关键技术——氟油的研制任务交给了上海。中科院上海有机化学研究所仅用了两年多的时间就完成了氟油的研制和生产。

成功研制出我国第一代地空导弹。1959年底，党中央决定以最快的速度在上海建立地空导弹试制技术基地，加速我国导弹事业的发展。上海市委提出

"即使当掉裤子，也要将导弹事业搞上去"的口号，从各部门抽调人员，于1961年8月成立了市第二机电工业局，即现在的上海航天局。中共中央决定先仿制苏联提供的B-750地空导弹，并定名为红旗一号。上海的科技人员边创建、边组织队伍、边消化资料、边开展研制。1964年12月，首

▲ 1965年底，红旗一号导弹顺利通过飞行试验

批3枚红旗一号完成地面实验。1965年底，3枚红旗一号中有2枚顺利通过飞行试验。1966年后，又完成红旗一号的改进和红旗二号的研制。从1965年开始，承担研制我国第一枚自主设计的地空导弹红旗三号的重要任务。红旗三号于1970年通过设计定型飞行实验，实现了我国地空导弹从仿制走向自行设计的重要转变，标志着我国已具有自行设计、制造防空导弹武器系统的能力。

成功完成火箭的研制任务。1958年11月，中科院第一设计院总体设计部和发动机设计部南迁上海，组成"上海机电设计院"。根据邓小平指示和国防部五院院长钱学森的建议，该院把研制探空七号气象火箭和探空七号模型火箭作为首要任务。1960年2月，由上海机电设计院研制的我国第一枚探空七号模型（T-7M）火箭在南汇县成功发射升空。7个月后，该院研制的我国第一枚探空七号（T-7）液体燃料火箭在安徽广德发射成功。1969年，上海承担了研制大型运载火箭的任务，全市300多家单位的科研人员只用了十几个月的时间，1972年8月，风暴一号火箭发射，获基本成功。1975年7月26日，由上海研制的风暴一号第一次成功地把我国第一颗重量超过一吨的长空一号技术试

验卫星送入预定轨道。6 年后，风暴一号成功地将"实践二号""实践二号甲"和"实践二号乙" 3 颗卫星一次送入各自的预定轨道，使中国成为世界上第三个掌握"一箭多星"技术的国家。

20 支援三线建设

1964 年 8 月，毛泽东根据国际形势的变化和准备打仗的指导思想，提出了集中力量搞内地建设的方针。随后，中共中央和国务院作出在全国建设大小三线的决定。大三线是指全国的后方生产基地，包括大西南和大西北诸省；小三线是指各省、自治区、直辖市自己的后方生产基地。

上海作为沿海城市和最大的工业城市，担负着支援后方建设的重任。在中央的统一部署下，上海从 1966 年开始进行配合三线建设和后方基地建设的工业大搬迁工作。当时国家计划上海搬迁军工、基础工业企业和短线产品 342 个项目，共涉及 458 个工厂。上海内迁工厂的工作一般采取两条线进行的方法，即有内迁任务的工厂，一面内迁部分人员、设备，一面保留原厂的生产能力，以承担当时的生产任务。起初两年内迁进展较快，共计完成 304 个项目，涉及 17 个局，411 个工厂，9.2 万多名干部、职工和 2.6 万多台机器设备。从地域上看，大部分迁往四川、贵州、江西、湖北、陕西，少部分企业迁往广西、甘肃、青海、云南、宁夏等省、自治区。上海向大三线内迁工厂的工作，后来因"文化大革命"而中断。1970 年，国务院在计划工作会议上再次提出狠抓战备，抓紧大三线建设的要求，从 1970 至 1979 年，上海又先后动员 14.24 万名职工，分赴西南地区和云贵高原，支援三线工厂。

上海支援小三线建设从 1965 年开始，"文化大革命"后上海工业开展了大规模的以"三线"军工建设为主要内容的工业支内工作。先后在皖南的徽州、安庆、宣城三个专区和浙江临安等 13 个县（市）境内建成 81 个单位，完成

55 个项目，涉及 64 个工厂，2.7 万多名干部、职工和 1300 多台机器设备，是全国各省、自治区、直辖市小三线中门类最全、人员最多、规模最大的一个以军工为主的综合性后方工业基地，为国防建设和国民经济建设作出了一定的贡献。另外，从 1969 年到 1972 年，上海先后动工开发了江苏梅山、大屯，山东张家洼和安徽新桥 4 个外省原材料基地，以保证缓和上海重工业发展对原材料的要求。

上海通过积极参与三线建设，有力地推动了西部地区的发展，逐步改变了我国工业布局的不合理状况。尤其是上海的部分工厂搬迁到三线地区以后，很快成为当地的骨干企业，带动了当地经济社会的全面发展。

21 《中美联合公报》发表

新中国成立后，美国对中国采取敌视政策长达 20 年之久。20 世纪 60 年代末至 70 年代初，国际局势发生了重大变化后，中美两国领导人都认为有可能也有必要进行改善两国关系的谈判，实现两国关系正常化。1969 年 1 月尼克松就任美国总统后，美国通过多种形式同中国进行接触，表示有意改善中美关系，我国也予以积极回应。

1972 年 2 月 21 日至 28 日，美国总统理查德·尼克松及夫人应周恩来总理的邀请，访问中国。毛泽东在 21 日会见尼克松，两位领导人就中美关系和国际事务交换意见。访问中，周恩来和尼克松就中美关系正常化等问题进行了广泛、认真和坦率的讨论，外交部长姬鹏飞也与美方国务卿威廉·罗杰斯进行了会谈。

2 月 27 日，中美双方在上海就两国《中美联合公报》达成协议。28 日，《中美联合公报》在上海发表。《中美联合公报》中，中美双方申述了各自的原则立场，强调双方同意以和平共处五项原则来处理国与国之间的关系，指出：

"双方同意，各国不论社会制度如何，都应根据尊重各国主权和领土完整、不侵犯别国、不干涉别国内政、平等互利、和平共处的原则来处理国与国之间的关系。国际争端应在此基础上予以解决，而不诉诸武力和武力威胁。美国和中华人民共和国准备在他们的相互关系中实行这些原则。"双方郑重声明：中美两国关系走上正常化是符合所有国家的利益的，双方都希望减少国际军事冲突的危险；任何一方都不应该在亚洲太平洋地区谋求霸权。在台湾问题上，中国政府明确指出，台湾问题是中国的内政，用什么方式解决应该由中国自己来决定。美方则表示：认识到在台湾海峡两边的所有中国人都认为只有一个中国，台湾是中国的一部分，美国政府对这一立场不提出异议。

因《中美联合公报》在上海签署发表，又称《上海公报》。它的发表，标志着中美两国关系正常化的开始，是中美关系史上的里程碑，两国结束长期的敌对状态，开始走向关系正常化，对国际形势产生了重大影响。

22 建设上海石化

20世纪60年代，中国石油工业取得了重大突破，以石油为原料发展石油化纤工业被作为一项战略措施列入国家第四个五年计划。1972年初，为解决人民穿衣问题、适应工业生产和出口援外需要，经毛泽东、周恩来亲自批准，国务院决定引进4套当代最新石油化工、化纤成套设备，建4个大型化纤企业。轻工业部据此组织考察团去日本考察，并确定引进年产11.5万吨乙烯等9套先进成熟的石油化工、化纤生产装置，国内配套年加工原油250万吨常压蒸馏等9套装置，在上海建厂。

1972年6月，上海确定距市区75公里、位于杭州湾畔的金山卫作为厂址，建设上海石油化工总厂。1972年12月底，上海金山石油化工总厂开始围海筑堤。1973年，上海完成了对上海石油化工总厂的总体设计。1974年1月，上海石油化工总厂正式开工建设。

上海石油化工总厂是我国第一个以石油为原料、生产合成纤维的大型联合企业，总投资达 21.79 亿元，是新中国成立后当时我国纺织系统及上海市最大的基本建设项目。在全国二十几个省、自治区、直辖市的支援下，1976 年 7 月，乙烯装置开始投料试车。1977 年 7 月，打通了三条生产线全流程，拿到了全部合格品。1979 年元旦，上海石油化工总厂一期工程正式交付生产。1979 年 4 月通过国家验收，投入正常运行。它不仅为我国轻纺工业增加了一个重要原料基地，同时提高了上海乃至全国的石化工业的设计、制造、安装能力。之后，它每年生产 10 万吨化纤产品，相当于 250 万亩高产棉田的年产量，可向全国人民提供人均 3 尺的化纤织物原料，为缓解"穿衣难"作出了贡献。同时，每年创利税约 5 亿元，4 年收回全部投资。

1980 年 7 月，以进一步缓解"穿衣难"为宗旨的上海石化二期工程开工建设，至 1985 年全面建成。1986 年 12 月通过国家验收。由此，化纤产量翻番，提供化纤织物原料的能力增加到人均 9 尺，实现了不占耕地、给人民提供更好生活的愿景。1987 年 5 月，三期工程正式开工建设。1992 年 4 月，三期主体工程全面建成。至此，总厂已建成生产装置 58 套（按 1993 年划分统计），形成年加工原油 530 万吨，生产乙烯 45 万吨，占国内乙烯总生产能力的 22.5%；合成纤维 35 万吨，约占国内合成纤维总生产能力的 24%；合成纤维单体和聚合物 33.3 万吨，约占国内总生产能力的 19.8%；塑料及塑料制品 30 万吨，占国内总生产能力的 13%；油品和各种化工原料 200 余万吨的生产能力，原油利用率提高到 62%。到 2002 年 4 月间，经过四期工程的建设，上海石化这座以石油为原料，生产化学纤维、塑料及化工产品的大型石油化纤联合企业，发展成为中国最大的炼油化工一体化综合性石油化工企业之一。

（三）

改革开放和社会主义现代化建设新时期

01 全面拨乱反正

1978 年 12 月，党的十一届三中全会召开，中国进入改革开放和社会主义现代化建设新时期。上海以全会路线为指引，解放思想，实事求是，胜利完成拨乱反正的各项任务。

为从思想上进行全面拨乱反正，市委认真组织学习贯彻党的十一届三中全会精神，1978 年 12 月全会公报发表的当天，即下发通知要求全市党员干部和群众认真学习和贯彻全会精神。为推进全会精神在上海的贯彻落实，市委于 1979 年 1 月至 2 月召开工作会议，对全市党员干部普遍关心的一些重大问题特别是开展真理标准问题讨论等工作进行深入讨论。为进一步解放思想，根据中央的决定，从 1979 年 6 月至 12 月底，从市委到各基层单位普遍进行了真理标准问题讨论补课，使广大党员、干部和群众从思想上进一步冲破"两个凡是"的思想禁锢和教条主义束缚，对于从理论上、思想上全面拨乱反正起到重大作用。

平反冤假错案，落实党的各项政策，是全面拨乱反正的重要内容。1978 年 6 月和 8 月，市委先后为遭受迫害含冤去世的上海市原市长曹荻秋、副市长金仲华平反昭雪，恢复名誉。12 月，召开 30 万人参加的全市党员、干部和群众大会，宣布对在所谓"一月夺权"中被公开点名批判的中共中央华东局和上海市委的主要领导陈丕显、魏文伯、杨西光等人以及所有受迫害的群众组织、干部、群众予以彻底平反，恢复名誉。1979 年 3 月，在政治上为上海地下党作出彻底平反。到 1987 年，在"文化大革命"中被立案审查的 10.1 万余名干部的冤假错案全部得到平反。

同时，对"文化大革命"前历次政治运动中遗留下来的一些重大历史问题重新作出历史结论，全面落实党的政策。1978 年 11 月，为绝大部分被划为右派的人平反。1980 年 2 月，对"胡风反革命集团"案件中受到株连的同志作出公开平反。1982 年 8 月，对因"潘汉年案"受牵连被错误处理的同志复查平反并落实善后工作。对"反右倾"运动中受错误处理的人、"四清"运动中的错案进行复查平反，对上海地下党历史遗留问题进行处理。妥善落实党的民族资产阶级政策、知识分子政策、老干部政策、统战政策、民族政策、原国民党起义投诚人员政策、侨务政策、对台政策等，解决了一大批历史遗留问题，发展了安定团结的政治局面。

02 建设宝山钢铁总厂

"文化大革命"结束后，社会主义现代化建设被重新提到最重要的议程上。党中央和国务院关注着中国钢铁工业的命运，强调要引进外国先进技术和管理，建设新的钢铁生产基地，以适应整个国民经济新发展对基础材料工业的要求。1977 年 1 月，上海市和冶金工业部鉴于上海地方钢铁工业长期缺铁，重新提出建设现代化铁厂的建议。1977 年末、1978 年初，中共中央政治局和国务院领导进行了两次讨论，作出在上海建设宝钢的战略决策。1978 年 12 月 23 日，党的十一届三中全会胜利闭幕的第二天，上海宝山钢铁总厂正式动工兴建。上海宝山钢铁总厂总投资 230 多亿元，是新中国成立以来规模最大、投资最多的项目。

党中央、国务院十分关心宝钢建设，在宝钢项目酝酿期间，邓小平同志就给予高度关注和明确支持。宝钢开工建设后不久，即遭遇全国大规模压缩投资建设项目，面临是否停建甚至下马等情况。党中央委托陈云同志于 1979 年五六月间专程到上海实地调查研究。6 月，中央财经委员会会议专题讨论上海宝钢问题，会议决定，为服从调整需要，整个建设工程继续进行，但分两期组织实施。1979年9月，邓小平同志预言："历史将证明，建设宝钢是正确的。"1984年2月，宝钢建设进入关键阶段，邓小平同志到宝钢建设工地了解情况并为宝钢题词："掌握新技术，要善于学习，更要善于创新。"

1985年9月，宝钢一期工程胜利建成投产。在一期工程完工的同时，经国务院批准，1984年6月到1991年6月，宝钢二期工程也胜利

▲ 建设中的上海宝山钢铁总厂

完成。初步形成了年产650万吨铁、671万吨钢、50万吨无缝钢管、210万吨冷轧带钢、400万吨热轧带钢的生产规模。宝钢的技术装备建设从成套引进到分交、合作设计、合作制造，直到在消化吸收引进技术的基础上，以国内为主设计制造，同时继续密切关注国内外技术新动向，有重点地引进适用的最新技术，并着重依靠社会协作，组织开发创新。1993年12月，以1580热轧项目打桩为标志，宝钢三期工程拉开建设帷幕。经过7年建设，2000年12月，宝钢三期工程建成试投产。1992年3月，经国家体改委、国家计委、国务院经贸办确认，将1988年8月成立的宝山钢铁联合（集团）公司组建成宝钢集团，成为全国第一批大型企业集团试点单位之一。宝钢的建设和发展，使我国钢铁工业与世界先进水平的差距快速缩短，开创了中国钢铁工业发展的新模式。

03 推动科教文化事业恢复发展

　　"文化大革命"结束后，在党中央"尊重知识，尊重人才"号召的引领下，上海在科教文化领域迎来发展的春天。

　　1976年10月后，开始复映、复演和重印被长期禁锢的戏剧、电影、小说等优秀文艺作品。1978年8月，《文汇报》发表短篇小说《伤痕》之后，出现了全国范围内对"文化大革命"进行反思的"伤痕文学"。9月，由上海创作和公演的话剧《于无声处》成为新时期文学艺术思想解放的先声。上海还恢复举办"上海之春"等各类文艺汇演、展览，构成上海文艺事业复兴发展的春潮。上海文艺界在文艺"为人民服务、为社会主义服务"方向指引下，创作出许多优秀作品，包括文学大师巴金创作的散文集《随想录》，谢晋导演的电影《天云山传奇》等。1977年至1985年，上海共拍摄故事片、戏曲片、科教片4800多部，近百部优秀作品获得优秀影片奖、金鸡奖和百花奖。

　　1977年10月，中断10年的高等学校招生制度恢复，上海参加当年高考的人数多达11万人。为加快培养建设人才，上海陆续恢复和新建了一批高等院校，到1985年，高等院校发展到45所，在校学生数首次突破10万人。研究生教育也得到较快恢复和发展。20世纪80年代，在干部培训和青壮年职工中开展大规模的文化、技术课"双补"教育，提高了劳动者的文化素养和劳动技能水平。开办成人中专和成人高等教育，恢复中小学招生制度。

　　为迅速恢复科技工作，1978年2月起，上海采取一系列拨乱反正和加强科学技术工作的措施，恢复、重建一批科研机构，构建起较为完善的研究工作网络以及科技人员队伍。对科研管理制度和传统科技投入模式进行改革，组织科技攻关，发展技术贸易，推动科技事业不断走上良性发展轨道。20世纪70年代末至80年代，有选择、有重点地组织的10项重点科研任务、10个重大科技战役、14个科技项目攻关会战，取得了积极成果，促进了科技与生产相结合，促进了上海工业的技术进步和经济发展。至 1990 年，技术交易取得阶段性成果，技术市场不断完善。

04 发起振兴中华读书活动

党的十一届三中全会以后，上海广大群众迫切希望追回被"文化大革命"所浪费的宝贵时光，把耽误的时间夺回来，掀起了前所未有的读书热潮。1982 年 3 月，市总工会、解放日报社、团市委、市出版局共同酝酿发起"振兴中华读书活动"，以读中国近代史、社会发展史、中共党史"三史"为重点，以进行爱国主义、集体主义、社会主义教育为主。活动一提出，就得到广大职工的积极响应，当年有 20 万职工踊跃参加，建立读书小组 11000 多个。

读书活动得到党中央的重视和支持。1983 年 6 月，党中央批示"上海工人阶级首倡并正在向许多省、自治区、直辖市展开的振兴中华职工读书活动，是群众进行自我教育，掌握政治理论和科学文化知识的好办法，是加强和改进思想政治工作的好形式"，号召"把越来越多的职工吸引到读书活动中来"。读书活动迅速在全市、全国范围内开展起来，上海数百万职工在工作之余纷纷走向学校、培训班和技术班。

从 1984 年开始，读书活动逐步发展为学政治、学经济、学管理、学科学、学技术、学文化的具有广泛群众性和多种社会效益的自我教育活动。读书活动高扬"振兴中华，建设四化"的主旋律，把帮助职工学习掌握党的基本路线，确立正确的人生观、价值观为主要内容，以岗位读书、岗位成才为重点，帮助职工澄清思想，明辨是非，引导广大群众奋发求知，报效祖国。岗位读书、岗位成才、岗位奉献蔚然成风，拓展了读书活动在思想道德教育和科学文化教育两方面的功能。读书活动深刻地改变了广大职工的精神面貌，一大批学有所成的人才随之脱颖而出，许多职工通过刻苦攻读，成为行家里手，在推动改革、增强企业活力、提高管理水平和经济效益方面发挥了作用。

20 世纪 90 年代特别是邓小平南方谈话发表以来，学习邓小平理论、学习新知识与新技术，成为上海读书活动的主流。读书活动从工厂、企业和单位向街道、机关、学校和新经济组织延伸拓展，形成读书活动进班组、进社区、进家庭、进双休日的"四进"新格局。从 1999 年开始，上海将振兴中华读书活动和举办上海读书节结合起来，面向基层，进入市民家庭。

05 制定上海发展蓝图

新中国成立后，上海为全国经济发展作出很大贡献，但由于过分强调发挥工业生产基地的功能，以致削弱了经济中心城市功能。20 世纪 80 年代初，全国改革开放大潮正在兴起，而此时的上海处于改革开放的"后卫"位置，从经济体制、产业结构到社会生活、人们的思想观念，都受到前所未有的冲击。同时，上海还面临着世界新技术革命的严峻挑战，资金不足、资源短缺、城市建设落后等难题，发展遇到严重瓶颈。"上海向何处去"成为摆在全市人民面前的重大问题。

从 20 世纪 80 年代前期起，历届市委、市政府不断探索振兴上海的道路。党中央、国务院十分关心上海的发展，1984 年 8 月，国务院和中央财经领导小组会议专门听取上海经济工作汇报。9 月，国务院改造振兴上海调研组来到上海，与市政府联合召开上海经济发展战略研讨会。12 月，市政府和国务院改造振兴上海调研组向国务院和中央财经领导小组上报《关于上海经济发展战略的汇报提纲》，提出了上海的发展方向、战略目标及方针政策和措施，其中六项方针中，首要的一条是对内对外开放，提出上海对国内外都要开放，起到沟通内外的桥梁作用；上海的第三产业以发展内外贸易、金融、咨询服务、旅游为重点等。同时，提出了开发浦东的基本构想。

▲ 1984 年 9 月，上海经济发展战略研讨会举行

　　1985 年 2 月，国务院正式批转《关于上海经济发展战略的汇报提纲》，明确在新的历史条件下，上海的发展要走改造、振兴的新路子，充分发挥中心城市多功能的作用。力争在 20 世纪末把上海建设成为开放型、多功能、产业结构合理、科学技术先进、具有高度文明的社会主义现代化城市。中央强调，上海要走活第三产业这着棋，创新焕发青春和活力，更好地发挥经济中心的作用，运用综合功能为全国经济建设服务。中央要求上海成为利用外资、引进技术的主要门户，以及消化吸收后向内地转移先进技术和管理方法的桥梁；成为全国的商品集散地和最重要的外贸口岸；成为全国最重要的金融市场和经济技术信息中心；成为面向全国培训技术人员、经营管理人员、高级技工的培训中心。中央对开发浦东的构想予以肯定，指出要创造条件开发浦东，筹划新市区的建设。

　　在编制《关于上海经济发展战略的汇报提纲》的同时，上海市委、市政府着手编制一个同上海经济社会发展战略相统一的城市发展总体规划。党中央、国务院十分重视上海市城市总体规划，指示："上海市城市总体规划方案必须从长远考虑，高瞻远瞩，面向 21 世纪，面向全世界，面向现代化。"市委、市政府根据中央意见，对《上海市城市总体规划方案》进行了修改。1986年 10 月，国务院批复原则同意《上海市城市总体规划方案》，并指出，这个方案和批复可以作为指导今后上海城市发展与建设的依据；当前特别要注意有计划地建设和改造浦东地区，使浦东地区成为现代化新区。

《上海市城市总体规划方案》是上海历史上第一个经国家批准的城市总体规划方案，提出了上海市城市性质、规模、布局和发展方向，明确上海是我国最重要的工业基地之一，也是我国最大的港口和重要的经济、科技、贸易、金融、信息、文化中心。同时，还应当把上海建设成为太平洋西岸最大的经济贸易中心之一。上海要在对内、对外开放两个辐射扇面起枢纽作用等内容。

06 推行企业承包经营责任制

1984年10月党的十二届三中全会后，以城市为重点的经济体制改革全面展开。在市委、市政府领导下，按照中央部署，上海围绕搞活国有企业这一城市经济改革环节，进行了比较系统的改革，推行承包经营责任制就是上海进行国有企业改革的重要内容。

从1984年开始，上海首先在国营大中型零售商业企业普遍推行内部经营承包责任制，到1985年底，已有40%的国营大中型零售商业企业先后实施了不同形式的"经营、管理、服务"三承包。1986年，在国有小型工业企业开始尝试租赁经营责任制。1987年4月，国家经委召开承包经营责任制座谈会后，上海又将承包经营扩大到工业企业。6月，市经委、财政局、劳动局共同拟定了上海市推行承包责任制的实施意见。6月12日，上海市第一批119家利税总额在1000万元以上的全民大中型企业与上级主管局、财政局签订承包经营责任制合同，承包实行"包死基数、确保上交、超交多得、欠交自补"的原则。之后，实行承包经营的企业迅速扩大，有465家企业实行"三保一挂"（即保上缴利润、保技术改造、保资产增值和工资总额与经济效益挂钩）为主要内容的综合承包，占全市企业总数的26%，其余企业也都实行了工资总额与经济效益挂钩浮动等多种形式的单项承包。企业承包制在实施不到半年内，收到了初步成效。至 1987 年 9 月底，上海市预算内 1700 多家全民所有制企业基本上都实行了承包制。

1988 年 2 月在党中央、国务院为加快和振兴上海经济的发展，同意上海的财政体制由总额分成改为基数包干后，上海利用这一有利条件，在总结承包经营责任制经验的基础上，进一步加大企业承包责任制的力度，在全市各全民所有制企业中全面推行综合承包，并对原来的办法作了改进。到 1988 年底，全市地方国营大中型工商业中已有 98.3% 签订了承包合同，调动了各方面的积极性。

为了克服承包经营责任制中出现的问题，上海还对承包经营责任制进行了改革的深化，试行了择优选聘经营者和强化经营者的责任，选取 5 家企业试行"税贷包"配套改革，对完善企业承包制起到了积极的作用。

07　实施实事工程

为了改善人民群众的生产生活条件，市委、市政府决定从 1984 年开始，每年集中力量完成几件与人民生活密切相关的事情。1984 年提出 15 件，主要涉及住宅、交通、用电等衣食住行教育卫生等多个方面。1986 年 5 月，时任市长江泽民倡导把为民办实事作为工程来抓，"实事工程"逐渐成为为民办实事的制度化安排。

实事项目在不同的年代有着不同的内容和数量。20 世纪 80 年代，实事项目的内容与住房、交通和环境等城市生活的突出矛盾有关。1985 年是 9 个基础设施建设实事项目。1986 年的实事项目集中改善市内交通、增加住宅等 15 件实事。1987 年是解决人均住房面积 2 平方米以下的特困户住房问题等 15 件与人民生活密切相关的实事。经过持续 5 年实事工程的推动，民生条件得以明显改善，市区人均居住面积从 1980 年的 4.4 平方米提高到 1990 年的 6.6 平方

▲ 通过实施实事工程，市民用上了管道煤气

米，家庭煤气普及率有所提高，社会福利事业有新的发展，城市居民饮水水质有所改善，环境质量恶化的状况得到控制。

进入 20 世纪 90 年代，上海集中力量切实抓住城市交通、住宅与煤气、"菜篮子"三件长期以来市民要求最迫切、解决难度最大、对搞活全局影响最深的实事。1997 年起，绿化建设、再就业工程、增强社区服务功能、信息化建设、文化

体育设施建设开始成为重要内容。随着城市大规模旧区改造的开始，1998 年、1999 年连续提出了拆除"365 危棚简屋"40 万至 50 万平方米的目标。在教育、医疗方面，1997 年改建新建 144 所中小学、幼儿园。

进入 21 世纪，实事工程除了继续做好绿化、住宅建设、就业等项目外，再添许多新内容。随着上海老龄化程度的持续提高，全市连续每年提出增加养老床位，从最初的每年 2500 张增加到现在的每年 10000 张。随着人们对品质生活的追求，文化体育设施、社会保障、就业与创业、公共安全、食品安全、信息通讯服务等被列入实事工程。2004 年的实事项目中提出建设社区文化中心。2011 年的实事项目提出每年都要新建百姓健身步道、完善社区健身设施。2013 年的实事项目提出在无线局域网覆盖的 450 处公共场所，为公众用户提供每用户每天 2 小时的免费上网服务等内容。2020 年的实事项目提出在 100 个社区事务受理服务中心增加居住证等快速办理服务、在黄浦江两岸滨江公共空间新建改建 9 个"望江驿"等内容。

08　建立闵行、虹桥和漕河泾经济技术开发区

　　1984 年 3 月，中共中央、国务院决定开放上海等 14 个沿海港口城市，同意这些地区兴办新的经济技术开发区。1986 年 8 月至 1988 年 6 月，经国务院批准，闵行经济技术开发区、虹桥经济技术开发区和漕河泾新兴技术开发区成为我国第一批国家级经济技术开发区，作为上海在现代化建设中发挥对外开放的"窗口"和经济改革的试验田作用。

　　闵行经济技术开发区于 1986 年 8 月经国务院批准建立，重点发展出口创汇工业，坚持以工业项目为主、外商投资企业为主、产品出口型与技术先进型两类企业为主，使开发区项目形成层次高、投资额高、技术含量高"三高"特征。至 1990 年底，引进外商投资项目 68 个，合同总投资达 3.94 亿美元。累计工业总产值达 21 亿元，出口创汇约 1.5 亿美元，经济效益不但成倍超过全市平均水平，而且在全国 14 个开发区中名列前茅。

　　虹桥经济技术开发区于 1986 年 9 月经国务院批准建立，以开设国际贸易商品展销场所、高层办公楼、公寓和旅游宾馆为主，具有对外经济贸易活动中心的特征。1988 年 7 月，率先实行土地使用权有偿转让，为引进外资开拓了一条新路，并带动了相关的一系列配套改革，对上海的进一步开放产生了积极的影响。至 1990 年，已吸收合同投资总额 6.6 亿美元，其中外商直接投资 3.8 亿美元，成为全国开发区中吸收外资最多的一个。

　　漕河泾新兴技术开发区于 1988 年 6 月经国务院批准成立，创建时是全国 14 个沿海城市经济技术开发区中唯一以发展高科技和新兴技术产业为主的外向型开发区，以发展微电子、计算机和现代通讯为重点。建立伊始，就把引进外商投资项目的工作重点，限定在技术密集型、资金密集型和无工业污染方面，引进产品的档次把握在出口深加工、高附加值和高技术的水平上。到 1990 年底，已有各类企事业单位 88 家，总投资 3.15 亿美元，形成微电子、光纤通讯、航空航天、生物工程和计算机软件等高技术研究、开发和生产的群体。

09 改善投资环境

20世纪80年代中后期，上海确立了加快发展外向型经济战略，吸引外商投资、加快利用外资是实现这一战略的重要内容。当时上海利用外资工作取得一定进展，但与改革开放先行的省市相比，还有较大差距。一方面是外商急于来沪投资，另一方面却是审批手续烦琐缓慢，一个外资项目的审批往往要经5个委办、20个局，盖40多个图章，最多时则要盖126个图章，严重影响外商在沪投资工作。

为彻底改善上海投资环境，建立一个简化投资审批手续，具有综合性、权威性，为外商提供"一站式"服务的外商投资工作机构，1988年4月，朱镕基当选为上海市长，发表讲话指出，吸引外国直接投资，必须成立一个新的机构，真正实现"一个图章"对外，使所有的外商认为上海项目审批的手续是完全符合国际惯例的，是效率最高的。

1988年6月，上海宣布市外国投资工作委员会（简称"市外资委"）正式成立，朱镕基兼任主任，常务副市长黄菊兼任副主任，实行"一个机构、一个窗口、一个图章"，为外商投资者提供"一站式"各种行政服务。市外资委主管全市外商直接投资工作，负责审批投资额在500万美元以上、3000万美元以下的外商投资项目，指导并监督各区、县、局对500万美元以下外商投资项目的审批工作，做好服务工作。下设项目审批处、配套设施处、管理协调处和综合事务处。

市外资委从成立第一天起，就在市委、市政府领导下，坚持"服务、高效、热情、周到"的行为准则，将项目审批、基础设施建设、企业日常经营等一并纳入"一条龙"服务体系之中，加上全市方方面面的配合支持，使外商投资项目只要通过该委员会的一个图章就完成了全部审批手续。上海投资环境的改善，让境外投资者对上海信心大增，使上海引进外资工作出现了蒸蒸日上的局面。1988 年前，上海总计吸收外资项目 91 个，实际利用外资 1.18 亿美元；1991 年一年的时间里就吸引 365 个项目，平均每天有一个外资项目进入上海。1990 年后，市外经贸委与外资委"两块牌子，一套班子"，以加强相互间的协调与配合。"一个窗口、一个图章"后来在全国各地逐步推广开来，对进一步加大开放、推动行政管理体制改革发挥了重要作用。

10 落实浦东开发开放国家战略

20 世纪 80 年代前期起，历届市委、市政府不断探索重振上海雄风的道路，最后，在东进、西扩、北上、南下多种方案中，选择跨越黄浦江，开发开放浦东。20 世纪 90 年代初，党中央全面研判国际国内大势，统筹把握改革发展大局，作出了开发开放上海浦东的重大决策。邓小平同志亲自倡导，指出"开发浦东，这个影响就大了，不只是浦东的问题，是关系上海发展的问题，是利用上海这个基地发展长江三角洲和长江流域的问题"，要求"抓紧浦东开发，不要动摇，一直到建成"。1990 年 4 月 18 日，李鹏总理代表党中央、国务院在上海宣布开发开放浦东的决策，指出这是我国为深化改革、扩大开放作出的又一重大部署。6 月，国务院正式批复，原则同意上海关于开发开放浦东的请示。由此，浦东开发开放从上海地方战略上升为国家发展战略。

1992 年春天，邓小平同志到武昌、深圳、珠海、上海等地视察，发表重要谈话。在上海，他多次谈到浦东开发问题，指出：浦东开发晚了，是件坏事，但也是好事。可以借鉴广东的经验，可以搞得好一点，搞得现代化一点，起点可以高一点。邓小平南方谈话，成为党中央对上海浦东开发开放进行战略决策和部署的指针。1992 年 10 月，党的十四大提出："以上海浦东开发开放为龙头，进一步开放长江沿岸城市，尽快把上海建成国际经济、金融、贸易中心之一，带动长江三角洲和整个长江流域地区经济的新飞跃。"这一重大决策

▲ 20 世纪 80 年代，浦西对岸的陆家嘴

明确了浦东开发的战略目标和战略定位，使上海从全国改革开放的"后卫"走到了"前锋"。

作为国家战略的浦东开发开放是一项跨世纪工程。上海按照"开发浦东、振兴上海、服务全国、面向世界"的战略方针，始终坚持勇于创新、求真务实，努力把浦东打造成现代化、国际化、多功能新城区。坚持规划先行、法制先行、产业先行，保证浦东开发开放始终沿着科学、规范、现代、国际的道路前进。1992 年、2003 年，先后编制完成《浦东新区总体规划》和《浦东新区综合发展规划》；1990 年制定出台《关于上海浦东新区外商投资企业审批办法》《关于上海浦东新区规划建设管理暂行办法》等一系列法规。明确产业发展定位，重点引进技术密集型产业，按照 20 世纪 90 年代上海确定的"三、二、一"产业结构调整方针，确立了陆家嘴、金桥、外高桥、张江 4 个功能小区不同的产业发展导向。

为了快出形象、快出效益、快出功能，上海按照"总体规划，分步实施"的方针，有步骤、分阶段地推进浦东新区的基础设施建设和功能区开发。1992年初至 1995 年上半年，是浦东开发开放大规模推进基础设施建设阶段。集中力量进行市政基础设施建设和陆家嘴金融贸易区、金桥出口加工区、外高桥保税区、张江高科技园区 4 个重点小区的基础开发，使浦东开发开放出现阶段性高潮。1995 年下半年到 2000 年，浦东开发开放转入基础开发和功能开发并举阶段。在继续推进基础开发的同时，以"出形象、出功能和出效益"为目标加快 4 个重点小区的功能开发和浦东国际机场、地铁二号线等基础设施工程。2001 年，抓住亚太经合组织峰会主会场设在浦东的重大契机，开展浦东开发以来最大规模的重点工程建设，上海科技馆、外高桥港区三期、中芯国际集成电路、磁悬浮列车等项目顺利推进，浦东现代化新城区框架基本形成。

在使浦东城市形态布局、重大基础设施建设、交通网络建设发生根本性变化的同时，上海逐步把开发建设的重点转到"重功能、重管理、重环境"的新的阶段性目标上来。在重点开发小区过程中，坚持"开发一片、建成一片、投产一片、收效一片"滚动开发的方针；坚持"集中力量打歼灭战"的原则，把重点突破与整体推进相结合。由金融贸易、现代工业、现代农业、高新技术产业等构成的城区新功能，成为上海塑造国际中心城市功能的重要支撑。陆家嘴金融贸易区发展成为国内金融机构最密集、金融要素市场最完备的地区之一，金桥出口加工区成为上海建设工业新技术的生力军，外高桥保税区成为国内最大的保税区和新兴港口，张江高科技园区成为上海技术创新和发展自主知识产权的重要平台。

2001 年起，上海抓住申办、筹办世博会的历史机遇，推进城市基础设施建设、环保整治和城市管理。重点建设以浦东国际机场、外高桥港区、上海信息港为核心的功能性、枢纽型重大工程以及一批越江工程、轨道交通、高速公路等市政基础设施，初步形成融入全市、面向世界、辐射长三角的基础设施网络体系。全面启动城市管理网络化建设。积极实施环保三年行动计划。利用世博效应，浦东进一步拓展商务、会展、旅游、文化等综合功能，完善枢纽型网络的基础设施建设，提升城区综合服务能力。

经过艰苦创业，一个外向型、多功能、现代化新城区的雏形形成，浦东新区成为上海乃至全国对外开放的重要窗口和重要标志。

11 改革投融资体制

20 世纪八九十年代，为突破城市建设面临的资金瓶颈，上海提出"开拓思路，探索多渠道筹措资金新路子"的构想，大胆创新实践，改革投融资体制，形成海外融资、土地批租、BOT 融资、发行股票吸纳社会资本等多种投融资形式，为城市建设筹集大量资金。

20 世纪 80 年代，上海提出举债建设的融资思路。1986 年 8 月，《国务院关于上海市扩大利用外资规模的批复》批准了这一设想，并给予优惠政策和措施。上海根据国务院文件精神，制定具体实施办法和优惠政策，并很快确定了第一批外资利用项目。因为这些项目是依据国务院"94 号"文确定的，被称之为"94 专项"。成立上海久事公司，作为专门对"94 专项"进行统一资金筹措、调剂和管理的经济实体。通过"94 专项"到国际金融市场筹措的资金，完成了南浦大桥、地铁 1 号线等五大市政基础设施及子午线轮胎、高桥石化丙稀酸等重大工业项目建设。之后，先后成立城市建设投资开发总公司、浦东发展（集团）有限公司等政府性投资公司，积极利用国外贷款，包括世界银行、亚洲开发银行和各国政府贷款来为市政建设筹资。

1988 年 7 月，上海首次采取国际招标方式有偿出让虹桥经济开发区 26 号地块土地使用权，开启上海利用外资解决资金矛盾，加快城市更新的先河。从 1990 年起，土地批租方式开始多样化，土地批租逐渐发展成为开辟稳定筹资的重要渠道。1992 年 1 月，上海首个利用级差地租改造旧区的卢湾区斜三地块正式签约启动，开启改革开放以来吸引外资进行旧区改造的先河，引发上海利用土地批租筹措建设资金、加快城市改造和建设的热潮，筹措了大量城市建设资金。

上海还积极采取措施盘活资产存量，1993 年，首次采取 BOT（Build-Operate-Transfer，建设–经营–转让）形式筹资进行市政建设，即把某些已建成的市政基础措施项目的产权与经营权分离，通过经营权的转让，吸引社会资金的加入。通过将内环线，南北高架，南浦、杨浦大桥和打浦路越江隧道等项目，有偿有期地转让给国内外企业经营，共筹集资金超过 150 亿元，其中 25 亿元资金用来建造了第三座黄浦江跨江大桥——徐浦大桥。到 2000 年上海筹建卢浦大桥时，政府已完全退出投资，由原来的项目投资人变成项目发包人，造桥所需的 25 亿元资金，全部来自社会。经过探索实践，特许经营权在上海城市基础设施投资领域的应用日趋成熟。

随着资本市场的发展，上海开始以资产运作为重点，用市场化方式吸引各方投资，通过鼓励投资、炒股、发行国债等方式筹集建设资金。1984 年，上海飞乐音响股份有限公司发行新中国成立后全国第一张股票。至 1988 年，上海共有 8 家比较规范的股份制企业向社会公开发行了股票，即著名的"老八股"。1991 年，开始在国际资本市场上用发行股票等方式筹集建设资金，推出向外国投资者发行 B 股的试点，即上海真空电子公司成功发行 1 亿元面值人民币特种股票。1992 年，在党中央、国务院给予的连续 10 年每年发行 5 亿元浦东建设债券的政策支持下，推动首期 5 亿元浦东建设债券成功上市。

此外，从 2000 年开始，通过市场筹集社会资金，将卢浦大桥、外环隧道、沪青平高速公路等重大基础设施项目面向社会公开招商，吸引社会投资主体参与建设，使社会投资主体成为推动城市基础设施建设持续快速发展的重要力量。

12 建设多功能多层次金融市场体系

改革开放以来，上海始终坚持金融市场体系建设，逐步培育形成了股票、债券、货币、票据、外汇、商品期货、金融期货与场外衍生品、黄金、保险等金融要素市场构成的全国性金融市场体系，成为全球金融体系最齐全的城市之一。

党的十一届三中全会后，上海的货币市场逐步建立、迅速发展，1988年6月在全国率先推出商业汇票的承兑贴现业务，1996年1月全国银行间同业拆借中心成立，逐步形成同业拆借市场和票据贴现市场。从1988年9月"上海外汇调剂中心"正式挂牌营业，至1994年4月中国外汇交易中心在上海成立，上海外汇市场成交量一直居全国首位，市场运动更趋规范、成熟，在国民经济中的作用不断增强。1990年12月上海证券交易所开业运营，1997年12月迁入上海证券大厦，上海证券市场向集中、规范化、国际化方向发展，作为全国性的资本市场地位逐步稳固。1979年5月中国人民保险公司上海市分公司重新成立后，上海保险市场不断发展，形成国有保险公司、股份制保险公司、外资保险公司并存的多元化经营新格局。

21世纪以来，上海进一步拓展金融市场的广度和深度，形成比较发达的

▲ 1990年12月，上海证券交易所开业

多功能、多层次的金融市场体系。2002年10月,上海黄金交易所正式成立,标志着我国由货币市场、证券市场、保险市场、外汇市场和黄金市场组成的主要金融产品交易市场全部建成。2006年9月,中国金融期货交易所在上海成立,是国内第一家专门从事中国金融期货期权等金融衍生品交易、结算的交易所,先后推出5个金融期货产品,形成了较为完善的股权类、利率类两条产品线。为有效防范金融市场系统性风险,2009年11月,上海清算所成立,直接推动更多金融业务和金融机构集聚上海,促进上海的金融市场体系等建设。2016年,上海保险交易所、上海票据交易所、中国信托登记公司相继成立,其中上海保险交易所是全国第一个国家级、创新型保险要素市场;上海票据交易所是具备票据交易、登记托管、清算结算等多种功能的全国统一票据交易平台;中国信托登记有限责任公司对推动上海完善多层次金融市场体系,推动形成全国统一有效的信托市场,发挥重要作用。2019年6月,按照习近平总书记在首届中国国际进口博览会上提出的要求,上海证券交易所举行科创板开板仪式,上海金融要素市场体系建设再上一新台阶。

13 构建城市立体交通网络

20世纪90年代起,上海按照邓小平"希望上海一年一个样,三年大变样"的要求,加强城市建设,全面推进城区高架及地面骨干道路、越江桥隧、高等级公路及高速公路、轨道交通等建设,大力建设服务全国联系全球的"三港两路"(三港指航运枢纽港、国际航空港和信息港;两路指铁路枢纽建设、公路交通枢纽建设等)设施,着力构建城市立体交通网络。

建设"申"字形高架网和"三横三纵"主干道。为解决中心城区行路难问题,从1992年9月内环线一期工程开工,至1999年9月延安高架中段工程建成通车,历时7年,上海建成了包括内环线高架、南北高架和延安高架在内的"申"字形高架道路网，大大缓解了中心城区交通的拥塞状况。同时，加快中心城区地面骨干道路网络建设，特别是加强"三横三纵"主干道工程，该工程是指在市区内环线以内建造的三条横向和三条纵向的快速干道，其中三条横向道路，包括长宁路–世纪大道，虹桥路–陆家浜路，延安高架道路，呈东西走向；三条纵向道路，包括四平路–中山东二路，共和新路–成都路，曹杨路–漕溪北路，呈南北走向。从1981年对四平路进行改建，至2000年9月华山路道路拓宽工程竣工通车，市中心"三横三纵"主干道网络建设全面完成，与已经建成的"申"字形高架道路成为上海立体交通网络的重要组成部分，使城市路网布局趋于合理。

建设"十字加环"轨道交通网。为缓解"乘车难""行车难"问题，从20世纪80年代开始，上海开始启动建造首条地铁——1号线的前期工作。1993年5月，1号线一期南段率先运营，实现上海地铁结合"零"的突破。1995年4月，1号线一期工程全线开通试运营，为大量客流从地面转入"地下"，缓解城区交通压力发挥了积极作用。至2000年，2号线、3号线建成通车运营。上海轨道交通形成"覆盖中心城区、连接市郊新城、贯通重要枢纽"的基本网络。至2020年，上海轨道交通运营线路共18条，总运营长度729公里。

建设黄浦江越江工程。为解决浦东浦西越江难问题，上海着力推进黄浦江越江工程建设。1988年12月，延安东路隧道（北线）建成通车；1995年11月，延安东路隧道（南线）建成通车，延安东路隧道形成南北两线"双龙"卧江底的格局，使浦西、浦东最繁华的地区有了便捷快速的过江交通渠道。2000年10月，建成越江行人观光隧道——上海外滩观光隧道。1991年11月市区第一座跨越黄浦江的南浦大桥建成后，上海以平均每两年一座大桥的速度，于1993年、1995年、1997年相继建造杨浦大桥、奉浦大桥、徐浦大桥。2003年6月，有"世界第一拱"之称的卢浦大桥建成通车运营。至2020年，上海共建成16条越江隧道、12条黄浦江大桥。

建设服务全国联系世界的"三港两路"设施。20 世纪 90 年代，上海开始着力建设"三港两路"功能性设施，不断增强对外辐射能力，向长江流域乃至全国、世界拓展服务空间和服务领域。航运枢纽港是上海国际航运中心建设的重要组成部分，集中体现为建设集装箱深水港。1994 年 10 月至 2010 年 12 月，外高桥一期至六期工程建成；2015 年临港产业东港区公用码头一期投入运营；2002 年 6 月至 2017 年 12 月，洋山深水港四期工程全部建成。空港建设主要体现为加快虹桥国际机场和浦东国际机场建设。1996 年 9 月虹桥国际机场完成第三次扩建工程，1999 年 9 月浦东国际机场一期工程建成通航。信息港建设是指把上海建设成以信息资源网络化为主体的国际信息港。2001 年，上海信息港主体工程全面竣工，上海信息港主体框架建成，并推动全市信息通信网络基本实现数字化、宽带化和广泛覆盖，另有 9 条国际光缆在上海登陆。在公路交通枢纽建设方面，着力加快高速公路建设，1996 年 9 月、1998 年 12 月，沪宁、沪杭高速公路先后建成通车；加快完善和新建公路客、货运枢纽，2004 年底当时亚洲最大的长途汽车客运站——上海长途客运总站建成，2005 年 12 月作为上海长途客运主站之一的上海长途客运南站建成并投入使用。在铁路枢纽建设方面，2006 年 7 月铁路南站正式投入运营，与已有的上海站构成枢纽型、功能性的上海铁路双主客站格局；加快高速铁路建设，沪宁城际铁路、沪杭客运专线、京沪高速铁路相继建成。通过"三港两路"的建设，形成以上海为中心、辐射长江三角洲地区的交通网络，推动上海更好地为长三角区域、长江流域、全国和全世界经济社会发展服务。

14 建立城市分级管理体制

城市分级管理体制，即"两级政府、三级管理、四级网络"体制，是上海根据经济体制改革不断深化的客观需要，从特大型城市的实际出发，探索建立的城市发展和管理新体制。

新中国成立以来，上海一直实行市、区两级制，即在市政府下设市辖区一级政府。在这种体制下，实际的事权、人权、财权主要集中在市级层面，导致区政府无法充分发挥一级政府的功能。1984年初，市政府提出事权下放、分权明责的改革构想。5月，市政府批准市建委《关于调整城市建设若干问题的市、区分工意见的通知》，提出城建管理部分事权由市向区下放，管理重心下移。1985年，市委、市政府按照"费随事转、人随事转"的原则，相继向区县下放房产、市政、环卫、园林管理等部分权限。此后，部分事权也开始下放。

1992年邓小平南方谈话发表以后，各项改革事业步伐进一步加快，上海继续强化区县职责，向区县下放财税、基建、规划、土地、环保、对外经贸、劳动、人事、机构编制、工商行政、物价等方面的权力，实行"两级政府、两级管理"的体制。1995年5月，上海在10个区的10个街道开展"两级政府、三级管理"新体制的试点工作，将街道和乡镇作为上海城市管理体制中重要的环节。1996年3月，在总结试点经验的基础上，上海召开城区工作会议，明确今后加强社区建设和管理的指导思想和奋斗目标，提出加强社区建设和管理是上海组织实施跨世纪宏伟发展目标的重要举措，要积极调动全社会各方面共同参与社区建设和管理，在新的更高的起点上，不断完善"两级政府、三级管理"新体制，不断提高城市现代化管理水平。

2000年4月，上海在总结几年实践的基础上，制定《关于进一步完善"两级政府、三级管理"体制的若干意见》，从区县产业定位、社区发展、综合执法、政令统一等方面提出意见，进一步下放利用外资、项目审批、城市管理、投融资等方面的权限，区县也向乡镇、街道放权，重构拓展并形成市区"两级政府、三级管理、四级网络"、郊县"三级政府（市、区县、街道或乡镇）、三级管理（市、区县、街道或乡镇）、三级网络（市、区县、街道或乡镇、居或村委员会）"的分级管理体制。

15 开展对口支援

1979年4月，中央召开全国边防工作会议明确提出对口支援政策后，上海开始对口支援云南、宁夏、新疆、西藏四省区。在自身很困难的情况下，上海按照"支援为主、互补互济、积极合作、共同繁荣"的原则，充分利用自身的技术、管理优势，帮助对口地区提高技术、管理水平和培养人才。至1991年，与四省区完成项目1900多项，对口支援工作取得显著成效。

20世纪90年代后，上海对口支援工作全面展开。按照党中央、国务院的统一部署，上海负责对口支援云南省，西藏日喀则地区、新疆阿克苏地区，四川省万县（后改为万州区）和湖北省宜昌县（后改为夷陵区）。进入21世纪，我国进入全面建设小康社会阶段。2010年1月，上海新增对口支援青海省果洛州。3月，上海对口支援新疆地区由阿克苏调整为喀什四县。上海按照"好中选优、优中选强"的原则，选派多批优秀干部，坚持"立足大局、扩大开放、服务全国、互融共进"的指导方针，加大援助资金投入，围绕扶贫开发、

▲ 上海援建的喀什地区第二人民医院住院大楼

移民安置、援建社会公益项目、培训各类人才和开展经济技术合作等重点，全面开展对口支援工作。

党的十八大以来，党中央向全党全社会发出打赢脱贫攻坚战的号召。2013年2月，上海开始对口帮扶遵义市。至此，上海对口帮扶地区共有7个省区市、20个地州、101个县（区、市），其中98个是贫困县。上海按照党中央"精准扶贫、精准脱贫"的基本方略和"中央要求、当地所需、上海所能"要求，坚持"民生为本、产业为重、规划为先、人才为要"的帮扶方针，围绕对口地区脱贫攻坚工作，凝心聚力，积极开拓创新，从基础设施、教育到卫生，从政府、企业到社会组织，不断扩展对口支援的广度，增强对口支援工作，助力对口地区贫困县全部实现脱贫摘帽，同步进入小康社会。

在对口支援工作中，上海扎实帮助对口地区脱贫致富，逐步形成了一整套行之有效的上海经验和上海样本。坚持规划为先导，制定对口地区专项规划和有关行动计划以及年度计划，分工负责，分头实施。坚持注重互动合作，增强对口地区发展动力，协助对口地区将政策优势、资源优势、产业潜力转化为经济发展优势，根据不同地区的资源禀赋，重点扶持发展各类特色产业，建设一批特色基地，扶持一批优势企业做大做强，帮助打造一批特色品牌；帮助对口地区进行干部和各类人才培训，帮助提升"造血"功能。坚持改善民生，确保受援群众获得实惠，提出"以试点村建设为对口支援工作切入点，做到资金安排到村、扶持措施到村，真正使农户受益"的思路，从温饱试点村开始，逐步升格为安居温饱试点村、脱贫奔小康试点村、白玉兰扶贫开发重点村等；注重发挥教育、卫生帮扶优势，改善对口地区设施设备条件，统筹安排与对口地区卫生机构结对，整体提升学科人才建设和综合保障能力。坚持引导社会参与，在发挥政府主体作用的同时，鼓励企业投资、志愿者服务、慈善捐助等活动，形成全方位、多层次、多渠道的对口支援模式。

此外，上海还结合重大事项对有关省区进行援建。2008年"5·12"汶川特大地震后，按照"一省帮一重灾县"的对口支援机制，对口支援四川省都江堰市完成灾后重建工作。2020 年新春伊始，面对突如其来的新冠肺炎疫情，按照全国支援湖北省的对口支援政策，最早集结援鄂医疗队出征，至 2020 年 4 月 10 日，先后派出 9 批医疗队共 1649 名医务人员支援武汉。

16 推进旧区改造

到 20 世纪 90 年代，上海仍有一大批棚户、简屋和人口密集的旧里房屋，居住条件极其恶劣。1991 年，上海人均居住面积为 6.6 平方米，住房成套率仅为 31%，尚有百万余只马桶和百万余只煤炉在使用。市区还有 1500 万平方米二级旧式里弄以下旧住房，其中成片危房、棚户、简屋 365 万平方米，俗称"365"危棚简屋。

1992 年 12 月，市第六次党代会提出，到 20 世纪末，要完成市区人均居住面积达 10 平方米，住房成套率达 70%，拆除 365 万平方米危棚简屋的目标。至 2000 年 11 月，"365 危棚简屋"全部拆除改造，共拆除各类房屋 2900 万平方米，动迁安置户 66 万户 250 万人，相当于一个中型城市的人口。新建住宅 1.2 亿平方米，解决人均 4 平方米困难户 10 万户。城镇人均居住面积从 1990 年 6.6 平方米提高到 11.8 平方米，住房成套率从 1991 年的 34% 提高到 75%。

进入 21 世纪，上海中心城区（包括浦东新区）尚有旧式里弄及旧里以下房屋面积 1633.87 万平方米。2000 年 10 月，市委七届七中全会提出推动中心城区综合改造，加速旧房成片成套改造。2001 年，正式圈定 1000 万平方米的 307 块试点地块，启动新一轮旧区改造。推进过程中，探索鼓励动迁居民回搬新机制，采取拆、改、留并举的办法。在动迁安置上，推动安置以异地实物安置为主向鼓励原地原区域有偿回搬和多种安置方式并存转变。2003 年，启动实施"旧房屋综合整治三年行动计划"，解决影响旧小区居民日常生活"急、难、愁"问题,累计完成房屋修缮整治 2.78 万幢,受益居民达 101.56 万户。2009 年后,开始探索旧区改造新机制,完善居住房屋拆迁补偿安置办法、实行多种安置方式,改造方式逐步由"拆、改、留"调整为"留、改、拆",推进旧住房综合改造。

"十五"期间,上海改造了二级旧里以下房屋 700 余万平方米,受益市民约 28 万户。"十一五"期间,改造了 340 万平方米旧住房,受益居民 12.5 万户。"十二五"期间,改造了二级旧里以下房屋 350 万平方米,受益居民 15 万户。"十三五"期间,改造了二级旧里以下房屋 266 万平方米,受益居民 13.2 万户,各类旧住房修缮改造逾 5300 万平方米。

17 实施"三、二、一"产业发展方针

1992 年 12 月,市第六次党代会根据党的十四大提出的把上海建成"一个龙头、三个中心"的战略目标,按照建设国际中心城市功能的要求,决定实施产业结构战略性调整,将原来上海经济发展的顺序从"二、三、一"调整为"三、二、一",即遵照"三、二、一"的产业顺序,优先发展第三产业,积极调整第二产业,稳定提高第一产业。

发展第三产业的基本方向是以金融为主体,以贸易为先导,以交通通信为基础,以市场化为手段,全面推动第三产业迅速发展,从而推动上海国际经济中心城市的逐步形成。经过调整,第三产业得到空前发展,从完成国内生产总值来说,从 1991 年的 309.07 亿元上升到 2001 年的 2755.83 亿元。从第三产业内部结构看,始终保持金融、贸易、交通通信为主的"三足鼎立"格局,这三大行业基本保持占第三产业七成左右的份额,金融跃居首位。

第二产业调整的基本方向是,重点发展支柱产业,大力培育高新技术产业,改造和转移传统产业。经过从适应性到战略性调整。第二产业朝着技术密

集型、知识密集型、外向型和辐射型方向发展。到 2000 年，上海逐步形成以电子信息、现代生物与医药、新材料三大高科技产业为主导，汽车、电子信息、钢铁、石油化工和精细化工、电站成套设备和家用电器六大支柱产业为支撑的新型工业体系，高新技术产业成为上海工业持续发展的加速器。

以"菜篮子""米袋子"工程建设为抓手，积极探索建设都市型现代农业新路，加快农业集约化、规模化和设施化建设，强化农业科技基础，第一产业得到稳定提高。经过连续几轮"菜篮子"工程建设，蔬菜、副食品供应日益充足。通过"米袋子"工程建设，上海郊区粮食年总产量稳定在 20 亿公斤以上，并在黑龙江省等全国粮食生产区建立长期粮食供应基地。到 2002 年底，全市建成 12 个市级现代农业园区，形成农业科技化、品牌化、外向化发展之路。

18 推动文化改革发展

20 世纪 90 年代，上海大力推进文化改革发展，进一步深化文化体制改革，加快建设"十大文化设施"，加强文化创作演出和文化国际交流，文化事业全面、持续、健康发展。

20 世纪 90 年代，上海加快浦东开发开放和现代化建设步伐，迫切需要文化事业有一个大的发展和提高。在市委、市政府的重视支持和社会各界的关心帮助下，上海高雅艺术建设取得比较突出成就，涌现出新编京剧《狸猫换太子》、新编淮剧《金龙和蜉蝣》等一批思想性、艺术性较强、社会反响强烈的文艺作品，使高雅艺术创作和演出在上海形成热点。1993 年开始，在全国率先启动"高雅艺术进校园"活动，上海交响乐团、上海民族乐团、上海京剧院等知名艺术团体走进高校，表演《曹操与杨修》《班昭》等知名剧目和作品。

从 1993 年起，上海先后创办了上海国际电影节、上海艺术博览会、中国上海国际艺术节等大型国际性艺术节，形成了国际艺术节品牌效应，提升了上海城市文化软实力。上海国际电影节创办于 1993 年 10 月，属于为数不多的经国际电影制片人协会批准认可的 A 类国际电影节，已成为汇聚当今世界电影文化潮流的重要载体。中国上海国际艺术节创办于 1999 年 11 月，是上海最著名、最具国际文化品牌的一个国际性艺术节，已成为中外文化合作交流的重要平台，获 2009 年第六届中国文化产业新年国际论坛颁发的"城市名片荣誉奖"。

1991 年到 1999 年，上海相继建成上海影城、东方明珠电视塔、解放日报新闻大楼、上海博物馆新馆、上海图书馆新馆、上海大剧院、上海书城等十大标志性、功能性文化设施，为面向 21 世纪的上海大力发展文化事业和文化产业，建设文化中心，奠定了重要硬件支撑。

20 世纪 90 年代以来，为重铸城市功能，重塑城市形象，上海积极加入世界文化交流与合作，推动上海国际文化交流中心建设取得重大进展。实施"引进来"战略，让著名歌剧《茶花女》、芭蕾舞剧《天鹅湖》等世界各国经典文化汇聚上海；实施"走出去"战略，举办"为中国喝彩"等大型文化交流活动，让世界了解中国，感知上海。以中外文化合作为平台，大力引进文化创、编、演、导力量，共同打造精品，促进交流，拓宽了上海文化界的眼界和上海文化产品的市场范围。

19 建设公共体育设施

20 世纪 80 年代后，由于上海举办的重要比赛逐年增加，促使了上海的体育设施向高水平和配套的方向发展，上海开始加大体育设施建设力度。1983 年后，上海体育馆、上海游泳馆、上海水上运动场等相继建成，到 1985 年，全市有 13 个体育场、16 个体育馆、160 个游泳场（馆），初步具备举办全国运动会和重大国际比赛的能力。至 1990 年，全市各区县都实现了体育场馆池等配套。1993年，为承办第一届东亚运动会，再次对虹口体育场、闸北体育馆等进行改造，使田径、体操、羽毛球、举重、武术等项目的比赛设施达到亚洲一流水平。1997年，为承办第八届全国运动会，先后对20多个体育场馆改建、装修，新建38个体育场馆，其中卢湾体育馆、上海体育学院综合馆获得上海市政工程质量最高奖——白玉兰奖，上海体育场成为上海城市的标志性建筑，上海马术运动场、上海国际体操中心等也相继建成。1998年后，中国第一个专业足球场——虹口足球场及浦东源深体育发展中心、"东方绿洲"体育训练中心等相继建成。2002年12月，新中国成立以来首次全市性的体育工作会议召开后，上海的体育设施建设朝着现代化的目标进一步加快。2004年3月，上海国际赛车场赛道主体工程完成，成为F1大奖赛专业场地。2005年10月，上海旗忠森林网球中心竣工并投入使用，是亚州最大的网球中心，上海ATP1000大师赛等多项世界及国内顶级赛事在此举办。2010年12月，上海东方体育中心建成，被称为"海上王冠"，第14届国际泳联世界锦标赛、2015年世界花样滑冰锦标赛、2017英雄联盟全球总决赛等多项世界及国内顶级赛事在此举办。"十三五"期间，上海提出"建设全球著名体育城市"战略目标，持续推动大型体育基础设施项目建设，2019年3月，崇明体育训练基地建成启用；2020年9月，浦东专业足球场基本建成；徐家汇体育公园、临港帆船帆板基地、崇明自行车馆等项目建设有序推进。

从1998年开始，市政府开始加大社区体育场馆建设力度，并连续4年将修建社区居民使用的体育场所列入为民办实事项目，建造社区健身苑、居民健身点、校园健身点、体育场健身点。2004年，上海开始启动建设社区公共运动场为民办实事工程项目。到2010年，建成社区公共运动场316处、各类球场764片，社区健身苑（点）7741个。2006年启动农村体育健身工程建设，到2010年初步形成覆盖城乡的体育公共服务体系。2011年1月，市政府提出增加健身场地设施，完善公共体育设施建设和管理，基本实现社区公共运动场全覆盖的全民健身设施工程的目标。自此，上海公共体育设施建设围绕"一村一场（灯光球场）"、"一镇一池（百姓游泳池）"、"一街一中心（含健身指导、体育设施、体质测试、团队组织于一体的文体中心）"、"一园一道（百姓健身步道）"、"一街一房（百姓健身房）"展开。至 2016 年，建成社区百姓健身房 131 个，百姓健身步道 387 条，建成 33 个百姓游泳池。

20 建立现代企业制度

1993 年 11 月，党的十四届三中全会指出，建立现代企业制度是发展社会化大生产和市场经济的必然要求，是我国国有企业改革的方向。1994 年 4 月，国务院决定在全国范围内选择 100 家大中型国有企业作为进行现代企业制度的试点单位，其中上海有 6 家。5 月，江泽民总书记在上海视察时指出，上海有条件、有基础率先建立现代企业制度，希望上海在这方面多创造一些经验。11 月，根据中央决定，上海召开现代企业制度试点工作会议，确定用 3 年的时间在上海率先建立现代企业制度的基本目标。

从 1995 年开始，上海选择第一批 140 家国有工业、商业和外贸企业作为现代企业制度的试点单位。1996 年后，又逐步扩大到 250 家国有大中型企业。为使改革顺利有序地进行，上海从管理体制和企业制度入手，在全国率先进行了一系列改革，通过理顺产权关系，实施政企分开，成立上海国有资产管理委员会及其办事机构——上海国有资产管理办公室，建立 38 个国有资产控股集团公司或大型企业集团，确立企业独立法人主体地位；围绕"抓大放小"，整体搞活国有经济，建立了一批以资产经营为主的大型企业集团；通过改善企业资本结构，形成一批大企业。1997 年，在试点工作的基础上，上海围绕形成国有企业优胜劣汰机制等"五个机制"和加强产品开发等"五个加强"的目标，结合"有进有退，有所为有所不为"的国有上海经济布局战略性调整的总原则，以调整政企关系为主线，把企业制度的建设与产业结构和组织结构的优化有机地结合起来，以国有企业实施战略性改组为重点，进一步加快国有企业的改革。

1999 年 9 月关于国有企业改革发展的党的十五届四中全会召开后，上海进一步提出建立现代企业制度的"五个继续深化完善"的目标，即加强国有企业改革中投融资机制、资产运作机制、技术创新机制、分配激励机制、市场就业机制五个方面的深化和完善工作。到 2000 年，上海国有及国有控股的大中型企业脱困和建立现代企业制度的三年目标顺利实现，国有企业改革取得阶段性成果。

2001 年，上海以国有资本结构的调整为核心，促进国有经济结构调整和国有企业改革进一步深化，国有资本的运作效率和国有企业的市场活力都有了比较大的提高。2002 年，上海继续进行国有经济结构调整，国有存量资源的盘活开始在基础性、公益性领域实施，组建了大盛、地产、盛融等国有资产经营公司，区县基本完成国有企业改制，国有资产逐步退出一般竞争性领域，共变现国有资产 49.3 亿元。国有大中型企业改制进一步发展，改制后企业资产占全市大中型企业资产比重达 92%。

21 建立健全社会保障

20 世纪 90 年代以来，上海不断建立健全与经济社会发展水平相适应，具有时代特色、适应上海特点的社会保障体系，加快社会保障事业发展。

实施百万职工大转岗和再就业工程。市委、市政府为解决在产业结构大调整过程中出现的百万转岗、下岗或待岗职工的就业问题，1996 年 7 月，率先建立纺织、仪电再就业中心，引导、帮助下岗人员实现再就业。到 2001 年底，全市 308 个再就业中心合计分流、安排约 100 万下岗职工。市委、市政府为解决"4050"人员等就业困难人群的就业问题，2001年3月，出台了名为"4050"工程的就业援助计划。到2005年底，共为35.5万人提供就业岗位，初步走出了一条市场化、社会化开发就业岗位的道路，被联合国劳工组织称为"非正规就业与消除城市贫困"的"上海模式"。着力解决百万征地农民大安置问题，率先建立以市场为主导的就业安置机制，使浦东开发建设中产生的16万被征地农民得到妥善安置。

建立五大社会保险制度。1993年实行城镇职工养老保险制度整体改革，至1998年底，上海市城镇职工养老保险制度基本确立起来。1996年至1997年，基本保障了广大职工住院医疗的需要，解决了职工门急诊中大病医疗的突出矛盾；2000年9月，首次建立起覆盖全市各类所有制单位职工的基本医疗保险制度。1995年8月，上海将原来的"待业保险"改为"失业保险"，同时规定失业救济金的发放标准；1999年2月，重新修改发布《上海市失业保险办法》，基本覆盖了全社会的劳动者。2001年10月，上海开始实施生育保险，保障生育妇女的合法权益。2003年4月，制定实施工伤保险，解决全社会的工伤问题。

改革住房制度。1991年2月，市第九届人大常委会第二十四次会议通过《上海市住房制度改革实施方案》，随后，国务院批准这一方案并于5月1日正式实施。主要内容为"推行公积金、提租发补贴、配房买债券、买房给优惠、建立房委会"。5月，上海率先于全国建立了住房公积金制度。到1999年底，市政府推出深化住房改革的综合配套改革方案，停止住房福利分配，实行货币分配；推进公有住房出售和公有住房租金调整工作；全面建立廉租房制度，健全住房保障体系。上海住房制度形成了个人、企业和国家共同承担的格局。

建立社会救助体系。1993年6月，上海率先设定"城镇居民最低生活保障线"，为上海居民筑起一条生存的底线。1995年开始实施城镇低收入居民实物补贴和粮油供应帮困卡措施，切实解决特困人员的生活困难。1996年率先实施社会救助办法。1998 年将原来由企事业单位负担的职工家属最低生活保障金，调整为由政府负担，全市所有在职职工、下岗职工、失业人员、离退休人员家庭人均收入低于低保标准的，全部纳入了政府的救助范围。之后，上海相继出台了房屋租金减免制度、中小学生学杂费减免和助学金制度、残疾人就业保障制度等，不断丰富社会救助安全网的内容。

22　实施"聚焦张江"战略

张江高科技园区成立于 1992 年 7 月，是国务院批准建立的国家级高新技术园区，位于浦东新区中部，规划面积 25 平方公里。为贯彻落实"科教兴国"战略，1999 年 8 月，市委、市政府明确"聚焦张江"的战略决策，提出上海将集中力量把张江高科技园区建设成申城技术创新的示范基地，成为名副其实的国家生物医药产业和国家软件产业的创新基地。

在政策聚焦上，进一步加大对张江高科技园区的政策支持和服务力度。2000 年 1 月，市政府出台规定加大对张江高科技园区的政策支持和服务力度，市有关委办局相继推出配套政策和实施细则；2001 年 7 月，颁布新版规定，明确园区内可以享受国家和上海市有关鼓励技术创新、科技成果转化和产业化及软件产业和集成电路产业的各项优惠政策。通过政策聚焦，实现园区的事情在园区内就能解决，张江成为"不是特区的特区"。

在资源聚焦上，园区的开发面积从 17 平方公里扩大到 25 平方公里，1999 年下半年开始集中建设技术创新区，先后吸引国家人类基因组南方研究中心等研发机构集聚张江，复旦大学张江校区和上海中医药大学等高校落成，上海超级计算中心建成启用，引进罗氏等跨国公司研发中心。这些研发教育机构和大科学装备为相关产业的技术创新提供了强大原动力。

在服务聚焦上，为从事技术创新及科技成果转化和产业化活动的单位和个人，提供符合国际惯例和国家规范的经营管理、技术、信息、人才、金融、专利、法律等各类中介服务；积极探索充满活力的人才机制，鼓励国内外专业人才到园区内企业从事科研项目开发和成果转化工作；进一步简化行政审批手续，园区办公室从原先公布的 87 项审批、受理事项减少至 38 项；拓展融资渠道，建设风险投资基地，引导国内外风险投资机构聚集；初步形成一个由创业服务中心牵头，以 16 家孵化器为主体的多元化、多功能的"孵化器集群"，并形成了孵化协作网络，从专业孵化到综合孵化、多元孵化、多元运作，各显所长。

在产业聚焦上，在政策聚焦、环境优化的强力推动下，进一步优化产业布局促进产业集群，形成以信息技术、软件、生物医药等三大产业为支柱，成为上海市最重要的高科技产业基地、上海先进制造业十大品牌之一、

▲ 1992 年 7 月，张江高科技园区成立

"ISO14000 国家示范区"。引进中芯国际，并带动一大批上下游企业在园区集结，逐步形成完整的集成电路产业链。2002 年 9 月浦东软件园二期建成开园后，吸引一大批国内外著名软件企业入驻。一批中外著名的医药集团药物研发机构以及各类创新企业集聚张江，初步形成现代生物医药产业体系，成为具有自主知识产权的国家新药试制中心。

"聚焦张江"战略实施两年后，园区各项指标就超过开园 8 年的总和；6 年后，园区固定资产投资完成额是实施"聚焦张江"战略前的 15 倍。从 2003 年开始，园区的经营总收入、工业总产值和税收收入呈稳定增长趋势。在"聚焦张江"战略的推动下，张江实现了跨越式发展，成为我国高技术产业发展的一面旗帜。

23 实施口岸"大通关"

为突破制约上海口岸对外贸易发展的瓶颈，推进贸易便利化，2000 年 6 月，上海启动"大通关"（"提高口岸工作效率工程"的简称）改革，通过运用现代管理、信息化和高科技手段，优化作业流程和通关环境，提高口岸工作效率和进出口货物、出入境旅客的通关速度。

2001 年 10 月，上海按照国务院通知精神，调整充实上海口岸管理委员会，建立起"大通关"工作协调机制，使口岸管理部门多、手续复杂的局面得到改善。2001 年 11 月起，实行对进出口货物实施"提前报检、提前报关、实货放行"的通关新模式，实现了货物到港即可提取的目标，大大缩短了进口货物在口岸的滞留时间。

2002 年国务院在上海召开"提高口岸工作效率现场会"后，2003 年 10 月，上海口岸率先在全国启动"5＋2 天"通关工作制。"5＋2 天"通关工作制实现了 365 天，天天能通关，不仅满足了中外高新技术企业 7×24 小时运转，产品快进快出对通关时间和效率的特殊需要，而且满足了上海及其他省区市企业通过上海口岸进出口的需要，成为体现上海口岸竞争力和服务功能的一张新"城市名片"。

2005年12月，洋山深水港开港，上海进一步完善口岸管理体制机制，启动建设集多种功能为一体的上海国际航运服务中心，试行长三角区域通关改革，对提前报关转关申报等实行计算机自动审核放行，大大加快了企业的通关速度。2007年12月，上海海关正式启动通关无纸化改革试点。2009年8月，上海出台全国首个促进地方贸易便利化工作的规范性文件——《上海市贸易便利化规程》和《上海市贸易便利化工作效率指标框架》，协调解决了一批贸易便利化问题。

中国（上海）自由贸易试验区成立后，经过一年的试点，2015年6月，上海国际贸易"单一窗口"上线，成为推动贸易便利化和外贸企业转型升级的新起点。2016年6月，上海海关在全国率先启动"全国通关一体化改革"试点，使平均通关时间较传统模式缩短10小时，24小时放行率提升12个百分点。上海口岸向着国际一流口岸营商环境的目标前进，受到企业普遍欢迎和高度认可，上海口岸的精准优势得到增强，上海港成为世界上最繁忙的港口之一。

24 建设洋山深水港

洋山深水港是上海国际航运中心建设的主体工程，目的在于解决建设上海国际航运中心要大力发展集装箱运输，要有完善的深水港口作支撑的需求，解决集装箱码头的信息化程度、管理水平等与国际先进集装箱港口相比存在较大差距的问题，满足不断升级换代的集装箱船舶靠泊作业的需求，提高综合竞争力。

2002年6月，洋山深水港一期工程经国家批复后正式开工建设。2005年

12月，洋山深水港区一期工程建成开港，建有5个7万吨级至10万吨级集装箱泊位，可停靠第五、第六代集装箱船舶，设计吞吐量220万标箱。在洋山深水港区运量增长的拉动下，2005年上海港货物吞吐量达4.43亿吨，跃居全球第一大货运港。2006年底洋山深水港区二期工程、2008年底深水港区三期工程竣工投产，至此，洋山深水港北港区主体工程——全长5600米、设计年吞吐能力930万标准箱的16个集装箱泊位全部顺利建成，基本形成能全天候接纳第五、六代集装箱船舶的国际集装箱枢纽港。在洋山深水港的带动下，2010年，上海港完成集装箱吞吐量2907万标准箱，首次超越新加坡成为全球最繁忙的集装箱港口。

2017年12月，洋山深水港区四期工程开港试运行，建有7个大型深水泊位，包括5个5万吨级和2个7万吨级集装箱泊位，设计年通过能力初期为400万标准箱，远期为630万标准箱，将带动上海港年吞吐量突破4000万标准箱。作为目前全球正在运营的规模最大的自动化集装箱码头，洋山四期工程的智能设备和智能控制系统，都由中国企业自主研制，采用的是上港集团自主研发的全自动化码头智能生产管理控制系统（TOS）以及振华重工自主研发的智能控制系统（ECS），两者组成了这个全新码头的"大脑"与"神经"。

洋山深水港为上海国际航运中心建设发挥了巨大作用。上海港与全球214个国家和地区的500多个港口建立集装箱货物贸易往来，国际班轮航线遍及全球各主要航区，成为中国大陆集装箱航线最多、航班最密、覆盖面最广的港口。2020年，上海港完成集装箱吞吐量4350万标准箱，连续11年蝉联世界第一。

25 大力发展总部经济

总部经济是指通过吸引国内外跨国公司、大公司总部、职能总部或区域性总部，发挥其辐射、带动作用，并以此来带动本国或本地区经济发展的一种经济形态。鼓励和支持跨国公司设立地区总部是上海积极利用外资、扩大对外开放的重大举措。

进入 21 世纪，上海出台一系列举措，促进跨国公司在上海设立地区总部。2002 年 7 月，出台《鼓励外国跨国公司设立地区总部的暂行规定》，赋予跨国公司总部经营、管理和服务活动权；2003 年 8 月，率先开展跨国公司地区总部外汇资金管理方式改革试点，为外资总部集聚上海提供资金运作上的便利条件。2005 年，浦东新区率先开展跨国公司地区总部外汇资金管理方式改革试点，解决跨国公司地区总部在中国国内无法对内部资金进行统一管理，总部功能无法发挥的问题。越来越多的跨国公司把地区总部设立在上海，不断提高研发中心水平和档次，并开始设立各种综合功能的营运中心。2006 年 4 月，上海总部经济促进中心发布上海首张总部经济地图，宣布对 16 家总部经济基地予以重点扶持，吸引了众多国内企业集团将总部设在上海。

2008 年，面对国际金融危机的影响和经济发展转型的实际需要，上海把发展总部经济作为加快上海产业转型和"四个中心"建设的重要抓手。到 2012 年底，跨国公司总部机构总数达到了 1019 家，上海总部经济发展迈入"千时代"。2013 年 9 月，中国（上海）自由贸易试验区成立后，出台了一系列金融和贸易创新开放政策，许多跨国公司纷纷表示要在上海设立地区总部。2014 年 7 月，上海出台《关于鼓励跨国公司设立地区总部规定实施意见的补充规定》，进一步丰富了总部经济内容，有利于鼓励跨国公司以上海为基地，整合销售、研发等实体业务。2017 年 2 月，上海再次修订《上海市鼓励跨国公司设立地区总部的规定》，以做"加法"的形式为总部经济提供更多的优惠政策、完善营商环境。跨国公司地区总部呈现"在上海，为世界"的新态势。至 2020 年，上海累计引进跨国公司地区总部 771 家、研发中心 481 家，是内地跨国公司地区总部和外资研发中心数量最多的城市。

26 建成国家园林城市

20世纪90年代以来，上海以整治工业污染为起点，以环境综合整治和环保基础设施建设为抓手，以苏州河水环境综合治理和大规模推进绿化建设为重点，加强城市生态建设，加大环境保护力度，推动上海生态环境大变样。2004年1月，经建设部批准，上海正式成为国家园林城市。

加强苏州河综合整治。为解决苏州河的污染问题，1988年8月，上海提出"决心把苏州河治理好"的口号，通过实施合流污水治理工程，以及苏州河环境综合整治工程来进行综合治理。合流污水治理一期工程当时是我国规模最大的污水治理工程，被称为上海的生命工程。1988年至1999年，两期合流污水治理工程完成，为苏州河水质的改善和水环境生态功能的恢复创造了条件。1999年12月至2002年底，苏州河环境综合治理一期工程全面建成。经过近两年的治理，苏州河干流在2000年基本消除黑臭。此后经过继续综合整治，苏州河水质主要指标逐年好转，基本达到了国家景观水标准；河道生态系统逐步改善，2001年在市区段发现了成群的小型鱼；市容环境明显改观，苏州河沿线逐步形成适合休闲、观光的居住区。2003年10月，苏州河上举行了上海国际龙舟邀请赛。

完成4个重点污染地区治理。由于复杂的社会历史原因，以及全市工业布局不合理，上海工业污染很严

▲ 2003年以来，上海苏州河城市龙舟邀请赛已成为一项品牌赛事

重、新华路地区、和田路地区、桃浦工业区、吴淞工业区污染严重，极大损害了周边居民的健康，严重影响了城市环境质量。1992 年 12 月市第六次党代会后，市政府将重污染地区的环境整治列为全市重点治理项目或市政府为民办实事项目。至 1997 年，新华路、和田路、桃浦工业区 3 个以工业废气为特征的大气污染严重地区，全面完成划块综合整治任务，区域环境质量明显改善。1998 年 10 月，启动吴淞工业区环境综合整治，取得显著成效。2006 年 2 月，吴淞工业区被摘掉重点污染地区的帽子。

大力推进城市绿化建设。20 世纪 90 年代以来，上海城市绿化建设从以往"见缝插绿"发展到"规划建绿"，依据生态学理论，走"环、楔、廊、园、林"全面推进，平面绿化和空间绿化相结合，城乡绿化一体化的发展道路，形成了特大城市绿化发展的特色之路。上海绿化建设实现跨越式发展，到 2002 年底，建成延中绿地、徐家汇公园等 3000 平方米以上的公共绿地（包括公园）666 块，基本实现内环线内市民走出家门 500 米就能进入一块 3000 平方米以上的公共绿地。市区人均公共绿地实现从"一张报纸"到"一间房"的转变。

27 推进浦东综合配套改革试点

2005 年 6 月，国务院正式批准上海浦东新区进行综合配套改革试点，浦东新区由此成为首个国家级综合配套改革试点地区。着力转变政府职能、着力转变经济运行方式、着力改变城乡二元经济与社会结构，把改革和发展有机结合起来，把解决本地实际问题与攻克面上共性难题结合起来，把实现重点突破与整体创新结合起来，把经济体制改革与其他改革结合起来，是中央对浦东的要求，也涵盖了浦东综合配套改革的内容。上海按照"三个着力""四个结合"要求，聚焦全国能借鉴、上海能推广、浦东能突破的重点改革事项，大力推进浦东新一轮开发开放。

浦东发挥开发开放以来形成的敢为人先、争创一流的浦东精神，只要政策，不要钱，坚持自费改革，2005 年起，先后制定并落实三轮三年计划，一批在浦东先行先试的政策陆续推向全国。市政府、市人大常委会相继出台文件，赋予浦东更大的自主权，为浦东加快改革步伐提供良好的法律保障。中央有关部委推动 70 多项国家层面的改革项目在浦东试点，推动各领域、各系统改革试点综合协同持续地向纵深推进。2009 年 4 月，党中央、国务院将浦东作为建设国际金融中心和国际航运中心的核心功能区；2013 年 9 月，中国（上海）自由贸易试验区在浦东设立，浦东成为多项国家战略叠加的改革开放重地。上海以国家战略为引领，推进浦东完成综合配套改革各项任务。

着力转变政府职能。围绕形成"小政府、大社会"格局，着力强化政府社会管理和公共服务职能，加大制度创新和管理创新力度，不断提高行政效率和透明度。2009 年，推进"大部制"区级机构改革。率先开展剥离街道招商引资职能，完成街镇机构改革，取消村级组织招商引资功能。制定公布浦东新区权力清单、责任清单，全面清理和简化行政许可事项，加大简政放权力度。完成城市综合执法管理体制改革，实现政府监管力量的资源整合和重心下移。2014 年，率先探索知识产权行政管理和市场监管"三合一"改革。

着力转变经济发展方式。为提高参与国际竞争的水平，浦东率先探索完善社会主义市场经济体制，围绕着力转变经济运行方式，重点突出解决制约社会经济发展的瓶颈问题，在金融、科技、涉外经济等领域探索制度创新和扩大开放，努力创立与国际规范相衔接的发展环境。2005 年 8 月后，中国人民银行上海总部、中国金融期货交易所、央行征信中心等机构相继成立，陆家嘴金融城建设取得重大进展。2006 年 5 月，"国家知识产权试点园区"在张江高科技园区挂牌。推进张江高科技国家自主创新示范区建设，公共科技服务平台建设和科技投融资机制创新取得重要突破。加快发展战略新兴产业，一批更具实力的跨国公司和内资企业加快集聚发展，一大批国家重大科技项目推进实施，初步形成电子信息、成套设备、汽车及生物医药、新能源、民用航空等"三大三新"产业格局。

着力改变城乡二元经济社会结构。针对城乡之间、区域之间、本地居民和外来务工务农人员等二元结构问题,加大体制机制创新力度,率先探索建立新型城乡一体化发展机制。深入推进城乡公共资源均衡化配置改革,实现义务教育经费全区统筹。推进医药卫生体制改革,率先实现城乡卫生一体管理,逐步在全区域实现城乡教育、卫生、社会保障等政策制度统一。深化农村资产土地管理制度改革,开展农村土地承包经营权确权登记,有序开展农村集体经济组织产权制度改革,农民增收作用明显。2012 年至 2014 年底,浦东新区"村庄改造五年行动计划"完成,惠泽 20 多万户农户,占全市改造总户数的 50%。

28 培育上海城市精神品格

改革开放以来,历届市委、市政府十分重视在上海发展的实践中,培育和提炼城市精神。上海申办世博会成功后,2003 年 3 月,上海以"世博会与上海新一轮发展"为主题开展城市精神大讨论。8 月,上海市精神文明建设委员会工作会议概括"以海纳百川而服务全国,在艰苦奋斗中追求卓越"的上海城市精神。

2007 年 5 月,时任市委书记习近平在市第九次党代会上对上海城市精神进一步提炼和"扩容",提出要"与时俱进地培育城市精神,大力塑造海纳百川、追求卓越、开明睿智、大气谦和的新形象,使全市人民始终保持艰苦奋斗、昂扬向上的精神状态"。至此,上海城市精神的表述由"海纳百川、追求卓越"扩容为"海纳百川、追求卓越、开明睿智,大气谦和"。"开明睿智",就是要求上海进一步增强大局意识、使命意识、责任意识,勇于担当、主动担当;"大气谦和",就是要求上海虚怀若谷,更好地学各地所长,更好地服务长三角、服务长江流域、服务全国。正如习近平所说，"如果说海纳百川是上海一贯的文化特点，追求卓越是上海的一种文化本质，那么开明睿智本身是一种态度，大气谦和是一种胸襟，这样才能进一步海纳百川，进一步追求卓越。"

在新的城市精神引领下，上海积极在全社会营造集聚海外人才的共识，形成海纳百川、集聚人才和智力的格局。以追求卓越的气势，开明睿智的眼光和大气谦和的心态，不断增进与各地的友好往来。为让城市精神成为市民的自觉，上海抓住举办世博会的契机，开展迎奥运、讲文明、树新风等主题实践活动，进一步提升了城市文明程度和市民文明素质。随着上海世博会的成功举办，奉献、友爱、互助、进步的志愿精神成为上海城市精神响亮的品牌。2011年11月，根据党的十七届六中全会提出的"坚持社会主义文化前进方向，必须以建设社会主义核心价值体系为根本任务"的要求，九届市委十六次全会提出，要结合上海历史文化积淀和现阶段发展实际，积极倡导"公正、包容、责任、诚信"的价值取向，进一步丰富了上海城市精神的内涵。

上海将举办中国国际进口博览会作为弘扬城市精神的重大契机和载体。2018年9月起，在首届进博会倒计时70天中，广大市民以对标国际一流的标准做好各项准备工作，担当"城市文明志愿者"，展现海派风采，展示良好文明素质，积极践行社会主义核心价值观和上海城市精神，以更加开放包容的姿态迎接海内外宾客的到来。11月5日，习近平总书记在首届进博会开幕式主旨演讲中，提出了六个字的上海城市品格，指出："一座城市有一座城市的品格。上海背靠长江水，面向太平洋，长期领中国开放风气之先。上海之所以发展得这么好，同其开放品格、开放优势、开放作为紧密相连。我曾经在上海工作过，切身感受到开放之于上海、上海开放之于中国的重要性。开放、创新、包容已成为上海最鲜明的品格。这种品格是新时代中国发展进步的生动写照。"

开放、创新、包容的城市品格，既是对上海过去发展的深刻总结，也是推动上海未来发展的深层力量。在全国上下推动新一轮高水平对外开放的进程中，上海广大干部群众持续彰显和弘扬城市品格，以更高水平的开放拓展发展空间，更好集聚和配置全球要素资源；以更大力度的创新构筑竞争优势，加速从跟跑并跑走向并跑领跑；以更有胸襟的包容营造良好生态，兼容并蓄、博采众长。

29 举办上海世博会

世界博览会与奥林匹克运动会、世界杯足球赛一起，并称为全球三大顶级盛事。中国2010年上海世界博览会是中国首次举办的综合类世界博览会，更是新中国成立以来举办的规模最大、持续时间最长的国际活动。1999年11月，国务院批复上海市政府申办2010年世博会的请示。2001年5月，中国向国际展览局递交申办2010年世博会的申请函。在党中央、国务院及全国人民的支持下，2002年12月，上海成功取得了2010年世博会的举办权。

2003年10月，上海世博会进入筹办阶段。世博会筹办工作得到党中央、国务院大力支持，2010年1月，胡锦涛总书记明确提出"六个确保"的要求，要求举全国之力、集世界智慧，确保上海世博会取得成功。在党中央、国务院的领导下，在上海世博会组委会、执委会的统筹协调下，在全国各族人民的大力支持下，市委、市政府肩负重托、精心组织，坚持科学办博、勤俭办博、廉洁办博、安全办博，深入开展"迎世博600天行动"和"世博先锋行动"，带领全市人民完成了世博会的各项准备工作。

历经8年的筹办，2010年4月30日，中国2010年上海世博会开幕，胡锦涛总书记出席开幕式。10月31日，运行184天的世博会圆满落幕。上海世博会以"成功、精彩、难忘"创下世界博览会历史上多个之"最"，参观人数为历届世博会之最，累计参观者达7308.44万人次，网上世博会累计参观者为8234万人次；参展主体为历届世博会之最，有190个国家和56个国际组织的官方参展者参展，非官方参展者有近80个城市案例、18个企业馆、50多家中外企业参展，中国 31 个省、自治区、直辖市和香港、澳门、台湾地区全部参展；志愿者为历届世博会之最，有 13 批次 79965 名园区志愿者、100228 名城市志愿服务站点志愿者、近 200 万名城市文明志愿者；展馆展项为历届世博会之最，参观者展馆包括 42 个自建馆、42 个租赁馆、11 个联合馆、18 个企业馆，展示和应用的最新科技成果达 500 多项、涉及 19 个行业领域，主办者展馆包括中国国家馆、中国内地 31 个省区市联合馆和香港、澳门、台湾 3 个单体馆，5 个主题馆和 3 个主题展馆，近 80 个城市最佳实践区经典案例展示世界城市的发展理念和科技成果的应用。此外，文化演艺活动规模和内容、论坛举办规模和类型均创历届世博会之最，网上中国 2010 年上海世博会创历届世博会之新。

▲ 2010 年 4 月 30 日，上海世博会举行开幕式

上海世博会在向世界展示中国、上海开放新形象的同时，也使上海在办博过程中，收获了丰富的精神和物质财富。世博会的成功举办，极大地激发了人民群众的爱国热情，形成了内容丰富的上海世博会精神，"城市，让生活更美好"的理念深入人心，国民文明素质得到有效提升，世博外交取得显著成效。上海的城市基础设施建设，特别是海、陆、空港设施建设全面提速。两大机场、两大火车站、多处越江桥隧工程建设联通；城市轨道交通网络，从2005年到2010年世博会开幕前的5年间，迅速从5条线路148.8公里提高到11条线路425公里的长度，一举奠定了上海轨道交通网络格局。1.8万户居民在世博会筹办过程中告别了危房简屋，人民群众的生活得到进一步改善。上海的自主创新能力得到进一步提升，世博会展示LED照明、电动汽车、太阳能等一批最新科技成果，使城市进入科学发展轨道有了更强大的能力和动力。上海在世界上的知名度进一步提高，有力地促进了上海金融、文化、创意、旅游、会展等现代服务业的国际性聚集和全方位提升。

30 实施"凝聚力工程"

"凝聚力工程"是上海在改革开放中在党的建设方面探索加强党的基层组织建设的一个创举、一块品牌。

20世纪80年底末90年代初，伴随着经济体制改革和产业结构调整，部分群众生活发生困难，迫切需要党组织去关心。长宁区华阳街道等一些基层党组织顺应党建工作新情况新任务，进行了加强自身凝聚力、战斗力的成功探索。市委组织部总结典型经验，逐步形成改进和加强基层党组织建设新的工作思路，并命名为"凝聚力工程"。1994年1月，市委组织部提出开展"凝聚力工程"试点，并确定了第一批华阳街道等20个单位进入试点行列。试点单位的典型经验在较短时间内就应运而生，最突出的是华阳路街道党工委"一切为了群众，为了群众的一切"的先进经验。华阳街道党工委在全街道开展"串百家门，知百家情，解百家难，暖百家心"的大规模走访活动，建立起关心群众的一系列工作机制，创造了以"了解人、关心人、凝聚人"为主要内容的"凝聚力工程"。这些行动给居民带来了实惠，也进一步密切了党群、干群关系，使干部和党员找到了自身的价值。

1994年4月，市委组织部调研组对华阳街道的做法和经验进行系统总结，《解放日报》等媒体进行了大量的宣传报道，得到广大基层党组织和党员及社会的广泛认同。随后，市委组织部下发通知，要求全市基层党组织认真学习和推广"华阳经验"，开展"凝聚力工程"，并涌现出一批先进典型。在开展"凝聚力工程"试点的同时，市委积极筹划、部署开创1995年到1997年上海"新三年"大变样新局面的工作。市委还专门制定了党建三年规划，把开展"凝聚力工程"作为新三年上海基层党组织建设走出新路子的抓手。上海加强基层党建的做法得到中央肯定，1995年6月上旬，《人民日报》连续5天在头版刊发了上海开展"凝聚力工程"建设的系列报道。1995年8月，中组部向全国转发上海建设"凝聚力工程"的经验。上海由此进入全面推进"凝聚力工程"建设的新阶段。

进入21世纪后，"凝聚力工程"建设的内涵得到扩展和深化。2003年，市委总结10年来开展"凝聚力工程"的经验，在"了解人、关心人、凝聚人"的原有内涵基础上，进一步提出新时期要从增强党自身的凝聚力和增强党的全社会凝聚力两个方面入手，去"凝聚群众、凝聚党员、凝聚社会"。2004年7月，市委总结基层的实践探索，广泛推行党的上级组织为基层组织服务、党的基层组织为党员服务、党的各级组织和党员都为群众服务的"三服务"工作机制和群众测评党员、党员测评支部、支部测评党委的"三测评"工作机制。2007年，市委书记习近平在视察华阳街道时，肯定"凝聚力工程"是"社区党建最早、最长的典型"。

（四）

中国特色社会主义新时代

01 建设中国（上海）自由贸易试验区

中国（上海）自由贸易试验区（简称"上海自贸试验区"）是中国政府设立在上海的区域性自由贸易园区，是中国大陆首个自由贸易区。建设上海自贸试验区，是中央顺应全球经贸发展新趋势，实行更加积极主动开放战略的一项重大举措。2013 年 9 月 29 日，中国（上海）自由贸易试验区挂牌仪式举行。上海自贸试验区范围涵盖外高桥保税区、外高桥保税物流园区、洋山保税港区和浦东机场综合保税区 4 个海关特殊监管区域，总面积 28.78 平方千米。2015 年 4 月，上海自贸试验区扩区至陆家嘴金融片区（含世博地区）、张江高科技片区、金桥开发片区，总面积达 120.72 平方公里。

自建立起，上海自贸试验区肩负着重要使命，即大胆闯、大胆试、自主改，形成一批可复制、可推广的新制度，为我国全面深化改革和扩大开放，探索新途径、积累新经验。

"负面清单"是上海自贸试验区一项典型的制度创新，体现了在投资领域"非禁即入"的原则，即除了清单上规定不能干的，其他都可以干，且不再需要政府事前审批。2013 年 9 月至 2018 年 7 月，先后推出 4 个版本的"负面清单"，成为自贸试验区建设的突破口。

建立国际贸易"单一窗口"是上海

▲ 2013 年 8 月，国务院正式批复同意设立中国（上海）自由贸易试验区

自贸试验区监管制度创新的一项具体举措，是支持外贸稳定增长的一项措施，也是借鉴国际先进经验、遵循国际通行规则、降低企业成本费用、提高贸易便利化的重要途径。上海国际贸易"单一窗口"自 2014 年初启动建设，已初步形成了国际贸易"单一窗口"的基本架构和主要功能，大幅度提升了贸易便利化水平。

推进服务实体经济、促进贸易和投资的便利化是上海自贸试验区金融改革的核心任务。2014 年 5 月，上海自贸试验区自由贸易账户体系正式落地，有力地促进了金融更好地为实体经济服务。上海自贸试验区始终坚持金融制度创新是自贸试验区金融改革的核心任务，建立了核心领域金融改革的先行先试机制，基本形成宏观审慎和风险可控的金融监管体系，金融开放创新措施的系统集成已初具规模。

上海自贸试验区建设之初，就提出推进政府管理由注重事先审批转为注重事中、事后监管。浦东新区发挥与自贸试验区一体化运作优势，以"放、管、服"为重点，加快探索建立和完善与开放型经济相适应的政府经济治理体制机制。在全国率先开展"证照分离"改革试点，着力构建事中事后监管体系，推进改革系统集成，打造"一网通办"的政务服务体系。完成政府部门改革，推进综合执法改革，加大政府职能转变力度，政府服务能力显著提升。

作为中国实行政府职能转变、金融制度、贸易服务、外商投资和税收政策等多项改革措施的试验田，经过几年实践，上海自贸试验区紧抓制度创新这个核心，充分发挥了先行先试、示范引领、服务全国的作用，实现了预期的目标。

02 建设具有全球影响力的科技创新中心

2014 年 5 月，习近平总书记在上海调研期间，要求上海"加快向具有全球影响力的科技创新中心进军"。市委、市政府在《上海市城市总体规划（2017—2035 年）》中，将科创中心列入上海"五个中心"城市新定位，把建设科创中心作为当好创新发展先行者重中之重的任务，加快建设具有全球影响力的科技创新中心。

自 2014 年起，上海围绕制约科技创新的体制机制障碍，持续深化全面创新改革试验，加快构建创新型体制机制。2015 年 5 月，市委十届八次全会审议并通过《关于加快建设具有全球影响力的科技创新中心的意见》（简称"科创 22 条"），明确提出上海创新发展目标。系统推进全面创新改革试验，形成《上海系统推进全面创新改革试验 加快建设具有全球影响力的科技创新中心方案》。发布上海科技创新"十三五"规划，布局实施一批重大战略项目和基础工程，使科创中心建设从蓝图走向现实。

张江综合性国家科学中心是国家创新体系的基础平台，是上海科创中心建设的关键举措与核心任务。2016 年 2 月，国家发改委、科技部批复同意建设上海张江综合性国家科学中心后，上海举全市之力全力以赴推进张江综合性国家科学中心建设。

张江综合性国家科学中心由"四大支柱"构成。第一大支柱是张江综合性实验室。上海光源、国家蛋白质科学研究上海设施、超级计算机已经建设完毕。超强超短激光用户装置等一批大科学装置建设项目在 2019 年建成后，与已有的上海光源和国家蛋白质中心上海设施，组成全球光子科学研究综合能力最强的大科学设施集聚地之一，成为张江综合性国家科学中心的科学地标。第二大支柱是创新单元、研究机构与研发平台。一批顶尖的创新平台和机构汇聚张江，2016 年李政道研究所成立，2017 年张江实验室正式揭牌，上海光源等一批国家重大科技基础设施全部划转至中科院上海高等研究院统一管理。2020年，量子科学研究中心、上海清华国际创新中心等一批高水平研发机构加快建设。第三大支柱是创新网络，布局网络化协同创新。长三角区域大型科学仪器设备协作共用网、科技文献系统、技术转移系统陆续开通，2015年，上海大型企业科学仪器的长三角跨区域共享服务达到近3万次。第四大支柱是大型科技行动计划，积极组织、主导、参与全球科技竞争与合作计划。由上海科学家发起的国际人类表型组研究计划已得到国际权威科学家认可，正在加快组建国际人类表型组创新中心。2020年，重点布局和推进科学与类人脑人工智能、量子信息科学等十大领域基础研究活动。

上海对标国际，改革创新，先行先试，推动多项改革试验成果落地，在全国率先出台《上海市促进科技成果转化条例》，推动外籍人才工作居留向永久居留转换制度向全国推广，率先开展药品上市许可持有人制度试点等。推动产业创新能级不断提升，在微电子、生物医药、人工智能等领域推动研发与转化功能型平台建设；聚焦国家战略，启动首批市级科技重大专项；C919大型客机首架机在上海成功首飞。2020年，软X射线自由电子激光试验装置通过国家验收。大众创业、万众创新呈现新气象，成立全国首家区域性众创空间联盟，成功举办全国双创活动周上海主会场活动。建设创新创业人才高地，先后出台"人才20条"和"人才30条"政策，召开首次"人才工作大会"，构建世界一流的人才发展环境。浦东新区张江科学城、松江区G60上海松江科创走廊等科创中心重要承载区特色发展格局初步形成。

03 推进国家重点改革试点

党的十八大以后，上海作为改革开放的排头兵、先行者，按照中央全面深化改革总体部署，重点抓好中央交给上海的各项改革任务，率先开展教育改革、司法改革和群团改革等一系列重大改革，形成一系列可复制、可推广的改革经验，为全国深化改革作出有益探索。

2014年11月，教育综合改革正式启动。改革遵循教育规律，回归育人本原，将立德树人的根本使命贯穿教育教学全过程，促进学生德智体美诸方面全面发展和终身发展。以社会主义核心价值观和中华优秀传统文化为指导，架构德育顶层内容体系。推进"课程思政"试点工作，涌现出复旦大学"治国理政"、上海大学"大国方略"等品牌课程。系统推进中华优秀传统文化教育，"中华优秀传统文化经典诵读"系列教材全面走进学校课堂。推动基础教育优质均衡发展，成为全国率先整体通过国家认定的省市。推进学区化集团化办学内涵发展，深化基础教育课程改革，优化现代职业教育体系，启动部市共建在沪部属高校"双一流"建设。在全国率先实施高考综合改革试点，2014年启动上海市高校考试招生综合改革，2017年方案公布后的第一次考试正式实施，共有约5万名考生参加统一高考。积极稳妥开展各项考试招生改革试点，2015年，春季考试招生范围首次由历届生扩大到高中应届毕业生，考生可同时被2个专业录取；2016年，秋季考试招生在全国范围内率先合并本科第一、第二招生批次。上海教育综合改革为全国深化教育综合改革积累了经验，已形成上下联动、各方协同、整体推进、全社会热切关注的良好局面，部分瓶颈问题有了重大突破，教育活力与治理能力得到提升。

2015年4月，全面推进司法体制改革试点工作启动。改革以实行员额制为重点，有力推进人员分类管理改革，建立符合司法规律的人员分类管理制度，率先成立全国首个省级法官检察官遴选（惩戒）委员会，确保高素质法官检察官进入员额，明确入额人员必须办案制度。以落实司法责任制为核心，建立专业法官会议制度，完善审判委员会工作机制，实施"权力清单""岗位说明书"和"责任清单"制度，健全完善司法权运行监督制约机制，实现权责利相统一，不断提升司法公信力，让人民群众更好感受到司法公平正义。此外，还探索建立有别于普通公务员的司法人员职业保障制度、建立人财物市级统管制度。通过改革，上海率先形成一批可复制、可推广的经验成果，改革当年，全市法院收、结案数创历史新高，审判质效保持全国前列，同期结案率、法官人均办案数均列全国法院第一。

2015 年 11 月，在全国率先开展群团改革试点工作，并在工青妇三家单位启动第一批改革。试点工作启动以来，各群团组织建立起"小机关、强基层、全覆盖"的群团组织体系。市工青妇机关均已实现"扁平化"设置，内设机构精简幅度不低于 25%。机关设置实现从"与上对口"向"对下适应"的转变，工作方式从"对上负责"更多向"对下负责"转变。实现"领导班子专兼挂、专职干部遴选制、基层队伍多元化"，其中专职成员不超过 50%。工青妇组织对现有机关专职人员进行"减上补下"，精简下来的编制着重充实到基层，对新进机关专职干部从"招录制"改为"遴选制"。建立健全"群众化、社会化、网络化"的群团工作运行机制。此后，上海的群团改革试点，继续向纵深领域不断推进。2016 年 7 月，启动第二批群团改革试点，工商联、科协等 9 家群团组织成为试点机构。改革根据单位的不同情况，分类管理，重点转变管理体制和运行机制。上海启动群团改革试点以来，各级群团组织走出机关，将工作阵地建在群众最需要的地方，解决他们的急难愁问题，激活了基层服务的"神经末梢"，取得了成效。

04 打造国际文化大都市

2011 年 10 月党的十七届六中全会作出深化文化体制改革，推动社会主义文化大发展大繁荣的决定后，2012 年 5 月，市第十次党代会提出建设国际文化大都市的目标任务。党的十八大以来，上海以习近平总书记提出的坚定文化自信为指导，着力打造公正包容、更富魅力的人文之城，促进中外文化交相辉映、现代和传统文明兼收并蓄，让上海更具人文关怀，让城市更有温度。

以社会主义核心价值观引领精神文明建设。开展典型引路、志愿者行动、未成年人教育和群众性精神文明创建活动，在全市树立了一批"讲文明、树新

风"学习典范，使先进典型成为社会道德建设的重要旗帜；通过在全市开展
"市民修身行动"，在全社会塑造良好社会文明风尚，成为上海精神文明建设的
新亮点。培育、弘扬上海城市精神，全面提升上海精神文明建设的水平。

全面推进媒体深度融合。率全国之先启动主流媒体与新兴媒体融合发展
战略。解放日报报业集团与文汇新民联合报业集团组建上海报业集团。"大文
广"和"小文广"组建上海文化广播影视集团有限公司。《解放日报》推出新
媒体产品移动客户端"上观新闻"，《东方早报》告别纸质版推出"澎湃新闻"
客户端，党报主流声音在传统媒体和新兴媒体的影响力、引导力得到提升。

促进文化创意产业跨越发展。形成以文化创意产业园区、文化创意产业
公共服务平台、文化创意活动为三大产业载体的发展模式，促进国有骨干文化
创意企业加快转型升级，民营文化创意企业发展迅猛，促进文化创意和设计服
务与实体经济深度融合发展。2017 年 12 月出台"文创 50 条"，使上海文化创
意产业再上新台阶。持续打响环人民广场"演艺大世界"品牌，辐射带动"演
艺新空间"建设，至 2020 年累计达 66 家。成功举办中国国际数码沪东娱乐展

▲ 2014 年 1 月，上海交响乐团首启欧洲巡演

览会、英雄联盟全球总决赛等。出台在线新文旅发展三年行动计划，发展壮大在线文旅、数字文博、智慧文广等新模式。

推动文化事业大发展大繁荣。"一团一策"改革成效显著，文艺创作演出再上新台阶，推出《挑山女人》《朱鹮》等一批文艺精品，《朱鹮》《秦俑情——抖杠》《花木兰》等一系列作品在各大赛事中成绩喜人，获得多项奖项；上海交响乐团、上海芭蕾舞团、上海京剧院携带《天鹅湖》《霸王别姬》等精品节目走出国门。影视、文学作品层出不穷，《西藏天空》《平凡的世界》等多部作品获得多项奖项，在全国范围内产生广泛影响。精心组织、成功举办中国上海国际艺术节、上海书展等重大节事展会活动。积极推动现代公共文化服务体系建设，建成上海自然博物馆、上海国际舞蹈中心等市级重大文化设施，形成白领午间艺术讲座、爵士环城音乐会等一批品牌项目，充分利用"一江一河"沿岸人文资源打造"生活秀带""文化客厅"，深入推进"建筑可阅读"，开放历史建筑1000多处。

打造高标准的世界级旅游目的地。推动世界一流城市乐园建设，2016年6月，上海迪士尼乐园开园。大力发展都市旅游，推出一批红色旅游产品路线，黄浦江两岸45公里公共空间、苏州河中心城区42公里岸线的公共空间基本贯通开放，崇明世界级生态岛等区域旅游功能不断强化，世博园区等国际化旅游新地标不断涌现；形成都市旅游十大系列产品，各区推出"一区一品"品牌节庆活动，上海旅游节品牌影响力不断扩大，成为上海城市形象展示的重要平台。

05 持续改善城市生态环境

党的十八大以来，上海坚持以改善群众感受为出发点，打好污染防治攻坚战，持续改善生态环境，完善市域生态空间格局，让天更蓝、地更绿、水更清。

2012年3月，习近平总书记在参加十一届全国人大五次会议上海代表团审议时提到："上海提出要加强大气污染治理，认真做好$PM_{2.5}$检测与治理相关工作，并成为国家首批发布的城市之一。这个决心下得对、下得好，希望认真落实。"2013年11月，上海启动实施《上海市清洁空气行动计划（2013—2017）》，从能源、产业等六大领域防治污染，提前1年完成国家清洁空气行动计划规定的主要目标任务。2017年，上海全年$PM_{2.5}$日均值降到39微克/立方米。2018年7月，市政府印发《上海市清洁空气行动计划（2018—2022年）》，加强综合治理，实施更加精准、更加高效的减排措施。2019年，完成3851台燃油燃气锅炉低氮改造，继续推进集装箱海铁联运，实施轻型汽车国六b排放标准，全年$PM_{2.5}$日均值降到35微克/立方米。

加强河道治理，逐年加大投入，开展多轮"环保三年行动"。2015年12月，启动实施《上海市水污染防治行动计划实施方案》，全面实施"河长制"，"一河一策"加强水岸共治、溯本清源，全面完成中小河道综合整治，相继建成崇明岛东风西沙水库、青草沙水源地及原水系统工程等。2018年12月，苏州河环境综合整治四期工程全面开工。2019年，完成白龙港污水处理厂提标改造和1434个住宅小区雨污混接改造，劣V类水体占比从18%下降到7.8%。

在全国率先探索土壤环境风险管控和治理修复试点，制定了场地调查、监测、评估和修复等10项地方性技术规范。2016年12月，正式出台《上海市土壤污染防治行动计划实施方案》。在生活垃圾处理方面，建成一批符合国际先进标准的重大环卫设施，建成多处现代化的生活垃圾焚烧处理设施，基本形成"一主多点"的生活垃圾无害化处置体系。2019年，基本形成垃圾全程分类收运体系，居民区分类达标率从15%提高到90%。

市委、市政府牢固树立和践行"绿水青山就是金山银山"的理念，大力推进郊区林地和中心城区公共绿地建设，对110多座公园实施改造，推进重点绿化项目建设，推进大型公园绿地建设，建成并开放廊下、嘉北、青西、长兴岛、浦江、广富林6座郊野公园等。举全市之力推进崇明世界级生态岛建设，全力打造"绿水青山就是金山银山"的"崇明案例"。2019年，新建林地11.3万亩、绿地1321公顷、城市绿道210.1公里、立体绿化40.6万平方米。全市森林覆盖率达到17.56%，人均公共绿地8.3平方米；崇明森林覆盖率达到27.4%。

2020年6月，市生态环境保护和建设工作会议暨中央生态环境保护督察整改工作动员部署会召开，上海继续高标准、高质量打好污染防治攻坚战，让绿色成为城市发展最动人的底色、成为人民城市最温暖的亮色。至年底，$PM_{2.5}$年均浓度降至32微克/立方米，劣V类水体基本消除。森林覆盖率达到18.49%，人均公园绿地面积达到8.5平方米，全市初步建成"多层次、成网络、功能复合"的生态网络框架体系。基本实现原生生活垃圾零填埋。

06 统筹城乡协调发展

1986年1月，市委、市政府明确提出城乡一体化方针，着力推进城镇建设和农村产业非农业化发展。进入20世纪90年代，在浦东开发开放和党的十四大提出的"一个龙头、三个中心"重大决策指引下，上海不断深化对城乡一体化的认识，注重城郊并进，推进郊区工业化、城市化和现代化进程，到"九五"末，有上海特色的农村城市化体系逐步显现，城乡经济保持协调发展。

进入21世纪后，为更好破解农业农村发展面临的一系列新旧问题，2008年10月，党的十七届三中全会作出加快形成城乡经济社会一体化发展新格局的重大决定。城乡发展一体化全面加速。上海大力推进城乡基础设施建设，引导资源要素、基础设施、公共服务向郊区延伸，推动形成多心多层、梯度有序的现代化大都市空间格局，让乡村居民享受到与城镇居民同样的文明和实惠。

党的十八大后，上海贯彻党中央建设社会主义新农村、实施乡村振兴战略要求，深入推进城乡发展一体化工作，积极探索和实践符合超大城市特点的乡村振兴之路。2015年1月，市委、市政府发布《关于推动新型城镇化建设促进本市城乡发展一体化的若干意见》，作为指导本市城乡一体化工作的总体性文件。2016年10月，市政府印发《上海市城乡发展一体化"十三五"规划》，制定推进城乡一体化各项具体政策。

有序推进郊区城镇化建设。推动嘉定、青浦、松江、奉贤、南汇五大郊区新城建设取得突破性进展，重大基础设施、社会公共事业和社会管理力量得到进一步加强，公共资源实现与城市建设同步跟进，重要交通基础设施工程建设取得明显成效，2018年1月公布的《上海市城市总体规划（2017—2035年）》确定将五大新城培育成为长三角城市群中具有辐射带动作用的综合节点中等城市，重大基础设施、社会公共事业和社会管理力量得到进一步加强。推进郊区镇村的规划编制，积极培育建设特色小镇，2016年至2017年朱家角等9个镇入选住建部公布的第一、二批全国特色小镇。2014年全面启动美丽乡村建设工作，到2017年末，全市累计评定市级美丽乡村示范村62个。2018年6月，上海正式启动乡村振兴示范村建设。2020年建成28个乡村振兴示范村。

加快发展都市现代农业。从2015年1月开始整建制建设国家现代农业示范区。大力发展家庭农场，至2017年底，家庭农场从1173户增加到4516户，全市粮食生产家庭农场水稻种植面积占本市郊区水稻种植面积的50%，并进一步促进家庭农场与其他新型经营主体融合发展。加强职业农民队伍建设，培育新型职业农民，培养出了一批有文化、懂技术、善管理、会经营的家庭农场经营者。推进村级集体产权制度改革，到2018年6月底，全市98%的村级集体经济组织完成产权制度改革，50%的镇完成镇级改制。推动土地经营权流转，基本完成了农村土地承包经营权确权登记工作。

不断缩小城乡差距。自 2015 年起大力开展农村水污染防治，进行郊区河道整治，持续改善城乡水环境。同时，加强郊区基本公共服务。在教育方面，促成优质教育资源城乡流动，改善郊区中小学校教育设施，提高乡村教师生活待遇。在医疗卫生方面，通过瑞金医院、中山医院等在郊区建立、扩建分院，促成优质卫生资源进一步向农村辐射。全市村级公共服务中心基本实现全覆盖，居民养老保险、医疗保险、低保等基本保障制度实现城乡统一。

07 创新社会治理

党的十八大以来，按照习近平总书记提出的"一流城市要有一流治理，要注重在科学化、精细化、智能化上下功夫"的要求，不断创新社会治理，探索超大城市社会治理之路。

在创新社会治理中，上海坚持大抓基层、夯实基础的鲜明导向。2015 年 1 月，市委发布了以"创新社会治理，加强基层建设"为题的 2014 年"一号课题"形成的"1+6"正式文件，全面取消街道招商引资职能，把街道职能切实转到公共服务、公共管理、公共安全上，强化街道党工委职能作用，把管理和服务力量放到基层，明确街道社区职责，优化街道社会机构设置，激发基层党组织活力。在社区治理中加强党建引领下的自治共治德治法治一体化推进，整合社会资源、推动社会参与。

努力实现城市精细化管理。按照习近平总书记"城市管理应该像绣花一样精细"的要求，基本建成覆盖全市主要公共领域和城市综合管理领域的网格化管理体系，推动城市管理问题及时发现、快速处置、有效解决和有力监督。2015 年至 2016 年，持续开展三轮"五违四必"区域生态环境综合治理，开展市、区、街镇级重点地块整治和市级重点区块生态环境综合治理。2016 年 1

月，正式实施修订《上海市烟花爆竹安全管理条例》，连续5年春节实现外环线内烟花爆竹"零燃放"。为保障广大市民"舌尖上的安全"，2016年3月正式启动国家食品安全城市创建工作，2017年3月正式实施史上最严的地方性法规《上海市食品安全条例》。2016年3月，开展道路交通违法行为大整治，出台"史上最严交规"。2018年3月，启动生活垃圾全程分类体系建设、架空线精细化整治。

坚持源头治理、系统治理、综合治理、依法治理，推进平安上海建设取得新成效。深入推进依法治市，加强法治上海建设。积极推进治安巡逻防控、武装巡逻处突、群防群治守护的"三张网"建设，大力整治电信网络诈骗等社会治安突出问题。2016年2月，启动全面深化公安改革，形成一批可复制、可推广的经验，推出一批含金量高的便民利民举措。全力推进"雪亮工程"建设，加快推进上海公共安全视频监控结合联网应用工作。推进大调解体系建设，建立多元化解机制，从源头上预防和消除不稳定因素。

紧抓城市治理的"牛鼻子"工作，推动政务服务"一网通办"和城市运行"一网统管"建设。2018年全国两会期间，率先提出实施"一网通办"改革。在做好新冠肺炎疫情防控及统筹做好新冠肺炎疫情防控和经济社会发展工作中，加快推进"一网通办""一网统管"建设，不断推动"一网通办"从"能办"向"好办"转变，初步实现"一屏观天下，一网管全城"，带动政务服务

▲ 2018年以来，上海加强"一网通办"建设，当好服务企业和群众的"店小二"

改进、推动营商环境优化，促进城市管理精细化、保障城市安全有序运行。至2020年，"一网通办" 321个事项可 "一件事一次办"，"一网统管" 三级平台，五级应用" 架构基本形成。

08 建设健康上海

自2003年全球暴发 "非典" 疫情后，市政府推进实施四轮、为期12年的 "上海市加强公共卫生体系建设三年行动计划"，并启动建设健康城市行动。

2011年5月，启动家庭医生制度试点。在此基础上，2015年2月，发布《上海市2015年深化医药卫生体制改革工作要点》，提出在上海市 "推进分级诊疗制度建设"，以深化医药卫生体制改革，重建医疗服务秩序。2015年下半年，上海市试点以家庭医生为基础的分级诊疗改革，形成 "1+1+1" 签约模式，即居民可自愿选择1所社区卫生服务中心、1所区级医院（二级医院）和1所市级医院（三级医院）签约，建立家庭医生与居民稳定的签约服务关系。2017年，全市社区卫生服务中心门诊服务量占全市三分之一，与市级医院、区级医院成三足鼎立之势，市民对社区卫生服务中心的满意度连续两年位居 "沪上十大行业服务质量评测" 首位。

同时，综合医改试点在其他方面也取得重大进展，如城乡医疗卫生资源布局持续优化，实现每个区至少有一家三级医院，"1560" 就医圈基本建成，更多市民就近享受更好的医疗服务；医疗保险不断完善，城镇居民大病医疗保险启动，医保最高支付限额多次提高，居民医保门急诊和住院保险比例进一步提高；初步形成了医保药品招标采购机制，建立了医保慢性病长处方与家庭医生慢病管理相结合的长效管理工作机制；从2013年起开展高龄老人医疗护理计划，至2016年试点范围已扩大至全市，积极参加国家首批长期护理保险制度试点，在徐汇、普陀、金山三个区先行开展探索。

2016 年 11 月，在第九届全球健康促进大会闭幕式上，世界卫生组织总干事陈冯富珍高度评价上海的健康促进工作，称上海为"健康城市工作的样板城市"。

为进一步提高市民健康水平，根据党的十八届五中全会关于推进健康中国建设的战略部署和《"健康中国 2030"规划纲要》，2017 年 9 月，上海发布《"健康上海 2030"规划纲要》，提出到 2030 年，上海将形成比较完善的促进全民健康的服务体系、制度体系和治理体系，健康期望寿命达到全球城市先进水平，健康产业成为城市支柱产业，成为具有全球影响力的健康科技创新中心和全球健康城市的典范。

在抗击新冠肺炎疫情中，上海加大公共卫生体系建设，2020 年 4 月，全市公共卫生建设大会发布《关于完善重大疫情防控体制机制　健全公共卫生应急管理体系的若干意见》，提出做实社区卫生服务机构，建立"智慧化预警多点触发机制"的新要求，上海开始推动由"市级定点医院—市级诊治中心—区域诊治中心—区级诊治中心—社区卫生服务中心等其他医疗机构"构成的应急医疗救治体系建设。

09　推进行政区划大合并

进入 21 世纪后，为在更大范围内统筹资源配置，拓展核心城区的辐射面，增强城市后续发展能力，上海进行了三次行政区划的调整。2009 年 5 月，南汇区行政区域并入浦东新区；2011 年 6 月，撤销黄浦区、卢湾区建制设立新的黄浦区；2015 年 11 月，撤销闸北区、静安区建制设立新的静安区。

至 2009 年，经过十几年的开发开放，浦东新区发展取得举世瞩目的成就，正处在从基础形态开发向功能开发、从集聚国内外资源向服务辐射全国转型的关键阶段。浦东新区要进一步深化改革开放，其中最突出的是受到发展空间不足的制约。南汇区与浦东新区地域相近、产业相连、基础设施相通，南汇区并入浦东新区，对于深化浦东综合配套改革试点、进一步推进浦东开发开放也具有重大的战略意义。

黄浦区和卢湾区的历史文脉、发展任务、产业发展重点相似，重点建设区域有互动性，将两区合并，有利于形成中心城区中商务商业功能最强的"钻核"地区，进一步提升上海的城市功能和城市形象；有利于统一规划和开发浦西世博园区和黄浦江滨江地区，实施沿江发展战略；有利于统一规划两区的金融服务业发展，形成与陆家嘴东西相应的外滩金融城；有利于打造形成沿淮海路和陆家浜路的现代商务休闲集聚带，成为上海中心城区发展的新轴线；有利于集中财力，加大黄浦区的旧区改造力度，加快改善民生。

闸北区和静安区财力有强有弱，人口和社会资源形成反差，两区合并可以实现优势互补，以强带弱，促进苏州河南北区域的协调发展；有利于发挥静安区财力较强的优势，加大闸北区旧区改造力度，大大加快上海中心城区的旧区改造进度；有利于统一规划和加快开发苏州河两岸，打造形成具有历史特色的服务业集聚区和都市商业休闲水轴带；有利于促进静安区的优质社会资源向闸北区辐射，提升闸北区社会事业发展水平，实现中心城区公共服务的均等化。

三次行政区划调整取得了积极效应。新成立的三个区经济并未减速、失速，仍保持平稳较快增长势头。重点区域建设加快推进，浦东新区集中力量，集聚资源、人才、资金和项目，加快临港开发建设步伐。旧区改造加快推进，黄浦区完成董家渡等一批群众改造意愿强烈、对区域功能打造具有重要意义的旧改项目。资源实现有效优化整合，浦东新区张江高科技园区面积扩展，为科技研发、创新发展拓展了新的空间；黄浦区着力推进南京路和淮海路两大商业街区的功能改造和业态更新，打造具有国际影响力的世界级商业街区；静安区着力打造南京西路两侧高端商务商业集聚带、苏州河两岸人文休闲创业集聚带、中环两翼产城融合发展集聚带，促进商贸服务业、金融服务业、专业服务业、文化创意产业和信息服务业等产业发展。

10 全面加强改革的系统集成

2016年3月，习近平总书记参加上海代表团审议时，要求上海着力加强全面深化改革开放各项措施系统集成、着力加快具有全球影响力的科技创新中心建设步伐、着力推进供给侧结构性改革。上海聚焦重点、把握核心，以系统集成的方式通盘协调、统筹推进改革向纵深发展。

全面推进"放管服"改革和依法行政政府。职能转变取得新突破。全力打响上海"一网通办"政务服务品牌，进一步优化营商环境，出台《上海市优化营商环境条例》，2020年全面实施优化营商环境3.0版方案，提升群众和企业获得感。2016年率先开展"证照分离"改革试点，取消调整行政审批事项1854项、评估评审事项341项；2020年，完成"证照分离"改革全覆盖试点，国务院批复同意浦东开展"一业一证"改革试点。全面实施当场办结、提前服务、当年落地"三个一批"改革。政府定价项目从108项减少到53项。292家审批相关的中介服务机构与政府部门脱钩，611家行业协会、商会与行政机关脱钩。市、区两级综合监管平台开通，分行业监管方案全面实施，综合监管为基础、专业监管为支撑的事中事后监管体系初步建立。"12345"市民服务热线开通运行，电子政务云加快建设。依法行政全面加强。完善重大项目、国资监管等决策程序，重大决策制度进一步健全。工商、质监、食药监和物价执法"四合一"的区级市场监管新体制全面实行。全市三级政府行政权力清单和责任清单发布实施，政府"四本预算"实现全面公开、联动公开、细化公开。实施政府目标管理，跨部门协同运行体系加快构建。

实施国资国企分类改革。将企业分为竞争类、功能类和公共服务类三大类，分类定责考核发展。坚持公众公司导向，规范法人治理稳妥推进混合所有制改革。至2016年底，市属国有企业公司制改革实现全覆盖，三分之二的竞争类企业实现整体上市或核心业务资产上市，以公众公司为主要实现形式的混合所有制经济发展格局基本形成，80%的国有资产集中到战略性新兴产业、先进制造业、现代服务业、基础设施和民生保障等领域。2019年，启动区域性国资国企综合改革，稳妥实施一批市场化重组、专业化整合项目。率先实施"营改增"试点，2013年至2017年累计为企业减税3112亿元。2020年，实施更大规模减税降费，全年新增减税降费超过2300亿元。设立规模50亿元的中小微企业政策性融资担保基金，启动"政会银企"四大合作机制破解融资难，国家中小企业发展基金、中国国企混改基金挂牌运行。实施注册资本认缴制、先照后证、照后减证等商事制度改革。

推进供给侧结构性改革。积极落实"中国制造2025"和"互联网＋"行动计划，制定实施巩固提升实体经济能级"50条"，深入推进"四新"经济、智能制造、产业创新、工业强基、质量提升等系列工程，中芯国际、华力二期、和辉光电二期等投资百亿元以上和136个投资十亿元以上的重大项目开工建设，新能源汽车、工业机器人、高端医疗装备等新兴产业产值年均增速超过20%。2020年，出台新基建"35条"，在新网络、新设施、新平台、新终端4个领域布局一批新基建重点项目。深入推进"三去一降一补"，实施调整社会保险费率、降低进出口环节收费等一系列政策举措，高能耗、高污染、高危险和低效益的落后产能每年淘汰1000项左右。

11 建设崇明世界级生态岛

崇明岛是上海可持续发展的重要战略空间。2001年5月，上海城市总体规划明确将崇明岛建设成为生态岛。2005年11月，市政府批准通过《崇明三岛总体规划（2005—2020年）》，提出把崇明建设成环境和谐优美、资源集约利用、经济社会协调发展的现代化生态岛区。2007年4月，时任市委书记习近平到崇明调研时指出，要用科学思维、战略眼光，充分认识崇明三岛建设的重要意义。要坚持高起点、高标准，扎扎实实推进崇明生态岛建设。2010年1月，市政府正式发布《崇明生态岛建设纲要（2010—2020年）》，提出按照建设世界级生态岛的要求到2020年形成初步框架的目标。2016年7月，崇明撤县设区。12月，市政府印发《崇明世界级生态岛发展"十三五"规划》，以更高标准、更开阔视野、更高水平和质量推进崇明生态岛建设。

上海不断加快推进崇明世界级生态岛建设。坚持以人为本，守住生态底线。按照"大生态、大绿化、大湿地"生态理念，组织实施多轮环保三年行动计划，聚焦大气、水、土壤等重点领域治理保护，全面提升环境保护水平，推进滨江休闲运动区、上海崇明体育训练基地等一大批重大发展建设项目落地实施，完善生态岛功能布局。坚持转型发展，培育绿色经济。依托上海长江

▲ 2001年以来，上海不断推进崇明世界级生态岛建设。图为崇明北湖

137

隧桥建成通车和世博效应，积极发展高效生态农业和以生态旅游为重点的现代服务业，通过培育发展家庭农场、农民专业合作社，推进国家现代化农业示范区建设等，打造现代农业经济；推进东滩、森林公园等主要旅游区域建设，成功创建国家生态旅游示范区，成功举办森林旅游节、自行车嘉年华等节庆活动以及国际自行车联盟女子公路世界杯等重大赛事，推进生态旅游产业发展。坚持三岛联动，打造生态品牌。按照《崇明生态岛建设纲要》，推进横沙岛生态休闲度假岛建设，完成 H12 开心农场项目、通沙河区域医疗养生项目签约，成功举办四届横沙岛自行车骑游大会和"550"半程马拉松赛；精心打造海洋装备岛，推动世界最大的造船基地——中船长兴岛基地建设，2007 年成立上海海洋装备产业园区，引进中船重工 704 所项目、上海船研所项目等。

2018 年 5 月，市政府批复同意《上海市崇明区总体规划暨土地利用总体规划（2017—2035）》，明确到 2035 年崇明区将建成具有全球引领作用的世界级生态岛。至 2020 年，崇明着力打造高品质生态环境。深化"河长制""湖长制"，加强水岸联动综合治理；推进绿化造林和生态廊道建设，提高森林覆盖率，水体、土壤、空气等环境质量持续优化。推动生态产业日趋成熟。生态农业方面，成功推出 1 万亩"两无化"大米区域公共品牌，家庭农场、博士农场、开心农场，农民专业合作社和农业龙头企业建设有序推进；生态旅游业方面，东滩湿地公园、长兴岛郊野公园获评国家 4A 级旅游景区，崇明国家全域旅游示范区创建通过国家验收，举办上海崇明生态文化旅游节、"全球最大反季节郁金香花展"等活动，举办第十届中国花卉博览会。深入推进乡村振兴。推进 20 个乡村振兴示范村建设，园艺村入选"2019 年中国美丽休闲乡村"名单，建设镇获"2020 年度中国最美文旅目的地"特别奖。

12 打造城市文化新亮点

2017年12月，十一届市委三次全会提出打造上海服务、上海制造、上海购物、上海文化"四大品牌"。2018年5月，市委、市政府印发《全力打响"上海文化"品牌　加快建成国际文化大都市三年行动计划（2018—2020年）》，明确提出全面打响上海红色文化品牌、海派文化品牌、江南文化品牌三大重点任务。

为打响红色文化品牌，印发《关于实施"开天辟地——党的诞生地发掘宣传工程"的意见》和《关于实施上海市革命文物保护利用工程（2018—2022年）的意见》。深入推进"党的诞生地发掘宣传工程"，推进中共一大纪念馆、中国共产党发起组成立地旧址等"一馆五址"建设，并带动16个区旧址遗迹修缮改造和建成开放。落实中宣部重大委托课题"中国共产党在上海创党实践所体现的革命精神研究"，举办"中国共产党的创建与上海"全国学术研讨会。"党的诞生地"主题出版工程出版多种精品主题读物，多部出版物集中入选中宣部2020年主题出版重点出版物选题。革命历史纪念场馆创新手段、技术，讲好上海红色故事。推出多种音频党课、红色文化产品。举办"初心之地·红色之城"——上海·党的诞生地巡展、"党的诞生地·上海"市民微电影节、百万青少年红色大寻访等展览及主题活动。推出市区两级各类红色旅游线路。推出沪剧《一号机密》、舞剧《永不消逝的电波》和杂技剧《战上海》上海红色题材"三部曲"。启动全市"四史"学习教育，推动建设党性教育现场教学基地，打造"红色上海主题教育馆"，编印《地图中的百年上海》，推出"红色筑梦·'四史'现场讲"等全媒体党课。编撰出版《中国共产党在上海100年》《上海党史知识读本》《光荣之城——上海红色纪念地100》等多部建党百年作品。

为打响海派文化品牌，继续办好上海国际电影节、中国上海国际艺术节、中国国际数码互动娱乐展览会、中国国际动漫游戏博览会等重大节展品牌，不断提升社会影响力。上海民族乐团原创的民族音乐会《海上生民乐》到多国巡演；上海沪剧院《敦煌女儿》、上海芭蕾舞团《闪闪的红星》等作品入选2019国家舞台艺术精品扶持工程；《战上海》《我不是药神》《大江大河》等6部文艺作品在中宣部精神文明建设"五个一工程"评选中获奖。细化落实"文创产业50条"，文创金融、产教联盟等服务平台设立运行，沪产游戏《原神》位列多国应用市场游戏畅销榜第一。元代水闸遗址博物馆、广富林文化遗址公园、程十发美术馆等建成开放，上海博物馆东馆、上海大歌剧院等开工建设。增强公共文化服务效能，2019年，率先基本建成现代公共文化服务体系。

为打响江南文化品牌，启动"艺江南"中华文化走出去项目，完成第六批上海市非物质文化遗产代表性项目的评审，举行打响"上海文化"品牌推进会暨"江南文化"学术研讨会。上海博物馆举办"春风千里——江南文化艺术展"展览。建立"江南文化研究院基地"，推进青浦江南文化示范区建设。加强江南水乡古镇保护利用，2020年11月，中国历史文化名镇、浦东新区首个全国特色小镇——新场镇代表上海和江浙11个古镇，以"江南水乡古镇"名义联合申报世界文化遗产。

习近平任市委书记时曾指出，上海历史文貌的价值精华就在4000多幢老建筑，如果这些老建筑消失了，上海的文脉就切断了，历史风貌就没有了，城市特色也就没有了。城市中的老建筑，应该像"老人"一样得到善待。上海进一步加强历史文化风貌保护。陆续公布5批共计1058处优秀历史建筑，中心城区占地约27平方千米的12片历史文化风貌区，郊区和浦东新区占地约14平方千米的32片历史文化风貌区，119处风貌保护街坊，397条风貌道路，其中包括永不拓宽道路64条。推进近40万平方米居住类优秀历史建筑修缮，并同步推进成片风貌区内近110万平方米各类居住类历史建筑的修缮，形成步高里模式、思南模式、春阳里模式、新天地模式、田子坊模式以及其他保护利用模式。

13　举办中国国际进口博览会

中国国际进口博览会，是迄今为止世界上第一个以进口为主题的国家级展会，是国际贸易发展史上一大创举。2017年7月，习近平总书记在"一带一路"国际合作高峰论坛上宣布，中国将从2018年起举办中国国际进口博览会，这是党中央着眼推进新一轮高水平对外开放作出的一项重大决策，是我国主动向世界开放市场的重大举措。在习近平总书记亲自谋划、亲自提出、亲自部署、亲自设计、亲自推动下，中国国际进口博览会已在上海连续举办三届。

为确保首届进博会顺利运行，上海组建由市委书记、市长担任双组长，由36个单位组成的城市保障领导小组，下设十多个专业小组，从2018年1月开始，奋战300天，做好城市保障服务工作。2018年11月5日至10日，以"新时代，共享未来"为主题的首届中国国际进口博览会在国家会展中心（上海）成功举办。习近平总书记出席开幕式并发表题为《共建创新包容的开放型世界经济》的主旨演讲，提出中国将从激发进口潜力、持续放宽市场准入、营造国际一流营商环境等五个方面加大推进力度。为更好发挥上海等地区在对外开放中的重要作用，增设中国（上海）自由贸易试验区新片区，在上海证券交易所设立科创板并试点注册制，支持长三角区域一体化发展并上升为国家战略。共有172个国家、地区和3个国际组织参会，3600多家企业参展，超过40万名境内外采购商到会洽谈采购。按一年计，累计意向成交578.3亿美元。

2019年，上海按照习近平总书记提出的"办出水平、办出成效、越办越好"的重要指示精神，以一流的城市环境、一流的服务保障确保第二届进博会规模更大、质量更优、创新更强、层次更高、成效更好。11月5日至10日，第二届进博会举办。习近平总书记出席开幕式并发表题为《开放合作命运与共》的主旨演讲，就构建开放的世界经济提出中国倡议和中国主张，为重振阴霾笼罩、日显低迷的世界经济指明方向。共有181个国家、地区和国际组织与会，3800多家企业参展，国内外采购商和专业观众总数超过50万人，数量和规模远超首届。按一年计，累计意向成交711.3亿美元，比首届增长23%。

2020年，面对全球疫情蔓延扩散，如期举办第三届进博会意义重大。上海努力克服疫情影响，创新线上线下相结合的办展模式，举全市之力做好服务保障工作。11月5日至10日，第三届进博会举办。习近平总书记在开幕式上发表视频主旨演讲，提出各国携起手来共同应对风险挑战，共同加强合作沟通，共同扩大对外开放，宣布下一步中国坚定不移全面扩大开放的举措，为世界经济复苏和发展注入强大正能量。第三届进博会参展商数量、展览面积、参展商品数量持续放大，各方合作意愿热度不减，世界500强及行业龙头企业连续参展比例近80%。按一年计，累计意向成交726.2亿美元，比上届增长2.1%。

中国国际进口博览会是上海扩大对外开放的新载体。承办进博会给上海经济社会发展带来多方面的溢出带动效应，上海会展经济增长，促进贸易、投资、金融等相关行业发展，人流、物流和资金流的快速涌入，形成一个规模可

▲ 2018年11月5日至10日，首届中国国际进口博览会举办

观的博览会经济集群；助力上海在全球打响"上海购物"品牌，打造面向全球的消费市场；成为上海发展更高层次的开放型经济的有力抓手，推动上海新高水平对外开放，成为新时代上海扩大对外开放的一张名片。

14 建设上海自贸试验区临港新片区

2018 年 11 月，习近平总书记在首届中国国际进口博览会上宣布，增设中国（上海）自由贸易试验区新片区，为全国积累更多可复制可推广经验。

2019 年 7 月，国务院印发《关于同意设立中国（上海）自由贸易试验区临港新片区的批复》以及《中国（上海）自由贸易试验区临港新片区总体方案》。8 月 20 日，上海自贸试验区临港新片区正式揭牌。9 月，市委、市政府制定的《关于促进中国（上海）自由贸易试验区临港新片区高质量发展实施特殊支持政策的若干意见》（简称"临港 50 条"）正式实施。9 月至 12 月，临港新片区管委会相继发布金融创新、产业发展、人才等方面的相关政策及临港主城区未来发展空间布局。

临港新片区充分发挥自身特殊优势，对标最高标准、最好水平，大胆闯、大胆试、自主改，全力推动开发建设各项任务，更深层次更宽领域更大力度地推进全方位高水平开放。至 2020 年 8 月，临港新片区总体方案 78 项制度创新任务已落地 45 项，另有 22 项已形成方案，国家、上海市、临港新片区管委会累计制定发布各类政策 107 个，形成典型创新案例 32 个。洋山特殊综合保税区正式挂牌运作，跨境人民币结算便利化、本外币一体化跨境资金池等多个金融创新业务落地，投资、贸易、资金自由不断取得突破，海外人才政策的开放度极大提高，连续召开三届世界顶级科学家论坛，启动中国首个世界顶尖科学家"WLA 科学社区"，"WLA 国际联合实验室基地"正式挂牌，初步形成高度开放的制度体系。高端资源要素加速集聚，累计签约项目 358 个，涉及投资额超过 2700 亿元，闻泰科技、格科微电子等行业头部企业、领军企业，太平洋保险、上海票据交易所等 60 余家金融和投资公司，中国建设银行（上海）国际金融创新中心、交通银行离岸金融中心等四个功能性平台以及万达广场、百联商业综合体、红星美凯龙等商业龙头项目落地，"生命蓝湾"生命科技产业园、上海临港新侨新兴产业园等相继开园，集成电路、人工智能、航空航天、生物医药、新能源汽车等重点产业领域已初步形成产业集群。取得了更多突破性和引领性的改革创新成果，诞生了旅行社经营许可证、权限内境外投资企业备案证书等多个临港新片区 001 号许可批复，完成第一批事权所涉及的电子印章和电子证照系统建设，创造了当年开工、当年投产、当年交付的"特斯拉"速度，并形成投资项目一站式办理施工许可、一站式办理综合竣工验收"两个一站式"机制，在全国率先实行环境影响评价与排污水许可"两证合一"，全面推进 51 项涉企经营许可事项"证照分离"改革等。

2020 年 8 月，按照 2019 年 11 月习近平总书记在上海考察时对临港新片区建设提出的"五个重要"新要求，市政府发布《关于以"五个重要"为统领加快临港新片区建设的行动方案（2020—2022 年）》，着力增强海内外人才集聚能力，推动对内对外重大功能性平台落地，构建区域特色金融体系等，举全市之力加快临港新片区建设，打造全市经济发展"增长极""发动机""新高地"。至 11 月底，智能制造科技创新型平台等首批 6 家科技创新型平台启动，华为杯创"芯"大赛举办，"临港新片区大飞机园"启动，中铁建科创研发中心落户，外国人来华工作许可、人力资源服务许可、代理记账许可三张"首证"发放，18 个社会民生项目集中开工，技能人才、明星艺人落户，商业新地标——临港蓝湾天地正式开业，宜游、宜业、宜居的临港新片区现代化新城建设正加快推进。

15 支持、配合设立科创板并试点注册制顺利落地

2018 年 11 月，习近平总书记在首届中国国际进口博览会上宣布，将在上海证券交易所（简称"上交所"）设立科创板并试点注册制，支持上海国际金融中心和科技创新中心建设。

为推进在上交所设立科创板并试点注册制相关工作，2019 年 1 月，中国证监会发布《关于在上海证券交易所设立科创板并试点注册制的实施意见》，围绕设立上交所科创板、稳步实施注册制试点改革、完善基础制度、完善配套改革措施等方面提出 18 项任务要求。3 月，中国证监会发布《科创板首次公开发行股票注册管理办法（试行）》，规范在上海证券交易所科创板试点注册制首次公开发行股票相关活动。6 月 13 日，上交所举行科创板开板仪式，标志着习近平总书记和党中央交给上海的这一重大改革任务正式落地。

上海着眼促进金融资本与创新要素对接、金融中心与科技创新中心建设联动，发挥长三角资本市场服务基地作用，加强培育本地优质上市资源，全力支持、全面配合做好科创板股票上市审核等相关工作。建立科创板专项协调机制，保障科创板短时间内顺利推出及后续平稳运行；建立科创板重点企业上市协调机制，着力解决痛点难点问题。搭建并完善"四梁八柱"市场制度，构建发行上市审核、承销、持续监管、交易、再融资、并购重组等全套规则体系；研究完善红筹企业回归相关制度设计，梳理红筹企业上市现有政策法规，总结红筹企业对接科创板存在的关键症结。制定实施"浦江之光"行动，2019 年 7 月，上海发布《关于着力发挥资本市场作用　促进本市科创企业高质量发展的实施意见》（"浦江之光"行动），以"企业库"和"政策库"为抓手，重点聚焦科创企业成长全生命周期培养，"改制上市培育企业库"和"科创培育库"均已上线，汇总形成全市企业库，编制科创板政策汇编和办事指南（2019 年版）。做好重点企业科创板 IPO 服务，跟进解决重点企业问题，将多家企业纳

入重点抗疫优先支持名单，即申报即受理，加速审核。持续优化科创板配套环境，积极支持涉科创板相关案件指定上海金融法院集中管辖；建设长三角资本市场服务基地，打造长三角地区优质科创企业培育孵化的重要平台等。

至 2020 年，已累计上市企业 215 家，共募资 3050.49 亿元，总市值达 34916.98 亿元，已形成科创企业集聚效应，科创板成为国内科创企业上市的首选地，较好地发挥了资本市场试验田的引领作用。以信息披露为核心的发行上市审核制度得以践行，科创板审核工作已经正式迈进"2.0 阶段"。关键制度创新经受住了市场检验，科创板"三位一体"市场约束机制发挥了关键作用，涨跌幅限制调整有效促进了市场充分博弈。为上海科创中心建设提供重要支撑，上海上市企业融资额和总市值均居全国首位，不仅形成了集成电路、生物医药等一定规模的产业集聚，还诞生了优刻得等一批有特色的企业。

16 推进长三角区域一体化发展

长三角城市群作为中国的经济中心地区，一体化发展举足轻重。早在 20 世纪 80 年代，国家在长三角建立上海经济区，尝试探索推动区域一体化发展之路。进入 20 世纪 90 年代，长三角以浦东开发开放为龙头加快发展，建立长江三角洲城市协作部门主任联席会议制度，从商贸、旅游领域推进地区间合作。进入 21 世纪，中央更加关注区域协调发展问题，2010 年国务院发布《长三角区域规划》，明确长江三角洲地区发展的战略定位。2014 年，习近平总书记明确要求长三角率先、一体化发展。2016 年，《长江三角洲城市群发展规划》正式颁布实施。上海发挥龙头带动作用，于 2018 年 1 月底与苏浙皖三省联合组建长三角区域合作办公室，制定《长三角地区一体化发展三年行动计划（2018—2020 年）》，聚焦交通互联互通、产业协同创新、环境整治联防联控、公共服务普惠便利等 7 个重点领域，共同推进打通省际断头路、共建 G60 科创走廊、协同做好中国国际进口博览会服务保障等多项工作。

2018 年 11 月，习近平总书记在首届中国国际进口博览会上宣布支持长江三角洲区域一体化发展并上升为国家战略。2019 年 5 月，中共中央政治局审议通过《长江三角洲区域一体化发展规划纲要》，长三角一体化进入实质性推进阶段。6 月，上海积极发挥龙头带头作用，与苏浙皖共同召开三省一市主要领导座谈会，深入落实《规划纲要》明确的重大事项，集中签署一批合作协议。

在上海青浦、江苏吴江、浙江嘉善建设长三角生态绿色一体化发展示范区是实施长三角一体化发展国家战略的先手棋和突破口。2019 年 11 月，沪苏浙召开一体化示范区建设推进大会，一体化示范区、示范区理事会、示范区执委会揭牌。上海与苏浙两省一市紧扣"一体化"和"高质量"两个关键，统一思想、统筹谋划，不破行政隶属，打破行政边界，聚焦共性突出问题，进行系统改革实践，探索一体化制度创新，推动长三角一体化示范区落地实施。2020

▲ 2019 年 11 月，长三角生态绿色一体化发展示范区建设推进大会召开

年 8 月 20 日，习近平主持召开扎实推进长三角一体化发展座谈会后，上海及时制定本市重点工作行动方案，牵头确定了联合开展产业链补链固链强链行动、共建长三角国家基础创新中心等 14 个重点工作协同事项。8 月 26 日，举办首届长三角生态绿色一体化发展示范区开发者大会，为加快推动示范区建设凝聚各界智慧、汇聚各方力量。

2020 年 10 月，长三角生态绿色一体化发展示范区建设工作现场会在青浦召开。一年来，示范区聚焦跨区域协同发展中最具共性的问题进行改革创新，已形成 32 项具有开创性的制度创新成果，包括共同编制一体化示范区国土空间规划和各类专项规划，制定出台两省一市支持示范区高质量发展若干政策意见，探索统一的管理服务机制和核准的投资项目目录，探索建立生态环境管理、监测和执法"三统一"的生态环境保护制度等。在生态环保、互联互通、创新发展和公共服务四大领域，60 个重大项目建设有序推进，示范区中唯一一个综合保税区——嘉兴综合保税区 B 区已先行启动，位于青浦区金泽镇的一体化示范区重大标志性项目——华为青浦研发中心开工建设，G60 科创走廊已集聚 1600 多家头部企业和重点高校科研院所，上海青浦西岑科创中心、江苏吴江高铁科创新城、浙江嘉兴祥符荡创新中心三大示范片区开工建设，长三角、软件和信息服务、数字健康、人工智能 4 个产业链联盟授牌成立。医保实现了互联互通，"长三角（上海）智慧互联网医院"正式投入使用。连淮扬镇铁路、沪通铁路等工程接连取得突破。示范区正在朝着生态优势转化新标杆、绿色发展创新新高地、一体化制度创新试验田、人与自然和谐宜居新典范的目标迈进。

17 推进"人民城市"建设

2019 年 11 月，习近平总书记在上海提出"人民城市人民建，人民城市为人民"重要理念。2020 年 6 月，十一届市委九次全会专题研究部署人民城市建设，提出努力打造"人人都有人生出彩机会，人人都能有序参与治理，人人都能享有品质生活，人人都能切实感受温度，人人都能拥有归属认同"城市，奋力开拓人民城市建设的新境界。9 月，市委常委会决定形成"1+N"的人民城市建设制度体系，聚焦早餐工程、老小旧远等群众最关心、最迫切的问题，抓紧推出一批"民心工程"，努力把"人民城市人民建，人民城市为人民"重要理念贯彻落实到城市发展全过程和城市工作各方面。

加大力度推进早餐工程建设。早餐工程事关群众生活，体现城市温度。2020 年 8 月，市商务委等部门印发《关于进一步推进我市早餐工程建设的意见》，推动早餐供应更便捷、更丰富、更健康，更好满足多层次、个性化、高品质的民生需求，形成早餐网订柜取、新零售＋早餐服务、流动餐车、"共享早餐"等多种新模式。至 2020 年 10 月，共确定 72 辆流动餐车的 78 个点位，建成 19 家网订柜取门店，近 500 台智能取餐柜完成布局。

着力解决"老、小、旧、远"问题。制定实施养老护理员队伍建设、养老产业发展等政策，大力培育养老服务市场主体、资源要素和消费市场。出台学前教育深化改革规范发展的实施意见、托育服务三年行动计划等，推出租金减免、融资贷款、学位补贴等一批扶持政策，促进民办托育机构平稳健康发展。加快旧区改造，成立上海市城市更新中心，进一步创新国有企业参与旧区改造模式，探索全市跨区域平衡新路径；出台贷款贴息等一批政策；推进中心城区二级旧里以下房屋改造、旧住房综合改造、里弄房屋修缮保护，推进老旧小区加装电梯；加大解决力度，多渠道、多途径地解决"马桶"问题。持续推进乡村振兴示范村建设和农村人居环境整治，在充分尊重农民意愿、保障农民利益的基础上，积极推进农民相对集中居住；深化农村综合帮扶，发展壮大农村集体经济。2020 年，新增社区综合为老服务中心 52 家，新增普惠性托育点 53 家，完成 75.3 万平方米中心城区成片二级旧里以下房屋改造，推动 1.41 万户农民相对集中居住。

紧紧依靠人民参与城市治理。为畅通民意表达渠道，杨浦滨江在争创人民城市建设示范区中，建立区域联席理事会，搭建人民建议征集平台，设立社区政工师、社区规划师、社区健康师等"三师三顾问"以及人民事人民定的社区事务代表表决制等。2015年7月，全国人大常委会法工委基层立法联系点在虹桥街道设立。2016年6月，市人大常委会基层立法联系点在古北市民中心设立。2019年11月，习近平总书记到虹桥街道古北市民中心考察基层立法联系点并对相关工作情况予以肯定。至2020年4月，上海在全市设立25个基层立法联系点，基本做到联系点在各区全覆盖，成为居民直接参与上海市立法工作的"直通车"。

18 基本建成国际金融、航运中心

1992年10月，党的十四大明确提出把上海建成"一个龙头、三个中心"的战略定位。随着上海对外经贸交流规模不断扩大，1996年1月，党中央、国务院将建设以上海为中心、以苏浙为两翼的上海国际航运中心确立为国家战略。2001年5月，国务院批复同意《上海市城市总体规划（1999年—2020年）》，明确将上海逐步建成国际经济、金融、贸易和航运中心之一。2009年4月，国务院下发《关于推进上海加快发展现代服务业和先进制造业 建设国际金融中心和国际航运中心的意见》，提出到2020年基本建成上海国际金融中心和国际航运中心的总体目标。

在党中央、国务院领导下，上海加快推进国际金融中心建设。坚持把金融市场体系建设作为国际金融中心建设的中心环节和突破口，已形成由证券市场、货币市场、外汇市场、保险市场、期货市场和金融衍生品市场等构成的全国性金融市场体系。不断丰富金融市场产品和工具，成功推出了股指期货、国债期货等一批有重要影响力的金融产品和工具。功能性、总部型、国际性金融机构集聚上海。金融机构有序开发跨机构、跨市场、跨产品的金融业务，积极推进业务创新，稳步推进国际贸易结算中心外汇管理试点、跨国公司总部外汇资金集中运营管理试点、期货保税交割、融资融券、个人本外币兑换特许业务、新台币兑换人民币业务等工作。金融对外开放全国领先，加速集聚外资金融机构，继续保持金融对外开放全国领先地位；不断拓宽金融业务对外开放领域，推动友邦人寿、汇华合资理财、贝莱德基金等一批金融机构落地，正式启动沪港通、沪伦通，推出人民币海外投贷基金、跨境 ETF 等试点，开通中日 ETF 互通，推出人民币利率期权、贸易融资资产跨境转让等一批业务和产品创新；积极开展境内外金融合作交流，促进与伦敦、纽约等重要国际金融中心城市的交流和合作。2020 年，全球金融中心指数排名升至世界第三，仅次于纽约、伦敦，超过东京；证券市场筹资额、现货黄金交易量、原油期货市场规模等均位居世界第三，上海国际金融中心地位日益巩固。

上海国际航运中心建设稳步推进。打造国际航运中心主体工程——洋山深水港。至 2017 年 12 月，洋山深水港区四期工程建成，成为中国大陆集装箱航线最多、航班最密、覆盖面最广的港口。自 2010 年以来，洋山深水港保持集装箱世界第一大港领先地位。建设亚太航空枢纽。加快推进虹桥国际机场、浦东国际机场建设，虹桥 T2 航站楼，浦东国际机场第四跑道、南卫星厅相继建成，上海机场成为旅客吞吐量过亿，全国第三个、我国内地首个年航空货邮量超过 400 万吨以上的航空枢纽，上海已基本确立亚太门户复合航空枢纽地位。逐步提升航运服务功能。2014 年 6 月，"新华·波罗的海国际航运中心发展指数"在上海首次发布；波罗的海国际航运公司上海办事处等一批航运协会及航运人才培训机构、海事法律仲裁机构等功能性机构在上海集聚；进一步拓展洋山保税港区功能，发展北外滩等航运服务集聚区。快速发展邮轮经济。上海邮轮码头成为亚洲第一、全球第四的邮轮母港，"上海国际邮轮产业发展综合改革试点区""中国邮轮旅游发展示范区"等先后建立。依托自贸试验区推动航运业改革创新。积极探索具有国际竞争力的航运发展制度和模式，全力推动航运领域扩大开放和制度创新。2020年新华·波罗的海国际航运中心发展指数排名升至世界第三，上海首次跻身国际航运中心排名前三强，仅次于新加坡和伦敦。

19 探索基层党建创新

党的十八大以来，上海认真学习贯彻习近平总书记关于上海工作的一系列重要指示精神，始终牢记"继续探索、走在前头"的嘱托，以党的建设为引领，以提高城市治理能力、巩固党在城市执政基础为目标，探索符合超大城市特点和规律的基层党建新路，推动基层党建高质量发展。

坚持党建引领基层治理。始终坚持把加强基层党建作为贯彻社会治理和基层建设的一条红线，完善基层党建三级联动体系，推进党组织领导下社区自治共治，针对社区物业治理难题，推广"红色物业"，不断健全居民区党组织领导下"三驾马车"协同治理架构。深化拓展区域化党建，各区普遍建立党建联席会议，整合区域内各级党组织拓展党建资源，并探索滨江党建、风貌区党建等跨区域功能性党建联建模式。深化"支部建在楼上"，创新"支部+"模式，推动商务楼宇党建迭代升级，自贸试验区综合党委建立重点领域行业党总支，浦东陆家嘴金融城建立党群服务中心，探索"楼委会""楼事会"，打造新时代上海楼宇党建创新实践基地。推动互联网企业党建创新，形成"物联网+科普"品牌。优化自贸试验区临港新片区党的组织架构，放大"毗邻党建"效应，探索长三角生态绿色一体化发展示范区党建。开展"进博先锋行动"，以党建工作越来越优助推进博会越办越好。

整体推进各领域基层党建。坚持基层党建与机关事业单位、国有企业、

▲ 2016 年 9 月，全市首家线上书记工作室——浦东新区塘桥街道"万添杰书记工作室"揭牌

高校、两新组织等各领域党建同步加强。贯彻落实《中国共产党和国家机关基层组织工作条例》《中国共产党国有企业基层组织工作条例（试行）》，积极推进机关党建、国有企业党建工作，实施高校党务干部"双线"晋升制度，33家市级公立医院将党建工作要求写进医院章程，建立市"两新"组织党建工作联席会议制度等。组织开展在城乡党组织中实施"结对百镇千村，助推乡村振兴"行动，推动城市基层党建的经验做法向农村辐射。推出"支部亮牌工程""主题党日""积分制管理"等一系列创新举措，创建一大批"支部建设示范点"，党支部规范化建设不断推进。充分发挥基层党组织和党员在抗击疫情中的战斗堡垒作用和先锋模范作用，在全市疫情防控一线组建临时党组织、党员突击队或党员志愿者服务队，设置党员示范岗，发展党员，让党旗在疫情防控斗争第一线高高飘扬。

注重抓好基层基础工作。优选建强基层党组织带头人队伍建设，启动并深入推进村居支部书记"班长工程"，建设一支党性强、能力强、改革意识强、服务意识强的带头人队伍。推进做好党员教育培训、管理有关工作，提高党员教育实效。各级党组织面向基层、面向一线、面向群众开展工作，党员领导干部直接联系群众、"两代表一委员"进社区制度普遍建立，"组团式""双结对"等群众工作方法行之有效，基层党建工作全方位融入全市工作大局，各级党组织凝聚动员党员群众，积极投身全市各项工作中，成为创新发展、改革攻坚的主力军。

20 全面推进党的建设新的伟大工程

党的十八大以来，习近平总书记高度重视坚持和加强党的全面领导，强调要"不断提高党的社会质量，把党建设成为始终走在时代前列、人民衷心拥护、勇于自我革命、经得起各种风浪考验、朝气蓬勃的马克思主义执政党"。上海深入贯彻落实党中央全面从严治党决策部署，把握坚持党的先进性和纯洁性、提高执政能力和领导水平这个核心，不断提高党的建设科学化水平，努力为上海当好新时代全国改革开放排头兵、创新发展先行者提供坚强保证。

坚持党中央权威和集中统一领导，始终把党的政治建设摆在首位。根据习近平总书记和党中央的统一部署，上海始终严明政治纪律和政治规矩，2013年8月率先对拟提任市管领导干部个人有关事项进行查核，2015年5月先行先试规范领导干部配偶、子女及其配偶经商办企业行为，以全面从严治党的实际成效为上海经济社会发展提供坚强保证。重视营造风清气正的政治生态，严肃党内政治生活。坚持以上率下，坚定推进全面从严治党，坚持思想建党和制度治党紧密结合，从落实中央八项规定精神入手，相继开展党的群众路线教育实践活动、"三严三实"专题教育、"两学一做"学习教育、"不忘初心，牢记使命"主题教育活动，集中整饬党风，严厉惩治腐败，着力净化党内政治生态。

健全完善"总揽全局，协调各方"的领导体制。不断探索改革、完善领导体制和工作机制，逐步建立健全"总揽全局、协调各方"的运行机制，市委统筹协调市人大党组、市政府党组、市政协党组的关系，逐步形成"一个党委""三个党组""几个口"的领导体制。市委站高一步、看远一步、想深一步，形成"总揽不包揽，协调不取代"的工作机制，各方的事仍由各方去办，各方之间的事由市委来协调，并探索实行集体领导下的常委分工负责制、地方党委日常运作机制、党代会常任制等运行机制。

时刻保持自我革命精神，坚定不移推进党风廉政建设和反腐败斗争。统筹推进监督工作，构建"1+4+8+N"监督工作推进机制，推动纪律监督、监察监督、派驻监督、巡视监督有效衔接、协同联动；深化政治巡视，巡视监督的作用，形成市、区两级联动和巡视巡察整体推进一体化格局。以钉钉子精神打好作风建设持久战，紧盯整治形式主义、官僚主义突出问题进行查处，紧盯节假日关键节点严防"四风"反弹，紧盯基层深挖细查隐形变异、改头换面"四风"问题，持续推动中央八项规定及其实施细则精神落实。持续惩治腐败高压态势，深入推进扶贫领域腐败和作风问题专项治理，巩固拓展漠视侵害群众利益问题专项整治成果，坚决查处涉黑涉恶腐败和打击"保护伞"。

不断强化政治担当，推动全面从严治党向纵深发展。以系统工程思路抓党风廉政建设，积极探索体制、机制、法制"三位一体"的党风廉政制度化建设，构架符合上海实际的教育、制度、监督并重的惩治和预防腐败体系。认真履行管党治党主体责任，着力构建不敢腐、不能腐、不想腐的体制机制，建立党委主体责任、纪委监督责任、党委书记第一责任、班子成员"一岗双责"的"四责协同"机制，层层压实全面从严治党责任要求，实践运用监督执纪"四种形态"，让经常开展批评和自我批评、约谈函询，让"红红脸、出出汗"成为常态；党纪轻处分、组织调整成为违纪处理的大多数；党纪重处分、重大职务调整的成为少数；严重违纪涉嫌违法立案审查的成为极少数。坚持查找问题与深化改革相统一，构筑不能腐的制度防线和不想腐的思想道德防线。加强党政党规党纪教育，促使党员领导干部坚定理想信念，树立"四个自信"，增强廉洁从政的自觉性；强化群众监督和舆论监督，为正风肃纪营造良好社会环境。

二

重要会议

（一）

中国共产党全国代表大会

▲ 中共一大会议室

01 中国共产党第一次全国代表大会

1921 年 7 月 23 日，在望志路 106 号（今兴业路 76 号）召开。1920 年夏到 1921 年上半年，各地共产党早期组织的建立，为中国共产党召开全国代表大会做好了准备。1921 年 6 月初，共产国际代表马林和共产国际远东书记处代表尼克尔斯基先后到达上海，并与中国共产党发起组成员李达、李汉俊建立了联系，由后者二人发信给各地共产党早期组织，请每地派两位代表到上海召开中国共产党第一次全国代表大会。来自上海的李达、李汉俊，北京的张国焘、刘仁静，长沙的毛泽东、何叔衡，武汉的董必武、陈潭秋，济南的王尽美、邓恩铭，广州的陈公博，旅日的周佛海，以及受陈独秀派遣的包惠僧共 13 人出席大会。他们代表着全国 50 多名党员。共产国际代表马林和尼克尔斯基出席了这次大会。7 月 30 日晚举行第六次会议时，因会址受到法租界巡捕的搜查，会议无法继续，代表们商定最后一天的会议改在浙江嘉兴南湖的游船上举行。

大会听取了代表汇报各地建党筹备情况，讨论研究党的性质、纲领、组织原则和开展工人运动等问题。马林和尼克尔斯基向大家介绍了国际形势，共产国际工作状况及其使命，以及俄国革命的情况等。大会通过《中国共产党第一个纲领》《中国共产党第一个决议》，确定党的名称为"中国共产党"。党的纲领是"以无产阶级革命军队推翻资产阶级","采用无产阶级专政，以达到阶级斗争的目的——消灭阶级","废除资本私有制"，以及联合第三国际。党在当前的"基本任务是成立产业工会"。大会选举陈独秀、张国焘、李达组成中央局，陈独秀为中央局书记。党的一大宣告了中国共产党正式成立，中国革命的面貌由此焕然一新。

02 中国共产党第二次全国代表大会

1922 年 7 月 16 日，在南成都路辅德里 625 号（今老成都北路 7 弄 30 号）召开。吸取中共一大会议遭到法租界巡捕破坏的教训，中共二大以小型分组会为主，至 7 月 23 日，共举行三次全体会议，每次会议都更换地址。出席会议的代表是：陈独秀、张国焘、李达、杨明斋、罗章龙、王尽美、许白昊、蔡和森、谭平山、李震瀛、施存统等 12 人（其中一人不详），代表全国 195 名党员（其中上海 50 名）。陈独秀代表中央局作报告；张国焘汇报远东各国共产党及民族革命团体代表大会和第一次全国劳动大会情况；施存统汇报中国社会主义青年团第一次全国代表大会的情况与决议。大会的中心议题是制定党的最高纲领和最低纲领，通过了《关于"世界大势与中国共产党"的议决案》《关于"国际帝国主义与中国和中国共产党"的决议案》《关于"民主的联合战线"的议决案》等文件。大会通过的《中国共产党章程》是党成立后的第一个党章。大会还通过决议案，确认中国共产党是共产国际的一个支部。大会选举陈独秀、张国焘、蔡和森、高君宇、邓中夏 5 名委员和 3 名候补委员组成的中央执行委员会；中央执行委员会推选陈独秀为委员长；决定出版中共中央机关刊物《向导》周报，蔡和森任主编。党的二大第一次明确提出彻底的反帝反封建的民主革命纲领，第一次提出"民主主义的联合战线"思想，为中国革命指明了方向。

03 中国共产党第四次全国代表大会

　　1925 年 1 月 11 日至 22 日，在东宝兴路 254 弄 28 支弄 8 号处召开。陈独秀、蔡和森、瞿秋白、林育南、周恩来、陈潭秋、朱锦棠、彭述之、李立三、李启汉、李维汉、王荷波、项英、尹宽、谭平山、汪寿华、庄文恭、李逸、阮章、范鸿劼 20 位代表出席，代表全国 994 名党员。共产国际代表维经斯基参加会议。大会的中心议题是加强党对日益高涨的革命运动的领导；讨论了宣传、组织和群众工作，准备迎接大革命高潮；着重讨论了中国民族革命运动问题，阐明中国民族革命运动中无产阶级革命的目的、特性，指出无产阶级的政党应该指导无产阶级参加民族运动，但不是作为资产阶级的附属，而是以自己阶级独立的地位与目的参加。中国的民族革命运动，必须最革命的无产阶级有力的参加，并且取得领导的地位，才能胜利。大会总结了中国共产党对于民族革命运动政策的历史经验，指出国民党中左、中、右派问题的严重性，提出在国民党中工作的新方针。大会通过《对于民族革命运动之议决案》《对于职工运动之议决案》《对于农民运动之议决案》等文件，修订了党章，选举陈独秀、李大钊、蔡和森等 9 人为中央执行委员会委员。中央执行委员会选举陈独秀、彭述之、张国焘、蔡和森、瞿秋白组成中央局。中央局决定，陈独秀任总书记。党的四大在党的历史上第一次明确提出无产阶级在民主革命中的领导权问题，第一次提出工农联盟问题，第一次将党的基本组织由"组"改为"支部"，规定"凡有党员三人以上均得成立一个支部"。大会对中国民主革命的内容作了更加完整的规定，为革命斗争的新高涨作了思想上、组织上的准备。

（二）

中共中央在上海召开的会议

01 中共三届中央执行委员会第一次会议

1923 年 11 月 24 日至 25 日在上海举行。出席会议的中共中央局委员等共 8 人。会议的主要任务是研究进一步贯彻中共三大决议，部署开展国民运动。会上，中央局报告了中共三大后党在政治、宣传及党务等方面的工作和工人运动的决议，以及改组国民党工作的进展情况和存在问题。各委员报告了北京、上海等七个地区的活动情况。会议通过了《国民运动进行计划决议案》《劳动运动进行方针议决案》等文件，指出党目前的全部工作就是进行国民运动，"当以扩大国民党之组织及矫正其政治观念为首要工作"。这次会议对贯彻中共三大的正确方针，使之具体化并付诸实施起了积极作用，促进了革命统一战线的形成。

02 中共三届中央执行委员会第一次扩大会议

1924 年 5 月 10 至 15 日在上海举行。出席会议的有陈独秀、蔡和森等 10 人及共产国际代表维经斯基。会议听取了陈独秀代表中央局作的工作报告。上海、汉口、湖南、北京、山东等地委或区委在会上分别报告本区党务、国民运动、劳动运动、学生运动等情况。会议总结了国共合作 5 个月的情况和经验教训，指出国共合作以后共产党内出现的右倾偏向，改变了中共三大要求产业工人全部加入国民党的决定。会议通过《共产党在国民党内的工作问题议决案》《工会运动问题议决案》《党内组织及宣传教育问题议决案》等文件。这次会议对纠正党的工作中的偏差，巩固和发展国共合作起到了积极作用，并为中共四大的召开做了必要准备。

03 中共四届中央执行委员会第二次扩大会议

1926 年 7 月 12 至 18 日在上海举行。出席会议的有陈独秀、李大钊、瞿秋白等中央委员和候补委员，各主要省区负责人陈延年、罗亦农、赵世炎等也参加了会议。陈独秀作中央政治报告。会议讨论了北伐战争中党的组织路线、国共合作的策略和民众运动的政策等问题，通过《中国共产党与国民党关系问题议决案》《军事运动议决案》等文件，发表《中共中央对于时局的主张》。《军事运动议决案》是中共中央第一次正式作出的关于军事问题的决议，但还没有认识到应当力争直接掌握军队，实现建立政权。会议通过的《上海工作计划决议案》指出：上海"站在民族解放运动的观点上立论，是全国反帝国主义运动的中心；站在本党的观点上立论，又可以创造一真正的共产党"。决议对上海的各项工作作出具体布置，并强调，"今后上海区须注意提高党的文化程度。"

04 中共中央临时政治局扩大会议

1927 年 11 月 9 日至 10 日在上海举行。出席会议的有中央临时政治局委员和候补委员，以及中央指定的重要省委或中央分局的代表。共产国际代表罗米那兹在会上作报告。会议通过了《中国现状与共产党的任务决议案》《最近组织问题的重要任务议决案》《政治纪律决议案》等文件，并增选周恩来、罗亦农为中央临时政治局常委。会议强调批判陈独秀右倾机会主义和党内悲观情绪，认为中国革命的性质是不断革命，革命形势仍在继续高涨，反对退却，要求继续进攻，确定实行全国武装暴动的总策略。这次会议助长了"左"倾盲动错误，在实际工作中给党造成许多损失，引起党内许多同志的批评和抵制。

05 中共中央临时政治局会议

1928 年 4 月 28 日在上海举行。瞿秋白、周恩来、李维汉、邓中夏、项英、任弼时出席会议。会议主要讨论并决定接受共产国际的议决案，以及必要的具体步骤的执行。2 月 25 日，共产国际执委会第九次扩大会议通过《关于中国问题的议决案》，批评罗米那兹"不断革命"的错误观点，指出"现时中国革命"是"资产阶级民权革命的阶段"，革命的发展是不平衡的，革命运动的第一个浪潮已经过去，"现在还没有全国范围内新的强有力的高潮"；党的工作中心是争取千百万的工农群众，要求中共加紧群众工作。4 月 30 日，中共中央发出 44 号通告，承认党内存在着"左"倾盲动错误，明确现在最重要的工作是争取群众，建立城乡群众组织，巩固健全党的组织，以与白色恐怖斗争。至此，这次"左"倾盲动错误在全国范围的实际工作中基本结束。

06 中共六届二中全会

1929 年 6 月 25 日至 30 日在上海举行。周恩来、罗登贤、向忠发、关向应等过半数的中央委员和候补中央委员出席会议，贺昌等 6 人列席会议。全会听取了中央政治局的工作报告及关于政治、组织、农民、土地问题等方面的报告，通过《关于中央政治局工作报告的决议》《政治决议案》《组织问题决议案》《宣传工作决议案》《职工运动决议案》及《中国共产党中央执行委员会第二次全体会议宣言》等文件。全会全面总结党的六大以来的工作，确定继续加强反帝反军阀斗争，深入土地革命，开展游击战争，扩大苏区与红军，巩固党的组织等 15 项任务。这次会议基本上坚持了党的六大的路线和策略，对推动各项工作的开展起到重要作用。但会议夸大了在党内特别危险的右倾倾向，错误地认为主要"反右防左",从而忽视并助长了党内"左"倾危险的抬头。

07 全国苏维埃区域代表大会

1930 年 5 月 20 日至 24 日在上海召开。5 日至 10 日,先期召开预备会议进行准备工作。大会由中共中央和中华全国总工会执委会联合主持,各苏维埃区域、各地红军和游击队代表,各产业中心城市赤色工会和革命团体代表共 50 人参加。共产国际驻华代表罗伯特斯出席会议。李立三代表中国共产党作政治报告,提出党对政治的估量和总的策略及任务,以及苏维埃大会的政治任务。大会讨论了建立中国苏维埃政府、红军的组织和苏区建设等问题,通过《全国苏维埃区域代表大会宣言》《目前革命形势与苏维埃区域的政治任务》《暂行土地法》等文件。大会主席团决定,将举行第一次全国工农兵贫民苏维埃大会,建立全国工农兵贫民苏维埃自己的政府。这次大会是第一次全国性的苏维埃区域代表会议,对推动红军的发展和苏维埃区域的建设有一定积极意义。但会议在形势、任务、策略等问题上全面贯彻了李立三"左"倾冒险错误,在后来的实际工作中造成危害和损失。

08 全国红军代表会议

1930 年 5 月中下旬在上海召开。为统一红军编制和作战行动,中共中央在上海秘密召开全国苏维埃区域代表大会的同时,单独举行红军代表会议,14 个红军军团派出代表参加。会议就红军的任务、战略与战术、编制与组织系统、政治委员制度及政治工作、士兵委员会和红军中党的工作等问题进行讨论,并作出相应决议。会议颁布了《中国工农红军编制草案》,决定各地红军相对集中,主要战略区域的红军合编成正规兵团,军团以下按"三三制"建立师、团、营、连、排、班。这次会议对红军的发展和建设起到一定促进作用，但在形势、任务、战略思想等方面都存在"左"的错误，强调进攻，要求红军集中进攻交通要道和中心城市等，给红军和根据地工作造成损失。

09 中共六届中央政治局会议

1930年6月11日在上海举行。出席会议的有向忠发、李立三、关向应、项英等，李维汉、温裕成列席。会议通过李立三起草的《目前政治任务的决议》(即《新的革命高潮与一省或几省的首先胜利》)，对于中国革命形势、性质和任务等问题提出一整套的错误主张，提出以武汉为中心的附近省区的首先胜利和集中全国红军进攻中心城市的冒险计划。这次会议的决议违背了中共六大的正确路线，标志着李立三"左"倾冒险错误在党中央取得了统治地位。

10 全国组织会议

1930年7月18日在上海召开。"全国重要省区与斗争发展的地方"的代表出席会议。会议的主要任务是从组织上保证6月11日中央政治局会议决议精神和冒险主义计划。会议通过《目前政治形势与党的组织任务》的决议案，确定了扩大党的无产阶级基础、与右倾观念作斗争等4项党组织的中心任务，要求党的组织军事化，并提出将党、团、工会的各级领导机关合并，从中央到地方成立各级行动委员会，以加紧执行武装暴动夺取政权的实际任务。这次会议是在"左"倾冒险错误指导下进行的，将党的工作纳入了错误轨道，停止了党、团、工会的正常工作，使党组织遭到严重破坏，导致实际工作的失败。

11 中共六届三中全会

1930 年 9 月 24 日至 28 日，党的扩大的六届三中全会在上海召开。出席会议的有中央委员 14 人、中央审查委员 2 人以及各中央局、满洲省委、共青团、全总党团代表 20 人。会上，周恩来作《关于传达国际决议的报告》和《组织报告》，瞿秋白作政治问题讨论的结论。李立三作了自我批评。会议通过《关于政治状况和党的总任务决议案》《对于中央政治局报告的决议》《组织问题决议案》《职工运动议决案》，发出《中共三中全会告同志书》等文件。会议纠正了对中国革命形势的"左"倾错误估计，批判和停止了组织全国总起义和集中全国红军进攻中心城市的冒险主义计划，决定取消行动委员会，立即恢复团的独立系统和工会的日常工作。会议基本上结束了李立三等的"左"倾错误，但没能对其在思想上、理论上作彻底清理。会议补选中央委员 7 人、候补委员 8 人，审查委员正式 2 人、候补 2 人，改选中央政治局，毛泽东被选为中央政治局候补委员。会议还决定建立中共苏区中央局。

12 中共六届四中全会

1931 年 1 月 7 日，党的扩大的六届四中全会在武定路修德坊 6 号（今武定路 930 弄 14 号）召开。出席会议的有中央委员和中央候补委员 22 人，江南省委、北方局、团中央、全总党团等组织的代表 15 人列席会议。共产国际代表米夫参加了会议。这次会议是在米夫的直接干预下召开的。会上，向忠发代表中央政治局作报告，米夫代表共产国际远东局作结论。会议以批判三中全会的所谓对于"立三路线"的"调和主义错误"为宗旨，强调反对"依然是党内目前主要危险"的"右倾"。瞿秋白、周恩来等在会上受到严厉指责。会议通过《中共四中全会决议案》等文件。会议最后按照米夫以远东局名义和中央政治局事先拟定的名单，补选中央委员及改选中央政治局，原来不是中央委员的王明进入政治局。六届四中全会标志着以王明为代表的"左"倾教条主义在党的领导机关内开始了长达 4 年的统治。

13 中共中央政治局扩大会议

1959 年 3 月 25 日至 4 月 1 日在上海锦江饭店召开。会议检查了中共八届六中全会后人民公社整顿工作，讨论了公社整顿中提出来的若干问题，形成《关于人民公社的十八个问题》的会议纪要（即《中共中央政治局一九五九年上海会议纪要》），准备提交八届七中全会讨论通过。会议对 1959 年国民经济计划部分作出调整。

14 中共中央八届七中全会

1959 年 4 月 2 日至 5 日在上海锦江饭店举行。出席会议的有中央委员 81 人，候补中央委员 80 人，中央各部门负责同志和各省市自治区党委第一书记列席了会议。会议听取国务院副总理兼经济委员会主任薄一波作《关于第一季度生产情况和第二季度的安排报告》，国务院副总理兼财政部长李先念作《关于财贸工作的情况和意见的报告》，中共中央总书记邓小平作《关于经济工作和国家机构人事配备的说明》，国务院副总理兼计划委员会主任李富春作《关于准备提交全国人民代表大会讨论的 1959 年国民经济计划主要指标的说明》。全会讨论并通过《关于人民公社的十八个问题》《1959 年国民经济计划草案》和《关于国家机构和人事配备的方案》，讨论并决定准备向第二届全国人大一次会议提出的国家机构领导人员候选人的提名方案。全会对纠正公社化运动中"左"的错误成果进行了总结，对人民公社的管理体制作了一系列原则规定。

全会再次批评了"反冒进"。毛泽东在会上作关于工作方法问题的讲话，强调要多谋善断、留有余地、波浪式前进、实事求是、善于观察形势等 16 个问题；还提倡学习海瑞直言敢谏的精神。

15 中共中央政治局扩大会议

1960 年 1 月 7 日至 17 日在上海文化俱乐部召开。中央政治局委员，省、市、自治区党委第一书记和中央有关部门的负责人出席会议。会议讨论了国家计委提出的 1960 年国民经济计划草案和今后三年、八年设想的报告。会后，这个草案由国务院提交三四月间召开的二届全国人大二次会议，得到批准。会议还听取了关于国防问题、科学规划和教育工作的报告。会议认为在连续两年"大跃进"的基础上，1960 年要实现"比上年更好的大跃进"。

16 中共中央政治局扩大会议

1960 年 6 月 8 日至 18 日在上海文化俱乐部召开。中央政治局委员，部分省、市、自治区党委第一书记和中央有关部门的负责人出席会议。会议主要讨论国际形势和第二个五年计划后三年（1960—1962 年）的补充计划，强调作计划必须留有余地，要坚持以农业为基础的方针，加快发展农业。会议对后三年补充计划的 14 项指标，作了较大幅度的降低。6 月 18 日，毛泽东为总结十年社会主义建设的经验教训，撰写了《十年总结》，强调了坚持实事求是的原则。

17 中共中央政治局常委扩大会议

1965年12月8日至15日在上海召开。会议以"反对突出政治""篡军反党"等罪名，决定对中共中央书记处书记、中央军委常委和秘书长罗瑞卿进行"隔离审查"。会后，罗瑞卿被调离军事领导岗位，由杨成武代总参谋长。

（三）

其他重要会议

01 中国社会主义青年团第三次全国代表大会

1925 年 1 月 26 日至 30 日在上海举行。参加大会有表决权的代表共 18 人，上海代表江元清出席。会议动员全体团员贯彻中共四大决议，积极发展青年工人运动、青年农民运动和青年学生运动，大量吸收劳动青年入团，并决定把社会主义青年团改称为共产主义青年团。会议通过《关于 C. P. 第四次代表大会报告决议案》《关于少共国际第四次代表大会报告决议案》等文件，选举产生中国共产主义青年团第三届中央执行委员会，由张太雷、任弼时等 5 人组成团中央局，张太雷为总书记。

02 中国济难会发起人大会

1925 年 9 月 20 日在上海闸北区（现静安区）宝山路三德里 A 字 3 号召开。到会 30 余人，韩觉民主持。五卅运动后，为救济为人民奋斗而牺牲，受伤和被捕入狱者，中国共产党决定发起建立中国的革命救济组织，在各界人士的支持下，召开发起人大会。大会通过由于右任、丰子恺等 58 人署名的发起宣言和组织章程；成立了济难会筹备委员会，推举恽代英、杨贤江、郭沫若、韩觉民等 13 人为正式委员，侯绍裘等 5 人为候补委员。1929 年 12 月，中国济难会改称为中国革命互济会。

03 中国共产党江浙区第一次代表大会

即中共上海区第一次代表大会。1927 年 2 月 11 日至 15 日在宝山县真如乡（1928 年划归上海）召开。出席大会的有中共中央代表周恩来、彭述之、杨之华，上海区委委员罗亦农、赵世炎等 10 人，各方代表 52 人。会上，彭述之代表中央作《中国目前经济政治状况及第三国际扩大会议的新决议》的报告，罗亦农代表上海区委作《江浙两省政治经济状况与今后工作进行之方针》的报告。大会通过了关于政治问题、组织问题、职工问题、农民运动、学生运动和妇女运动的决议案。大会指出，目前中国革命已发展到最高潮，同时也出现了各派力量联合反赤的危机，江浙为资产阶级右派的势力范围，应确立打倒蒋介石的策略。党要领导江浙特别是上海的工人阶级，联合农民及小资产阶级，发展民众运动，与一切右倾及反动势力斗争，争得革命的领导权。要积极发展党的组织，巩固党的基础，使党成为一切群众运动的核心。同时指出，上海"将来为一切矛盾，为赤与反赤破裂地"，工人阶级要准备武装暴动，夺取上海。大会选举了中共上海区执行委员会委员 13 人，候补委员 7 人，以及出席全国代表大会的代表。

04 共青团中央扩大会议

1927 年 11 月中旬在上海召开，贯彻中共中央临时政治局 11 月扩大会议精神。会议由团中央总书记任弼时主持，瞿秋白、周恩来代表中共中央作政治报告。会议通过《对于中国共产党代表报告决议案》《政治任务决议案》等，确定团的主要任务是领导青年工农群众参加斗争与暴动，在农村建立半军事性的少年先锋队，致力于游击战争与暴动。

05 全国总工会执行委员会第二次扩大会议

1929 年 2 月 17 日至 20 日在上海召开。全国各产业、地区的代表 17 人出席了会议。全总负责人苏兆征、罗章龙、项英分别作了关于出席赤色职工国际会议、太平洋劳动会议和关于全国职工运动状况的报告，海员工会、铁路工会、上海总工会等代表作了工作报告。会议讨论了黄色工会与改良主义、工人运动斗争策略等问题；规定了全国赤色工会的当前任务和策略；通过了《中国职工运动目前的总任务》和铁路工人运动、海员工人运动、矿工运动、上海工人运动等决议案。

06　第五次全国劳动大会

1929 年 11 月 7 日至 11 日在上海举行。来自全国铁路、海员、矿山、五金纺织等各重要产业和上海、天津、满洲、山东、河南、福建、香港等城市革命工会组织的代表参加会议。会上，项英代表四届全总执委会作《中华全国总工会工作报告》，上海工联会代表作《从五月以来上海工人运动的形势》的报告，海员代表作《上海海员工作报告》。大会通过《中华全国工人斗争纲领》和关于工会组织问题、黄色工会问题、工农联合、拥护苏联等 11 个决议案以及宣言、文电等。大会表示接受中国共产党政治上的指导，确定中国工人的根本革命任务是联合农民结成巩固的革命同盟，准备武装暴动，推翻反动统治，建立苏维埃政权。要求普遍建立赤色工会组织，坚决开展反黄色工会运动。大会选举产生第五届中华全国总工会执行委员会，委员长为项英。这次大会受"左"倾观念影响，过高估计形势，强调了赤色工会和黄色工会的对立。

07　中国共产党江苏省第二次代表大会

1929 年 11 月 18 日至 26 日在龙华路外日晖桥泉漳中学（现龙华东路 800号）举行。出席会议的正式代表有江苏省委、上海市区区委和外县特委、县委、各系统和群众团体党团的负责人共 37 人，中共中央代表李立三、周恩来、项英出席会议。李立三代表中央作政治报告，周恩来作组织问题和军事问题报告，项英作职工运动报告；李维汉代表江苏省委作政治副报告，康生、陈云、徐锡根分别作了关于江苏组织问题、农民运动、职工运动的报告。会议通过《政治决议案》《关于武装保护苏联的工作大纲决议案》以及农民运动、妇女运动、共青团工作等决议案，确定党领导群众斗争的总策略是坚决运用进攻路线，要求组织示威运动和政治罢工，反对国民党和军阀战争，党内要坚决肃清取消主义调和主义及一切右倾的危险。会议选举产生江苏省委委员 17 人（其中常委 4 人，候补常委 2 人），候补委员 9 人；审查委员 3 人，候补审查委员 2 人。李维汉任省委书记。这次大会受"左"倾观念的影响，错误估量形势，放弃领导日常斗争工作的策略，背离了党的六大争取群众的总路线。

08 中国革命互济会第一次全国代表大会

1929 年 12 月 24 日至 27 日在上海召开。出席大会的有来自江苏、浙江、湖南、湖北、广东、福建等 14 个省的代表和中共中央、共青团中央、全国总工会及赤色救济国际的代表。会议听取和讨论中国济难会全国总会执委会关于济难会四年来的工作概况及今后工作方针的报告，审查通过《中国革命互济会目前的任务与工作方针决议案》《援助革命斗争及接济革命战士》等文件，确定反对白色恐怖、援助被压迫群众的革命斗争等 6 条工作纲领。会议宣布中国济难会改名为中国革命互济会，并制定《中国革命互济会总章程》，选取产生互济会全国总会的执行委员会和监察委员会。会议制定的纲领、策略、工作方式等具有"左"的倾向，给以后工作带来消极影响。

09 中国左翼作家联盟成立大会

1930 年 3 月 2 日在窦乐安路 233 号中华艺术大学（今多伦路 201 弄 2 号）

举行。1929 年秋，根据中共中央指示，中央文委组织左翼文化工作者筹备建立新的革命群众文化团体，并征得鲁迅的赞成和支持。经过充分准备，由中央审定发起人名单和纲领后，1930 年 3 月 2 日，中国左翼作家联盟（简称左联）成立。创造社、太阳社等进步文艺社团的成员约 50 人出席大会，鲁迅、夏衍、钱杏邨为主席团成员。中央文委书记潘汉年代表中共中央作《关于左翼作家联盟的意义及其任务》的讲话，指出要使左联成为有目的、有计划地领导发展中国的无产阶级文学运动，通过文学艺术来争取广大群众走向无产阶级斗争的营垒。鲁迅发表《对于左翼作家联盟的意见》的演讲，指出左翼作家应参加社会斗争，深入了解革命实际，要以为工农大众作为共同目的。大会通过了成立马克思主义文艺研究会、文艺大众化研究会等机构，创办机关刊物，与各革命团体建立联系等 17 项提案；选举鲁迅、夏衍、冯乃超、钱杏邨、田汉、郑伯奇、洪灵菲 7 人为左联常委，周全平、蒋光慈为候补常委。

10 中国社会科学家联盟成立大会

1930 年 5 月 20 日在上海举行。中共中央文委在筹备左联的同时，又着手筹建社会科学界的左翼群众团体。5 月 20 日，中国社会科学家联盟（简称"社联"）成立，出席大会的有宁敦武、邓初民、吴黎平、彭康、李一氓等社科工作者 30 余人。会上，筹备委员潘汉年报告筹备经过，左联代表团田汉和五卅筹备总会、互济会的代表致辞。大会通过《中国社会科学家联盟纲领》，规定社联的主要任务是以马克思主义的观点分析社会，促进中国革命，研究、介绍和宣传马克思主义，领导中国的新兴社会科学运动，参加实际斗争等。会议决定组织中国政治经济、国际政治经济、编辑出版等委员会，创办机关杂志，出版社会科学丛书，联络国内外马克思主义团体。大会选举产生社联执行委员会，推选邓初民为社联主席。

11 远东反战会议

1933 年 9 月 30 日在霍山路 85 号召开。为反对日本帝国主义侵占中国东北，支援中国人民的抗日反帝斗争，世界反对帝国主义战争委员会决定派遣代表团来华调查，并在上海召开远东反战会议。会议由中国民权保障同盟公开筹备，并成立以宋庆龄为主席的筹备委员会，具体组织工作由中共江苏省委负责。出席会议的有国际代表马莱（英）、古久列（法）、马尔度（比利时）和上海工人、十九路军、苏区红军代表共 65 人。会议推举毛泽东、朱德、片山潜、鲁迅、高尔基等为名誉主席。宋庆龄主持会议并作《中国的自由与反战斗争》的报告。马莱报告了国际反对帝国主义战争的情况，苏区代表、东北义勇军代表、铁路工人代表等先后发言，揭发谴责日本帝国主义侵略中国的罪行，交流各地抗日斗争情况。会议通过了反对帝国主义战争、反对法西斯的宣言，反对白色恐怖决议，反对帝国主义进攻苏联、反对帝国主义和中国军阀进攻红军的抗议书等文件，号召"中国和全世界劳动者起来反对帝国主义瓜分中国与屠杀中国民众"。会议成立了反对帝国主义战争委员会中国分会，选举宋庆龄为主席。

12 全国各界救国联合会成立大会

1936 年 5 月 31 日至 6 月 1 日在上海召开。一二九运动后，全国抗日救亡运动不断发展，继上海、北平、南京、武汉、天津等地成立各界救国会后，为统一步伐，团结一致全力抗敌，4 月，中共中央派冯雪峰到上海，同救国会运动领袖沈钧儒等取得联系，介绍中共瓦窑堡会议关于建立抗日民族统一战线的主张。5 月 31 日至 6 月 1 日，来自全国 20 多个省市 60 余个救国团体 70 余位代表在上海开会，决定成立全国各界救国联合会。大会通过了成立宣言、章程、抗日救国初步政治纲领，规定"以团结全国救国力量，统一救国方案，保障领土完整，图谋民族解放为宗旨"，坚决主张各党各派的合作，现阶段的主要任务是"促成全国各实力派合作抗战"。大会还通过了如何促进民族抗日联合战线、立即抗日作战、要求召开国民救亡大会等提案，选举宋庆龄、何香凝、马相伯、邹韬奋等40多人为执行委员，沈钧儒、章乃器、李公朴、史良、沙千里、王造时等14人为常务委员。

13　上海财经会议

1949年7月27日至8月15日，受中共中央委托，中央财经委员会在上海召开财经会议。中央财经委员会主任陈云主持会议，并作重要讲话和总结。参加会议的有华东、华北、华中、东北、西北五个大区的财经领导干部。为克服当年在全国范围内的财经困难，力争财经状况好转，会议确定了全力支持解放战争彻底胜利和维持新解放区首先是大城市人民生活的方针，提出全国支援上海、上海支援全国，以及保证上海这个最大的城市的重要物资供应的办法，

并作出四项决策：精简节约；在新解放的乡村抓紧征粮，新解放的城市抓紧收税；发行公债；由中财委主持从各地调拨物资，首先保证上海需要的粮食、棉花和煤炭，稳住上海，恢复生产。会议还就统一财政经济，控制市场物价提出措施和步骤。这是新中国成立前夕一次重要的财经会议，为新中国财政经济的恢复和发展奠定了基础。

▲ 上海财经会议后，大批粮、煤运抵上海，支援上海恢复生产和保障人民生活

（四）

上海地方党代会和代表会议

01 中国共产党上海市第一届代表大会

1956 年 7 月 11 日至 26 日，中国共产党上海市第一届代表大会第一次会议在中苏友好大厦（今上海展览中心）举行。出席会议的正式代表 755 人，代表着全市 15 万名党员，候补代表 80 人，列席代表 197 人。柯庆施代表中共上海市委在会上作《调动一切力量，积极发挥上海工业的作用，为加速国家的社会主义建设而斗争》的报告，提出了"充分地利用上海工业潜力，合理地发展上海工业生产"的工业方针；并对上海市各工业部门在第二、第三两个五年计划内的具体发展方向作了规划。根据国家需要，上海的重工业除充分利用已有设备外，应进行必要的发展；轻工业的发展必须建立在有可靠的原料供应的基础上，避免与内地工业的发展相矛盾。会议期间，中央书记处书记、国务院总理周恩来到会作《专政要继续，民主要扩大》的重要讲话，国务院副总理、上海市市长陈毅对发扬民主、展开批评等问题作了讲话。会议认为"充分利用，合理发展"的工业方针符合上海工业具体情况和加速国家社会主义建设的要求。大会选出上海市出席党的八大的正式代表 37 人、候补代表 4 人；选出中共上海市委员会委员 40 人、候补委员 15 人；选举产生市委书记处，柯庆施为市委第一书记，陈丕显、曹荻秋、魏文伯、马天水、许建国为市委书记处书记。

中国共产党上海市第一届代表大会第二次会议于 1957 年 12 月 20 日至 1958 年 1 月 10 日在中苏友好大厦（今上海展览中心）举行。出席会议的正式代表 754 人，代表着全市 19 万名党员，候补代表 44 人，列席代表 621 人。大会的中心议题是：贯彻中共八届三中全会精神，总结上海前一阶段的整风和反

▲ 中共上海市第一届党代会会场

右派斗争，讨论和确定如何继续整顿作风、改进工作的问题，争取整风运动完全彻底的胜利，争取社会主义革命和社会主义建设的新高涨。周恩来到会作《世界形势和整风任务》的报告。柯庆施作《乘风破浪，加强建设社会主义的新上海》的报告。报告指出，无产阶级同资产阶级的矛盾，仍然是国内的主要矛盾。报告号召在全民整风的基础上，进一步动员和组织全党和全市人民的力量，团结一切可以团结的力量，争取提前和超额完成第二个五年计划，实现中央提出的 15 年后在钢铁和其他重要工业产品的产量方面赶上或者超过英国的目标，并相应提出 12 条任务。会上，陈丕显、曹荻秋、魏文伯、马天水、许建国分别作了《在整风运动中大力改进党的基层组织的工作》《关于紧缩机构、下放干部、改进体制问题》《关于大力支援农业生产，为提高实现全国农业发展纲要（修正草案）而斗争》《关于上海工资福利工作的情况和今后意见》《动员城市剩余劳动力，支援社会主义农业建设》的报告。

02 中国共产党上海市第二届代表大会

1958 年 12 月 28 日至 1959 年 1 月 16 日在中苏友好大厦（今上海展览中心）举行。出席会议的正式代表 498 人，代表着全市 23 万名党员，候补代表 50 人，列席人员 416 人。会议的主要任务是传达贯彻中共八届六中全会决议，讨论 1959 年国民经济计划、整顿和巩固人民公社、贯彻工业生产的群众路线等问题。柯庆施传达了中共八届六中全会的决议和毛泽东提出的鼓足干劲、力争上游、多快好省地建设社会主义的总路线的指示，总结了上海各项工作。大会认为，根据全国的统一计划，上海的工业生产应该在妥善地全面安排生产，保证人民日益增长需要的条件下，进一步向高级、精密、大型的方向发展。上海现有的工业生产应当相应地进行改组和调整，并建设必要的新企业。郊区农业应提高粮食、棉花、蔬菜的亩产量，积极发展多种经营。要加强党的领导，执行群众路线。大会通过了《关于上海市 1959 年国民经济计划的决议》《关于整顿和巩固农村人民公社的决议》《关于进一步在工业企业中执行群众路线的若干问题的决议》和《关于教育工作几个问题的决议》。大会选出中共上海市第二届委员会委员 45 人、候补委员 21 人，选举产生新一届市委书记处，柯庆施为市委第一书记，陈丕显、曹荻秋、魏文伯、马天水为市委书记处书记，石西民、刘述周为市委书记处候补书记。

03 中国共产党上海市第三届代表大会

1963 年 12 月 16 日至 25 日在市人民委员会大礼堂举行。出席会议的正式代表 589 人，代表着全市约 32 万名党员，候补代表 59 人，列席人员 364 人。会议的中心议题是：贯彻执行总路线，深入开展阶级斗争、生产斗争和科学实验三项革命运动，发扬人民群众的革命精神，把上海建设成为我国先进的工业和科学技术基地。会上，陈丕显作《深入开展三大革命运动，为把上海建设成为我国一个先进的工业和科学技术基地而斗争》的工作报告。报告总结了坚持"充分利用，合理发展"上海工业的方针，发挥上海工业基地的作用，提出依靠上海科学技术力量向"高、精、尖"发展的方针。柯庆施作《为促使干部、党员和各项工作革命化而奋斗》的政治报告，要求全市党员干部积极投入阶级

▲ 中共上海市第三届党代会会场

斗争、生产斗争、科学实验三大革命运动中去，继续发扬自力更生、奋发图强的革命精神和艰苦奋斗、勤俭建国的光荣传统。大会选出中共上海市第三届委员会委员 45 人、候补委员 21 人，选举产生新一届市委书记处，柯庆施为市委第一书记，陈丕显、曹荻秋、马天水、石西民、刘述周为市委书记处书记，王一平、张春桥为市委书记处候补书记。

04 中国共产党上海市第四次代表大会

　　1971 年 1 月 4 日至 10 日在上海展览馆（今上海展览中心）举行。出席代表 1000 人。第四次党代会是在"四人帮"帮派体系控制了领导权，许多党员尚未恢复组织生活，特别是大批党员领导干部处在被打倒、关押，被剥夺了党员权利，党内政治生活极不正常的情况下召开的。会议选举产生中共上海市第四届委员会委员 59 人、候补委员 17 人，选举张春桥为第一书记，姚文元为第二书记，王洪文、马天水、周纯麟、徐景贤、王秀珍（女）为书记。

05 中国共产党上海市第五次代表大会

1986 年 3 月 3 日至 6 日在上海展览中心举行。出席代表 981 人，代表着全市 80 多万名党员，候补代表 81 人，列席人员 71 人。大会的中心议题是落实国务院批转的《关于上海经济发展战略的汇报提纲》，讨论确定上海市第七个五年计划期间国民经济和社会发展的奋斗目标、主要任务、政策措施。芮杏文代表中共上海市委作《团结起来　为把上海建设成为开放型、多功能和高度文明的社会主义现代化城市而奋斗》的报告，提出"七五"计划的主要奋斗目标是：到 1990 年力争实现国民生产总值比 1980 年翻一番；第三产业占国民生产总值的比重从 26% 提高到 30% 以上；出口商品占国民生产总值的比重从 30% 提高到 40% 左右；全市主要行业和主要产品力争达到工业发达国家 70 年代末、80 年代前期水平；基础设施落后状况得到比较明显改善，居民的生活质量、生活环境和居住条件有进一步的改善，上海人民的消费逐步向小康型过渡。报告指出，要实现上述主要任务和主要目标，必须着重抓好加强基础设施建设、积极利用外资和增加出口创汇、加快科技进步和人才培养三件大事。大会通过关于中共上海市委报告的决议、关于制定上海市国民经济和社会发展第七个五年计划的建议和决议、以及关于市纪律检查委员会工作报告的决议，选举出中共上海市第五届委员会委员 63 人、候补委员 14 人，中共上海市顾问委员会委员 33 人，中共上海市纪律检查委员会委员 50 人。3 月 7 日至 8 日，中共上海市委第五届委员会举行第一次全体会议，选举芮杏文为市委书记，江泽民、杨堤、黄菊、吴邦国为市委副书记。全会批准了市顾问委员会第一次全体会议选举产生的市顾问委员会主任陈国栋等人选，以及市纪律检查委员会第一次全体会议选举产生的市纪委书记张定鸿等人选。

06 中国共产党上海市第六次代表大会

1992年12月15日至20日在上海展览中心举行。出席大会的代表有787人，代表着全市107万名党员，特邀代表33人，党内有关负责同志153人列席大会。吴邦国代表中共上海市第五届委员会作《解放思想 把握机遇 为把上海建设成为社会主义现代化国际城市而奋斗》的报告。报告回顾和总结了六年工作并提出上海20世纪90年代改革与建设的目标和任务——按照党的十四大"以上海浦东开发开放为龙头，进一步开放长江沿岸城市，尽快把上海建成国际经济、金融、贸易中心之一，带动长江三角洲和整个长江流域地区经济的新飞跃"的战略要求，贯彻"振兴上海、开发浦东、服务全国、面向世界"的方针，确定努力完成加快浦东开发、建立社会主义市场经济体制、实现"三、二、一"产业结构战略性调整、加快城市基础设施建设、不断改善人民生活、健全社会主义民主和法制、加强社会主义精神文明建设七项主要任务，提出上海经济的整体素质和综合实力迈上一个新台阶，社会主义民主法制和精神文明建设提高到一个新水平的目标。报告提出，在保证质量抓紧建设"八五"期

▲ 中共上海市第六次党代会会场

间十大工程的同时，着手安排上海深水港、浦东国际航空港、地铁二号线一期等第二批新的十大工程。到 20 世纪末，要着力完成旧房改造中难度最大的 365 万平方米的棚户简屋改造。大会提出，在加快浦东开发建设、对内对外全方位开放中，要真心实意地搞"中华牌""世界牌"；实行基础设施、金融贸易和高新技术产业三个先行；形成依托浦西，以东带西，东西联动的开发开放格局。大会向市顾问委员会和老同志们表示衷心的感谢和崇高的敬意。按照党的十四大精神，从本次党代会起不再设立市顾问委员会。大会通过关于中共上海市第五届委员会报告的决议、关于市顾问委员会工作报告的决议、关于市纪律检查委员会工作报告的决议，选举出中共上海市第六届委员会委员 50 人、候补委员 10 人，中共上海市纪律检查委员会委员 35 人。12 月 20 日，中共上海市第六届委员会举行第一次全体会议，选举吴邦国为市委书记，黄菊、陈至立（女）、王力平、陈良宇为副书记。全会批准了市纪律检查委员会第一次全体会议选举产生的市纪委书记张惠新等人选。

07 中国共产党上海市第七次代表大会

1997 年 12 月 21 日至 26 日在上海展览中心举行。出席大会的代表 798 人，代表着全市 120 万名党员，特邀代表 28 人，党内有关负责同志 195 人列席大会。黄菊代表中共上海市第六届委员会向大会作《团结奋斗 开拓创新 夺取两个文明建设的新胜利 阔步迈向二十一世纪》的报告。报告全面贯彻党的十五大精神，高举邓小平理论伟大旗帜，回顾了前五年工作，阐述了上海世纪之交主要是到 2000 年的发展目标，并提出今后三年的主要工作：经济建设做到稳中有进，重在有质，切实依靠科技进步和提高劳动者素质；城市发展做到建管并举，重在改善城市生态环境，切实提高城市现代化管理水平；经济体制改革做到进一步深化，重在建立现代企业制度，加快形成社会主义市场经济运行机制；对外开放做到不断提高水平，重在培育城市综合服务功能，充分发挥经济中心城市的作用；对内开放做到优势互补，重在服务全国，促进联动发展和共同繁荣；社会稳定工作做到保持良好局面，重在充实基础，进一步加强安全防范；精神文明建设做到全面推进，重在思想道德建设，进一步提高市民素质和城市文明程度。报告强调要全面加强党的建设。大会通过关于中共上海市第六届委员会报告决议和关于市纪律检查委员会工作报告的决议，选举出中共上海市第七届委员会委员 51 人、候补委员 9 人，中共上海市纪律检查委员会委员 39 人。12 月 25 日，中共上海市第七届委员会举行第一次全体会议，选举黄菊为市委书记，徐匡迪、王力平、陈良宇、孟建柱、龚学平为市委副书记。全会批准由市纪律检查委员会第一次全体会议选举产生的市纪委书记张惠新等人选。

08 中国共产党上海市第八次代表大会

2002 年 5 月 24 日至 28 日在上海展览中心举行。出席大会的代表 800 人，代表着全市 135 万名党员，特邀代表 17 人，党内有关负责同志和老同志 204 人列席大会。黄菊代表中共上海市第七届委员会向大会作《奋发有为　与时俱进　把上海改革开放和现代化建设提高到新水平》的报告。报告认真贯彻党的十五大精神，以邓小平理论和"三个代表"重要思想为指导，回顾了过去五年工作，明确今后五年的奋斗目标是：到 2007 年实现人均国内生产总值达到 7500 美元左右；基本建立以"三港两网"为骨架的现代化基础设施体系，尽快形成以中心城区、新城、中心镇为重点的城市发展格局，进一步优化生态环境，加快推进城乡一体化进程；基本建立以促进人的全面发展为中心的社会事业体系，全面提高市民综合素质；稳步提高城乡居民收入水平和生活质量，切实解决困难群体的生活困难。报告指出今后五年要推进的主要工作是：加快调整和优化产业结构，继续推进城市现代化建设和改造，不断深化改革和扩大开放，大力推动科技进步和创新，积极开发人力资源，切实加强社会管理，深入开展依法治市，全面推进精神文明建设。报告强调要全面加强和改进党的建设。大会通过关于中共上海市第七届委员会报告决议和关于市纪律检查委员会工作报告的决议，选举出上海市出席党的十六大代表71人，中共上海市第八届委员会委员55人、候补委员10人，中共上海市纪律检查委员会委员40人。5月28日，中共上海市第八届委员会举行第一次全体会议，选举黄菊为市委书记，陈良宇、刘云耕、罗世谦、韩正、殷一璀（女）为市委副书记。全会批准由市纪律检查委员会第一次全体会议选举产生的市纪委书记罗世谦等人选。

09 中国共产党上海市第九次代表大会

2007年5月24日至28日在上海展览中心举行。出席大会的代表810人，代表着全市158万名党员，特邀代表8人，党内有关负责同志和老同志233人列席大会。习近平代表中共上海市第八届委员会向大会作《坚定走科学发展之路，加快推进"四个率先"，努力开创"四个中心"和社会主义现代化国际大都市建设的新局面》的报告。报告高举邓小平理论和"三个代表"重要思想伟大旗帜，全面落实科学发展观，回顾了过去五年工作，强调必须把上海未来发展放在中央对上海发展的战略定位上，放在经济全球化的大趋势下，放在全国发展的大格局中，放在国家对长江三角洲区域发展的总体部署中来思考和谋划，努力率先转变经济增长方式，率先提高自主创新能力，率先推进改革开放，率先构建社会主义和谐社会。大会明确今后五年的奋斗目标是：形成国际经济、金融、贸易、航运中心基本框架，实现"四个中心"建设第三步良好开局，办好一届成功、精彩、难忘的世博会，努力建设经济更加繁荣、社会更加和谐、创新更加活跃、生态环境更加友好、民主法制更加健全、城市文明更加

▲ 中共上海市第九次党代会会场

进步、人民生活更加殷实的社会主义现代化国际大都市。大会就努力实现经济又好又快发展，加强社会主义民主政治建设，大力建设社会主义先进文化，加快构建社会主义和谐社会，全面加强党的建设作出具体部署。大会通过关于中共上海市第八届委员会报告决议和关于市第八届纪律检查委员会工作报告的决议，选举出上海市出席党的十七大代表 73 人，中共上海市第九届委员会委员 83 人、候补委员 15 人，中共上海市纪律检查委员会委员 53 人。5 月 28 日，中共上海市第九届委员会举行第一次全体会议，选举习近平为市委书记，韩正、殷一璀（女）为市委副书记。全会批准由市纪律检查委员会第一次全体会议选举产生的市纪委书记沈德咏等人选。

10 中国共产党上海市第十次代表大会

2012 年 5 月 18 日至 22 日在上海世博中心举行。出席大会的代表 810 人，代表着全市 182 万名党员，特邀代表 7 人。俞正声代表中共上海市第九届委员会向大会作《创新驱动转型发展　为建设社会主义现代化国际大都市而奋斗》的报告。报告高举中国特色社会主义伟大旗帜，回顾了过去五年工作，指出今后五年，上海要勇敢地担负起中央要求的当好全国改革开放排头兵和科学发展先行者的光荣使命，坚持创新驱动、转型发展的总方针，坚持深化改革、扩大开放，奋力推进"四个率先"、建设"四个中心"，推动经济平稳健康发展，积极推进民主法制建设、维护社会公平正义，着力提高人民生活水平、促进共同富裕，不断提高党的建设科学化水平，努力建设经济活跃、法治完善、文化繁荣、社会和谐、城市安全、生态宜居、人民幸福的社会主义现代化国际大都市。报告就加快推动经济转型发展，大力推进社会主义民主政治建设，加快建设国际文化大都市，全面提高人民生活水平和社会和谐程度，以改革创新精神全面推进党的建设科学化作出具体部署。大会通过关于中共上海市第九届委员会报告决议和市第九届纪律检查委员会工作报告的决议，选举出上海市出席党的十八大代表 73 人，中共上海市第十届委员会委员 82 人、候补委员 15 人，中共上海市纪律检查委员会委员 53 人。5 月 22 日，中共上海市第十届委员会举行第一次全体会议，选举俞正声为市委书记，韩正、殷一璀（女）为市委副书记。全会批准由市纪律检查委员会第一次全体会议选举产生的市纪委书记杨晓渡等人选。

11 中国共产党上海市第十一次代表大会

2017 年 5 月 8 日至 12 日在上海世博中心举行。出席大会的代表 810 人，代表着全市 200 万名党员，特邀代表 7 人。韩正代表中共上海市第十届委员会向大会作《勇当排头兵　敢为先行者　不断把社会主义现代化国际大都市建设推向前进》的报告。大会的主题是：高举中国特色社会主义伟大旗帜，在以习近平同志为核心的党中央坚强领导下，勇当改革开放排头兵、敢为创新发展先行者，深入推进"四个中心"和社会主义现代化国际大都市建设，加快向具有全球影响力的科技创新中心进军，全面提升城市的吸引力、创造力、竞争力，让人民拥有更好生活。报告回顾了过去五年的工作，明确今后五年奋斗目标是：全面深化改革取得决定性胜利，创新驱动发展、经济转型升级实现历史性跨越，基本建成四个中心和社会主义现代化国际大都市，在全球大都市中的影响力稳步提升。实现建成更高水平全面小康社会的目标，城市更加宜居宜业，吸引力、创造力、竞争力不断增强，改革发展成果更多更公平惠及全市人民。报告就贯彻落实国家战略，深入推进自贸试验区和科技创新中心建设；深化改革开放，加快经济转型升级；把握正确方向，加强民主政治建设；坚持文化强市，大力提升文化软实力；切实保障改善民生，深化社会治理创新；全面从严治党，着力加强和改进党的领导作出具体部署。大会通过关于中共上海市第十届委员会报告决议和关于市第十届纪律检查委员会工作报告的决议，选举出上海市出席党的十九大代表 73 人，中共上海市第十一届委员会委员 87 人、候补委员 16 人，中共上海市纪律检查委员会委员 53 人。5 月 12 日，中共上海市第十一届委员会举行第一次全体会议，选举韩正为市委书记，应勇、尹弘为市委副书记。全会批准由市纪律检查委员会第一次全体会议选举产生的市纪委书记廖国勋等人选。

12 中国共产党上海市第一次代表会议

1953 年 1 月 28 日至 2 月 7 日在上海艺术剧场举行。出席代表 551 人，列席 171 人。会议的中心任务是：进一步扩大党内正常的民主生活，开展批评与自我批评，在全市范围内有领导、有计划、有步骤地开展反官僚主义、反命令主义、反违法乱纪的斗争，总结一年来的工作经验和教训，提高全市党员的思想和领导水平，迎接 1953 年开始的大规模经济建设。市委第一书记陈毅作政治报告。报告分析当前国内外形势，阐明全党全国人民 1953 年的主要任务是：继续加强抗美援朝；开始实行第一个五年计划；筹备召开全国人民代表大会，制定宪法等。市委第四书记陈丕显作《上海市一九五二年的工作总结与一九五三年的主要工作》的报告，并作会议总结。会议通过《中国共产党上海市第一次代表会议决议》。

13 中国共产党上海市第二次代表会议

1954 年 6 月 2 日至 24 日在市政府大礼堂（现福州路 210 号）举行。出席代表 941 人，列席 948 人。会议的中心任务是：贯彻中共七届四中全会决议及中共中央华东局扩大会议精神，进一步揭露高岗、饶漱石分裂党的阴谋活动，统一和提高全党同志对于增强党的团结的认识，针对上海党组织的情况，开展批评与自我批评，使上海党的团结得到进一步增强和巩固，并以中共七届四中全会的精神系统检查上海解放五年来的工作。华东局第三书记谭震林作中共七届四中全会决议精神的传达和华东局对领导上海工作的检查报告。市委第一副书记潘汉年作《上海市委对饶漱石阴谋的揭发和五年来工作的检查报告》。市委代理第一书记陈丕显作总结报告，号召上海全党必须以贯彻中共七届四中全会决议作为当前的重大政治任务，将全会关于增强党的团结的决议贯彻到党的基层组织，而增强党的团结的关键在于有领导地发扬民主，正确地开展批评与自我批评。

14 中国共产党上海市代表会议（1982年）

1982 年 7 月 12 日在上海展览中心举行。出席代表 558 人。会议选举产生上海市出席党的第十二次全国代表大会的代表 60 人，候补代表 6 人。

15 中国共产党上海市代表会议（1987年）

1987年6月25日至27日在上海展览中心举行。出席代表543人。市委书记芮杏文作《加强正面教育，继续深化改革，把"双增双节"运动推向新的高潮》的工作报告。报告分析上海上半年的形势，提出下半年的主要工作是：紧紧抓住正面教育这个环节；深化企业改革，进一步实行对内对外开放，深入开展增产节约、增收节支运动；加强党的建设，贯彻党要管党的原则，把党的建设工作作为各级党委最主要的任务来抓。会议还听取了市委副书记吴邦国关于上海市整党工作的总结报告。会议选举产生上海市出席党的第十三次全国代表大会的代表73人。

16 中国共产党上海市代表会议（1993年）

1993年6月29日在上海展览中心举行。出席代表641人。市委书记吴邦国在讲话中要求全市各级干部和广大党员进一步认真学习邓小平视察南方重要谈话，学习中央关于加快改革、扩大开放，使经济更好更快地上一个新台阶的指示精神和江泽民在中央党校的重要讲话，进一步解放思想，转变观念，振奋精神，真抓实干，加快改革开放和经济建设的步伐，以振兴上海、开发浦东的优异成绩，迎接中共第十四次全国代表大会的召开。会议选举产生上海市出席党的第十四次全国代表大会的代表73人。

17 中国共产党上海市代表会议（1997年）

1997年6月19日在上海展览中心举行。出席代表612人。市委书记黄菊讲话。会议选举产生上海市出席党的第十五次全国代表大会的代表71人。

三
〇

重要人物

01 黄仁（1904—1924）

四川富顺（今属自贡）人。1923年考入中华职业学校，加入中国社会主义青年团。在读期间，被推为中华职业学校代表，参与上海学生联合会的工作，撰写文章号召青年起来革命。1924年8月入上海大学学习。在这所中国共产党主导的学校，思想觉悟迅速提高，不久即加入中国共产党。同年10月10日，作为上海大学的代表出席上海商界、学界等团体在河南北路天后宫为纪念辛亥革命13周年召开的国民大会，与国民党右派就国共合作、反帝反封建等问题展开激烈辩论，被大会主持人的国民党右派唆使的流氓殴打，从离地7尺高的台上跌落，昏迷不醒。送医院后，因伤重不治去世，是第一位在上海牺牲的中共党员。

▲ 黄仁

02 顾正红（1905—1925）

江苏阜宁人。1921年10月到上海，后进入日商内外棉九厂做工，因反抗日方资本家和工头剥削、虐待被开除出厂。几经周折，又进内外棉七厂。1924年进入党创办的沪西工人补习学校学习，后成为沪西工

▲ 顾正红

友俱乐部的积极分子。1925 年中国共产党领导上海沪西 22 个日本纱厂工人举行二月罢工时，参加了工人纠察队、罢工鼓动队，参与组织和扩大罢工队伍，并在罢工中积极发展工会会员。二月罢工胜利后加入中国共产党。针对日商资本家不久即撕毁协议向工人反攻倒算的情形，及时把厂内情况向工会汇报，并把工会继续坚持斗争的决定向工人传达。1925 年 5 月 15 日，为反对日本厂主随意关闭工厂，率厂内夜班工人冲破阻挠，进厂与日本厂主作斗争，遭日商内外棉七厂大班川村枪击后身负重伤，于 5 月 17 日牺牲。其牺牲激起了全国人民的愤怒，成为五卅运动的导火线。

03 刘华（1899—1925）

▲ 刘华

　　四川宜宾人。1920 年到上海，进中华书局印刷所当学徒。1923 年 8 月进入上海大学附中部半工半读。在校时受瞿秋白等共产党人的影响，攻读马列主义，被推选为学生会执行委员，并担任附中部社会主义青年团支部书记，后加入中国共产党。1924 年受党组织委派到沪西工友俱乐部工作，任俱乐部副主任。1925 年 2 月在上海参与组织领导日商内外棉第五、七、八、九、十二厂等工人举行的罢工活动。5 月 31 日上海总工会成立，被推选为上海总工会第一届执行委员，任总工会组织科主任兼第四（小沙渡）办事处主任，后任总工会副委员长。9 月遭军阀通缉。11 月在公共租界被巡捕房逮捕后引渡至淞沪戒严司令部。面对当局的种种利诱、毒刑，始终坚贞不屈，并设法传消息于监外，要求工人不要为营救他而硬拼、流血。12 月 17日牺牲。

04　奚佐尧（1898—1926）

江苏江阴人。先后就读于天津工业学校、北京大学。1919 年赴法国勤工俭学，参加了留法学生的各种爱国活动。1922 年加入中国共产党。1926 年 5 月回国，参加中央军委的工作。以中央军委成员兼中共上海区委军委成员身份参加领导工人自卫队的整顿训练，经常出入南市的兵工厂、船厂，培养工人武装骨干。上海工人第一次武装起义时，负责南市区的组织发动并任起义指挥，筹集武器弹药，准备暴动时使用的旗帜和宣传品。1926 年 10 月 23 日因久等起义信号不至，前往区参谋部探悉情况，途中和敌潜伏哨遭遇被捕。10 月 26 日牺牲。

▲ 奚佐尧

05　陶静轩（1890—1926）

湖北江陵人。1910 年考入荆郡陆军学堂学习。辛亥革命爆发后被编入北洋部队任文书等职。1923 年离开北洋军到上海谋生，进入日商内外棉十五厂做工。

▲ 陶静轩

1924 年 4 月参加沪西工人补习学校学习。同年秋，加入中国共产党。不久，任沪西工友俱乐部主任。1925年参与领导日商纱厂工人二月大罢工和五卅运动，被推选为上海纱厂总工会筹委会成员。同年 5 月任上海总工会执行委员、上海总工会第四办事处副主任。1926 年 7 月任上海码头总工会副委员长，受命组建码头工人纠察队。上海工人第一次武装起义时，任码头工人纠察队总指挥。10 月 24 日在浦东召集各纠察队干部会议时被捕，11 月 16 日牺牲。

06 侯绍裘（1896—1927）

▲ 侯绍裘

　　江苏松江（今属上海）人。1918 年进入上海南洋公学（现上海交通大学）就读。五四运动中，发动同学组织"救国十人团"上街宣传演讲。1919 年创办上海工界南洋义务夜校，招收工人入学，自编教材讲课，"培养劳工运动中坚人物"。1921 年接办松江景贤女子中学，提倡妇女解放，使该校成为传播革命思想的基地。1923 年 4 月，创办《松江评论》，宣传科学民主，反对封建迷信，批评地方时政，宣传社会主义。1923年秋加入中国共产党。以办学和国民党松江县党部负责人的公开身份，开展推动国共合作的统战工作和松江、嘉定一带的中共党团工作。在五卅运动中，与沈雁冰等发起成立"上海教职员救国同志会"，推动全市教职员投入反帝斗争。1925 年任国民党江苏省党部常务委员、中共党团书记，并主持省党部工作。1927
年3月当选上海特别市临时市民政府委员。4月2日
奉命率国民党江苏省党部前往南京，准备筹建江苏省
政府。4月10日遭国民党军警秘密逮捕，4月11日
牺牲。

07　汪寿华（1901—1927）

　　浙江诸暨人。1920年先加入上海工读互助团，之
后进入上海外国语学社学习，并参加上海社会主义青
年团。1921年4月赴苏俄学习。1923年转为中共党
员。1924年底（或1925年初）回国后参加党的四大。
五卅运动爆发时，任上海总工会宣传科主任，协助刘
少奇、李立三领导工人运动，并举办平民夜校，培养
了一批工人干部。1925年8月起，历任中共上海区委
委员、农工部主任、职工运动委员会书记、上海总工
会党团书记、总工会常务委员会主席。参与领导五卅
周年纪念活动、上海罢工斗争和上海工人三次武装起
义。1927年3月，在第三次武装起义胜利后，当选上
海特别市临时市民政府委员。3月27日在全市工人代
表大会上，当选上海总工会委员长。4月11日，受青
帮头目邀请"赴宴"，虽明知有风险，但为了党的利
益，仍前去参加，即遭绑架。4月12日被秘密杀害，
是四一二反革命政变中牺牲的第一位烈士。

▲ 汪寿华

08 张佐臣（1906—1927）

▲ 张佐臣

浙江平湖人。1924 年在上海日商大康纱厂做工时，加入中国共产党。1925 年 2 月，组织领导大康纱厂工人在沪东率先罢工，以推动上海日商纱厂工人举行总同盟罢工。参与领导五卅运动，成为上海纱厂总工会主要负责人。同年 8 月任中共上海区委候补委员、上海总工会第三（浦东）办事处主任。1926 年 5 月起，先后当选全国总工会第二、三届执行委员会委员。6 月任中共上海区委委员。先后在中共南市部委、小曹区（小沙渡、曹家渡）负责党和工会工作。9 月后，历任中共无锡独立支部书记、无锡县委书记、无锡地委书记。四一二反革命政变后，任上海总工会副委员长。1927 年 5 月当选中央监察委员。6 月 29 日在上海总工会秘密机关开会时，因叛徒出卖被捕，7 月 1 日牺牲。

09 杨培生（1883—1927）

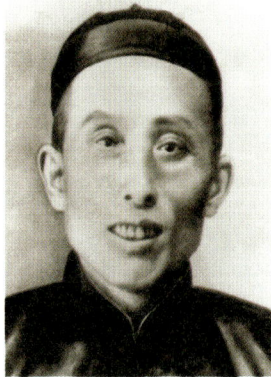

▲ 杨培生

江苏川沙（今属上海）人。先在启昌机器厂当学徒，后在英商祥生铁厂（祥生船厂之一部）做工。五四运动爆发后，为支援北京学生爱国运动参加罢工。五卅运动爆发后，发动工人成立祥生铁厂工会，并领导全厂工人参加总同盟罢工。1925 年 6 月加入中国共产党，同年秋任中共浦东部委组织部主任。1926 年 10 月至 1927 年 2 月率浦东工人参加上海工人第一、第二次武装起义。1927年2月任中共上海区委候补委员。同年3月当选上海金属业总工会委员长、上海总工会副委员长，率金属业工人纠察队和罢工工人，参加上海工人第三次武装起义。四一二反革命政变后，代理上海总工会委员长。5月当选中央监察委员会候补监察委员。6月当选中共江苏省委委员。6月29日在上海总工会秘密机关开会时，因叛徒出卖被捕，7月1日牺牲。

10 陈延年（1898—1927）

安徽怀宁人。1915年入上海法语补习学校学习。1917年入震旦大学学习。1919年12月赴法勤工俭学。1922年6月与周恩来、赵世炎等发起成立旅欧中国少年共产党，当选少共中央执委会委员，负责编辑少共机关刊物《少年》月刊。同年秋，加入法国共产党，后转为中共党员。是中共旅欧支部负责人之一。1923年4月赴苏联莫斯科东方大学学习。1924年由于革命工作需要，奉命回国并被任命为中国社会主义青年团中央驻广东特派员。1925年春接替周恩来任中共广东区委书记。之后，参与领导省港大罢工。1927年3月离开广州到武汉；4月赴上海，与李立三等人组织特务委员会。党的五大当选中央委员。到达上海后不久接替罗亦农任中共江浙区委书记，中央决定江浙区委分开后，任中共江苏省委书记。6月26日因叛徒出卖

▲ 陈延年

被捕，6 月底牺牲于上海枫林桥畔。2009 年 9 月，被评为"100 位为新中国成立作出突出贡献的英雄模范人物"。

11 赵世炎（1901—1927）

▲ 赵世炎

四川酉阳（今属重庆）人。1915 年在北京高等师范学校附属中学学习。1919 年 7 月加入少年中国学会，先后创办、主编《平民周刊》《少年》半月刊和《工读》半月刊。1920 年赴法国勤工俭学。1921 年春参加旅法中国共产党早期组织。1922 年 6 月与周恩来等发起成立旅欧中国少年共产党，任中央执委会书记。同年秋任中共旅欧支部委员和中共法国组书记。1923 年赴苏联莫斯科东方大学学习。1924 年秋回国，任中共北京地方执委会委员长，中共北方区执委会宣传部部长兼职工运动委员会主任，并主编《政治生活》周刊。1926 年到上海后，历任中共上海区执行委员会组织部主任、职工部部长、宣传部代理部长等。在上海工人第三次武装起义中任副总指挥，与总指挥周恩来等一起指挥战斗，并亲自前往沪东纠察队指挥攻打江湾警察署。党的五大当选中央委员。1927 年 6 月，在中共江苏省委书记陈延年被捕后，任代理书记，同月起任上海总工会委员长。7 月 2 日因叛徒出卖被捕，19 日牺牲于上海枫林桥畔。2009 年 9 月，被评为"100 位为新中国成立作出突出贡献的英雄模范人物"。

12 罗亦农（1902—1928）

湖南湘潭人。1919 年赴上海求学。1920 年 8 月参加上海社会主义青年团。1921 年赴苏俄莫斯科东方大学学习，同年底转为中共党员。曾任中共旅俄支部书记、负责人。1925 年 3 月回国后赴广州任中共中央广东临时委员会成员、中共广东区委宣传部部长，参与领导省港大罢工。1925 年 12 月任中共上海区执委会书记，后兼任中共上海区执委会军事特别委员会书记和农民运动委员会主任。1926 年 11 月至 1927 年 3 月，参与领导上海工人三次武装起义。在上海第二次市民代表会议上，当选上海特别市临时市民政府委员。党的五大当选中央委员。1927 年 7 月任中共湖北省委书记。八七会议上当选中央临时政治局委员，任中央军事部代部长。9 月任中央组织部部长，10 月任中央长江局书记，11 月出席在上海召开的中央临时政治局扩大会议，当选中央临时政治局常委，兼任中央组织局主任。1928 年 4 月 15 日因叛徒出卖被捕，21 日牺牲于上海龙华。2009 年 9 月，被评为"100 位为新中国成立作出突出贡献的英雄模范人物"。

▲ 罗亦农

13 许白昊（1899—1928）

湖北应城人。1919 年弃学赴上海从事劳工运动。1921 年参加中国劳动组合书记部。1922 年加入中国共

▲ 许白昊

产党，同年5月赴广州出席第一次全国劳动大会和中国社会主义青年团第一次全国代表大会。会后调武汉参加中国劳动组合书记部长江分部领导工作，先后任湖北省工团联合会秘书兼组织部副主任、委员长，中共汉口地方执行委员会委员兼地委秘书。第一次国共合作时期，任国民党湖北省党部执行委员、汉口特别市党部常务委员。1926年当选全国总工会执行委员。1927年5月当选中央监察委员、中央职工运动委员会委员。大革命失败后到上海，先后担任中共上海总工会党团书记兼总工会组织部部长、中共江苏省委委员。参与领导上海各工会组织恢复工作。1928年2月因叛徒告密被捕，6月6日牺牲于上海龙华。

14 陈乔年（1902—1928）

▲ 陈乔年

安徽怀宁人。1917年到上海求学，1919年12月赴法国勤工俭学。1922年6月参与发起成立旅欧中国少年共产党。1922年秋加入法国共产党，同年冬转为中共党员，是中共旅欧支部领导成员之一。1923年4月赴苏联莫斯科东方大学学习。1924年冬回国，任中共北京地方执行委员会组织部部长，后任中共北方区委组织部部长。先后参加领导了北方地区反对军阀统治的国民会议运动，声援上海五卅运动的反帝斗争和1926年3月北京各界群众团体举行的反日示威游行。党的五大当选中央委员，任中央组织部副部长。1927

年 6 月任中共顺直省委委员、中共中央代秘书长，7 月任中共湖北省委常委、组织部部长，9 月任中共湖北省委书记，不久任中央长江局委员。1928 年 1 月任中共江苏省委常委、组织部部长。1928 年 2 月因叛徒告密被捕，6 月 6 日牺牲于上海龙华。

15 郑复他（1904—1928）

浙江诸暨人。又作郑覆他。1922 年进杭州武林印刷所当排字工人。1923 年冬加入中国共产党。1924 年进上海《商报》馆工作，并在上海书店兼职协助发行革命书刊。曾参与筹建浙江旅沪工会，并主持会务工作。1925 年春领导成立上海印刷工人联合会，任副委员长。五卅惨案发生后，参与领导上海印刷业工人总同盟罢工，并组织成立上海印刷总工会，当选执行委员。1926 年 2 月任中共上海区执行委员会委员。10 月参与领导上海工人第一次武装起义。上海总工会改组后当选委员和组织科（部）主任。1927 年任上海市政总工会委员长，率市政工人参加上海工人第三次武装起义。四一二反革命政变后离沪赴汉口，在第四次全国劳动大会上当选全国总工会执行委员。1927 年 7 月回上海恢复工会与党的工作，任上海总工会委员长、中共江苏省委常委等。1928 年 2 月因叛徒告密被捕，6 月 6 日牺牲于上海龙华。

▲ 郑复他

16 苏兆征（1885—1929）

▲ 苏兆征

广东香山（今属珠海）人。1908 年加入同盟会。1921 年 3 月参与组建中华海员工会联合总会。1922 年 1 月参与领导香港海员罢工，任罢工总办事处总务部主任、海员工会代理会长。1925 年 3 月加入中国共产党。同年 5 月当选全国总工会执行委员，参与领导省港大罢工，任罢工委员会委员长。在第三、第四次全国劳动大会上当选全国总工会执行委员会委员长。1927 年春任武汉国民政府劳工部部长。党的五大当选中央委员、中央政治局候补委员。八七会议上当选中央临时政治局委员、常委。会后到上海参加党中央领导工作，负责管理中央财务小组和全国总工会。1928 年春赴苏联参加赤色职工国际第四次代表大会和共产国际第六次代表大会，均当选执委会委员，并当选农村工会国际副委员长。党的六大当选中央委员、中央政治局委员、中央政治局常委。1929 年 2 月 25 日在上海病逝。2009 年 9 月，被评为"100 位为新中国成立作出突出贡献的英雄模范人物"。

17 杨殷（1892—1929）

广东香山（今属中山）人。1911 年加入同盟会。1922 年加入中国共产党，年底赴苏联学习。1923 年回国后在广东从事工人运动，并根据国共合作的需要任国民党广州市第四区分部执行委员兼秘书。1924 年春到粤汉、广九、广三铁路从事工人运动。同年冬到香港开展工人运动。1925 年 3 月任全国铁路总工会广州办事处顾问。五卅惨案发生后，参与组织领导省港大罢工。1926 年任中共两广区委委员、区委监察委员会书记。八七会议后，任中共广东省委常委兼省委革命军事委员会主任。1927 年 10 月任中央南方局委员。同年 12 月参与领导广州起义。广州苏维埃政府成立后，先后任人民肃反委员、苏维埃政府代主席。党的六大当选中央委员、中央政治局候补委员、中央政治局常委会候补委员，任中央军事部部长。1928 年 11 月当选中央政治局委员、中央政治局常委。1929 年 1 月起任中央军委委员、中央军委主任兼中共江苏省委军事部长。8 月 24 日因叛徒出卖被捕，30 日牺牲于上海龙华。2009 年 9 月，被评为"100 位为新中国成立作出突出贡献的英雄模范人物"。

▲ 杨殷

18　彭湃（1896—1929）

广东海丰人。1918 年在日本参加中国留学生的反帝爱国活动。1921 年 5 月回国后加入中国社会主义青年团。1922 年 6 月在海丰从事农民运动，创建全国第一个农民协会。1924 年 4 月转为中共党员。同年 7 月，在广州创办农民运动讲习所。担任第一届和第五届农民运动讲习所主任。1927 年 3 月任全国农民协会

▲ 彭湃

临时执行委员会委员兼秘书长。党的五大当选中央委员。大革命失败后赴南昌,参加以周恩来为书记的党的前敌委员会,参与领导南昌起义。八七会议上当选中央临时政治局委员。1927年11月领导海陆丰农民武装起义,建立中国第一个工农兵政权——海陆丰苏维埃政权,任委员长和中共广东省东江特委书记。党的六大当选中央委员、中央政治局候补委员。1928年11月当选中央政治局委员,同月抵上海任中央农委书记。1928年冬任中共江苏省委军委书记。1929年1月任中央军委委员、中共江苏省委常委。8月24日因叛徒出卖被捕,30日牺牲于上海龙华。2009年9月,被评为"100位为新中国成立作出突出贡献的英雄模范人物"。

19 颜昌颐(1900—1929)

▲ 颜昌颐

湖南安乡人。1919年底由上海赴法国勤工俭学。1921年加入社会主义青年团,因参加里昂中法大学的斗争被押送回国。1922年加入中国共产党。1924年赴苏联莫斯科东方大学学习。1925年回国到上海参与筹组中央军委。1926年3月到湖南任中共湖南区委军事部长,参与支援北伐战争的有关工作。9月回上海在中央军委工作。1927年2月至3月,在上海工人第二次和第三次武装起义中,作为上海区委军事委员会和特别军事委员会成员,协助周恩来和赵世炎做了大量的工作。1927年10月在南昌起义军进入广东海陆丰后,受中央指派任工农革命军第二师党代表。11月配合彭湃领导海陆丰农民武装起义，任中共广东省东江特委军委主任。1928年回上海任中央军委委员兼中共江苏省委军委委员。1929年8月24日因叛徒出卖被捕，30日牺牲于上海龙华。

20　邢士贞（1903—1929）

山西汾西人。1925年6月在太原读中学时，曾回汾西组织学生开展声援上海五卅惨案的游行示威活动。同年8月赴汉口参加革命工作。1927年春在汉口加入中国共产党。大革命失败后，到上海与党组织取得联系，被分配到中共江苏省委军事部（科）工作。1928年夏，担任中共江苏省委军委干部，兼任中共吴淞区委委员，积极从事士兵运动。1929年任中共江苏省委军委委员。同年8月24日在上海参加江苏省委军委会议时，由于叛徒出卖被捕，30日与杨殷、彭湃、颜昌颐一起牺牲于上海龙华。

▲　邢士贞

21　缪伯英（1899—1929）

女，湖南长沙人。中国共产党第一位女党员。早年就读于湖南省立第一女子师范学校、北京女子高等师范学校。1920年夏加入北京大学马克思学说研究会，11月加入北京社会主义青年团，随后参加北京共产党

▲ 缪伯英

早期组织。1921年秋与何孟雄结婚，人称"英雄夫妇"。1922年秋后，历任中国劳动组合书记部秘书、中共北方区委妇女部部长、中共湘区（湖南）区委妇女运动委员会书记等职，在北京、南京、武汉、长沙等地从事革命工作。1926年3月初被推选为湖南人民临时委员会常委。1927年8月到上海，先后担任中共沪东区委、沪中区委妇女运动委员会主任。1929年10月，在上海病逝。

22 龙华二十四烈士

1931年1月，设在上海东方旅社、中山旅社等十处中共秘密联络点遭公共租界巡捕房破坏，一批共产党员和革命群众被捕，后被移解国民党淞沪警备司令部。2月7日晚，在上海市郊龙华，24位中国共产党的重要干部、工会活动家、著名作家、红军干部和革命青年被秘密集体枪杀于淞沪警备司令部院内的荒地上。他们是：林育南、何孟雄、李求实、龙大道、欧阳立安、恽雨棠、罗石冰、王青士、蔡博真、伍仲文（女）、段楠（阿刚）、李文（女）、柔石、胡也频、殷夫、冯铿（女）、费达夫、汤士伦、汤士（仕）佺、彭砚耕、刘争（王和鼎）、贺林隶（贺治平）、李云卿，还有一名烈士姓名无法查清。

林育南（1898—1931），湖北黄冈人。1921年加入中国共产党。1922年5月任中国劳动组合书记部武汉

▲ 林育南

分部主任。1923 年 2 月参加京汉铁路工人大罢工的组织领导工作。1924 年到上海参加《中国青年》编辑工作。1925 年当选中国社会主义青年团中央执行委员。党的五大当选中央候补委员。1927 年 9 月任中共湖北省委常委、宣传部部长。同年底赴上海，任中共沪东区委书记。1929 年 11 月受中央委托，在上海秘密召开的第五次全国劳动大会上宣读中国共产党中央委员会祝词。1930 年 5 月任全国苏维埃中央准备委员会秘书长。同年 8 月，任中央总行动委员会秘书长。

何孟雄（1898—1931），湖南酃县（今炎陵）人。1920 年参加北京大学马克思学说研究会，同年 11 月加入北京社会主义青年团，随后参加北京共产党早期组织。之后任北方劳动组合书记部代理主任、中共北京地方执行委员会委员长、中共唐山地方执行委员会书记等职。1927 年 8 月调上海工作后，任中共江苏省委候补委员，中共江苏省委宣传、外县和农村工作负责人。1928 年 11 月任中共江苏省委常委、军委书记。1929 年 1 月中央改组江苏省委后，历任中共上海沪西、沪中、沪东区委书记。

龙大道（1901—1931），贵州锦屏人。1922 年考入上海大学。1923 年 11 月加入中国共产党。1924 年 2 月赴苏联莫斯科东方大学学习。1925 年秋回到上海，历任上海总工会第五办事处主任、中共曹家渡部委书记、上海总工会常务委员会委员、上海总工会经济斗争部主任等职。在上海工人第三次武装起义中，协助周恩

▲ 何孟雄

▲ 龙大道

213

来、赵世炎等一起指挥闸北地区的战斗。1928 年参加中共浙江省委的领导工作。5 月任中共浙江省委代理书记。1930 年 1 月，任上海工会联合会秘书长兼上海市各界人民自由运动大同盟主席及党团书记。

李求实（1903—1931），1922 年加入中国共产党，曾担任过共青团中央宣传部部长、共青团中央南方局书记，并在中央宣传部和中共党报委员会工作，先后任《上海报》主编，中共中央机关报《红旗日报》副刊《实话报》主编。柔石（1902—1931），1930 年 5 月加入中国共产党，曾任左联（即中国左翼作家联盟）常务委员，代表作有《二月》《为奴隶的母亲》《一个伟大的形象》等。胡也频（1903—1931），1930 年 11 月加入中国共产党，曾任左联执行委员、工农兵文学委员会主席，代表作有《便宜货》《船上》《珍珠耳坠子》《光明在我们的面前》等。殷夫（1909—1931），1927 年秋加入中国共产党，曾在共青团中央机关工作，编辑团中央机关刊物《列宁青年》、青年反帝大同盟机关刊物《摩登青年》，代表作有《在死神未到之前》《别了，哥哥》《孩儿塔》《一百零七个》等。冯铿（1907—1931），1929 年 5 月加入中国共产党，曾在左联工农工作部工作，代表作有《重新起来》《小阿强》《红的日记》等。李求实、柔石、胡也频、殷夫、冯铿，均为左联的成员。他们牺牲后，被称为"左联五烈士"。

此外，时任中共南京市委书记恽雨棠与中共机要干部李文是夫妻；中共上海沪中区委书记蔡博真和共

▲ 李求实

青团上海闸北区委书记伍仲文也是夫妻；中国工农红军第十四军干部汤士（仕）佺和汤士伦是兄弟。

在狱中，他们意志坚定，团结斗争，保守了党的秘密，保卫了党的组织，展现了共产党员的大无畏精神。烈士们牺牲后，鲁迅写下著名的七律《无题》，后发表了《中国无产阶级革命文学和前驱的血》《为了忘却的记念》，表达对烈士的深切怀念和对国民党暴行的强烈抗议。

23 恽代英（1895—1931）

江苏武进（今属常州）人。1918年8月毕业于武昌中华大学。1919年参加五四运动，10月加入少年中国学会。1921年底加入中国共产党。1923年10月起任团中央机关刊物《中国青年》主编，后任团中央宣传部主任、学生部主任。1924年国共合作后任国民党上海执行部宣传部秘书。1925年参与领导五卅运动。1926年1月出席国民党二大，为大会中共党团干事之一，当选国民党中央执行委员。1926年5月到黄埔军校任政治主任教官、中共党团书记。党的五大当选中央委员。大革命失败后，参加南昌起义，担任前敌委员会成员、革命委员会主席团成员、宣传委员会代主席。1927年8月起，任中央南方局委员，中共广东省委常委、宣传部部长。同年12月参加领导广州起义，任广州苏维埃政府秘书长。1928年6月到上海任中央

▲ 恽代英

宣传部秘书长，主编中央机关刊物《红旗》。后又任中央组织部秘书长。1930年任中共上海沪东区委书记。同年5月6日在上海被捕，未暴露真实身份，被判处5年徒刑。由于叛徒出卖，1931年4月29日牺牲于南京中央监狱。2009年9月，被评为"100位为新中国成立作出突出贡献的英雄模范人物"。

24 杨匏安（1896—1931）

▲ 杨匏安

广东香山（今属珠海）人。早年就读于两广高等学堂，后赴日本游学。1916年回国后，在澳门一带当塾师。1918年初举家迁往广州，在私立中学任教，兼任《广东中华新报》记者。1919年受到五四爱国运动和新文化运动的影响，为《广东中华新报》撰写介绍新文化思潮和马克思主义的文章。1921年加入中国共产党。国共合作后，任中共在国民党的党团书记、国民党中央组织部代理部长、国民党中央执行委员和国民党中央常务委员等。其间，受党的委派前往香港参与组织和领导省港大罢工。1927年5月当选中央监察委员。八七会议后，由于党内"左"倾错误，被取消了中央监察委员的资格，赴南洋从事党的工作。1929年回到上海，参与党的报刊出版工作，编译出版了《西洋史要》。1930年任中央农民部副部长。1931年7月25日，因叛徒出卖被捕，8月牺牲于上海龙华。

25　应修人（1900—1933）

浙江慈溪人。1914年到上海福源钱庄当学徒。五四时期开始从事社会活动和文学创作，发起组织"提倡国货，不用日货，鼓励储蓄"的救国十人团，捐款支援学生运动。1920年开始新诗创作。1921年团结一部分钱业界进步青年创办上海通信图书馆。1922年与冯雪峰等人成立湖畔诗社，出版《湖畔》《春的歌集》等诗集。1925年参加中国共产主义青年团，任上海通信图书馆团支部书记。同年转为中共党员。1926年被派往广州黄埔军校工作。1927年在武汉国民政府劳工部负责财务工作。同年赴苏联莫斯科中山大学学习。1930年回国后从事革命文化工作，在上海加入中国左翼作家联盟。曾在上海中央军委、中央组织部工作，后任中共江苏省委秘书长、宣传部部长。1933年5月14日在虹口昆山花园丁玲寓所联系工作时遇国民党特务搜捕，在搏斗时坠楼牺牲。

▲　应修人

26　黄励（1905—1933）

女，湖南益阳人。1924年就读于武昌中华大学。1925年加入中国共产党。同年10月赴苏联莫斯科中山大学学习。1927年毕业后留校工作。1928年秋参加在德国柏林召开的世界反帝大同盟会议。1929年初参加在苏联符拉迪沃斯托克（海参崴）召开的第二次太平

▲　黄励

洋地区职工代表会议。会后留在会议书记处工作，负责编辑《太平洋工人》月刊（中文版）。1931年10月回到上海，任中华全国济难互济总会主任兼党团书记，在沪西地区开展工人运动，并通过各种渠道援救被捕的革命者。1932年冬任中共江苏省委组织部部长。1933年4月25日因叛徒出卖被捕，7月5日牺牲于南京雨花台。

27 罗登贤（1905—1933）

▲ 罗登贤

广东南海（今属佛山）人。早年在香港做工，曾参加组织太古船厂华人机器工会、香港金属业工会。1925年春加入中国共产党，不久担任香港海员工会秘书。作为香港机器工人联合会负责人，参加了省港罢工委员会的领导工作。1927年12月参加领导广州起义。1928年5月当选中央委员、中央临时政治局委员、中央临时政治局常委。党的六大当选中央委员、中央政治局候补委员。1928年10月任中共江苏省委常委。1929年1月任中共江苏省委书记。不久，调任中央组织部副部长，协助周恩来工作。1930年任中共广东省委书记、全国总工会党团主任、中央南方局书记。1930年12月起任全国总工会常委会负责人、秘书长。1931年3月任中央军事部书记。1931年9月任中共中央驻东北代表，11月当选中华苏维埃共和国第一届中央执委会委员，12月任中共满洲省委书记兼组织部部长。1932 年 12 月任全国总工会上海执行局党团书记。1933 年 3 月 28 日因叛徒出卖在上海被捕，8 月 29 日牺牲于南京雨花台。

28 邓中夏（1894—1933）

湖南宜章人。1917 年入北京大学学习。1919 年 5 月参加五四运动，任北京学生联合会总务干事。1920 年参加北京共产党早期组织，成为中共党员。1921 年 8 月，中国劳动组合书记部成立，任北方分部主任。1922 年 5 月任中国劳动组合书记部主任。党的二大当选中央委员。1923 年夏，任上海大学校务长，主持学校工作。党的三大当选中央候补委员。1923 年 7 月任中共上海地方执行委员会兼上海区执行委员会委员长。1925 年 5 月任全国总工会秘书长、宣传部部长。后赴香港参与领导省港大罢工。党的五大当选中央委员。八七会议上当选中央临时政治局候补委员。1927 年 8 月任中共江苏省委书记。党的六大当选中央候补委员。1928 年出席共产国际六大，担任中共中央驻共产国际代表、全国总工会驻赤色职工国际代表。1930 年 7 月回沪任全国总工会党团成员兼宣传部部长，9 月任中共湘鄂西特委书记。1932 年秋任全国赤色互济总会主任兼党团书记。1933 年 5 月 15 日被上海法租界巡捕逮捕，9 月 21 日牺牲于南京雨花台。2009 年 9 月，被评为"100 位为新中国成立作出突出贡献的英雄模范人物"。

▲ 邓中夏

29 顾作霖（1908—1934）

▲ 顾作霖

江苏嘉定（今属上海）人。1925 年冬加入中国共产主义青年团，1926 年春转为中共党员。1925 年 12 月起，历任共青团上海地委候补委员、共青团杨树浦部委书记、共青团浙江区委候补委员、中共杨树浦部委青年委员、共青团江苏省委组织部部长等。1927 年 3 月率领浦东各厂工人参加上海工人第三次武装起义。同年 7 月任中共江苏临时省委常委、共青团江苏省委负责人。1928 年 2 月任中共江苏省委候补委员。1928 年 4 月任中共山东省委常委。1928 年 7 月任共青团中央委员。1929 年 7 月任中共上海沪东区委代书记。1929 年 8 月任中共江苏省委常委、共青团江苏省委书记。1929 年 11 月任中共上海沪东区委常委、中共江苏省委委员。1930 年春任共青团中央组织部部长、书记。1930 年 8 月任中央长江局委员、中央长江局总行动委员会主席团委员、青年秘书处负责人。1931 年 4 月任中共苏区中央局委员、宣传部部长。1933 年任共青团中央书记。1933 年 4 月任中共闽赣省委书记。1934 年 1 月当选中央委员、中央政治局委员。5 月 28 日在瑞金病逝。

30 陈为人（1899—1937）

湖南江华人。1920 年夏参加上海社会主义青年

团，与李启汉一起开展工人运动，创办工人夜校。同
年冬赴苏俄莫斯科东方大学学习。1921年底回国后加
入中国共产党。1922年初在北京铁路总工会工作，曾
一度以北洋政府交通密查员的公开身份开展党的工作。
1923年后在东北地区从事革命活动。1924年调至中共
上海地委工作。参与编辑《向导》周刊。1925年初冬
在中共北方区行动委员会负责工人运动的组织动员工
作。1928年9月任中共满洲省委书记，年底因省委遭
破坏而被捕。1929年7月，经党组织营救出狱，8月
调到上海负责党训班工作，后又参加办党中央机关报
《上海报》。1931年春再次被捕，同年底获释。1932年
下半年起受命负责"中央文库"保存、整理党中央的
机密文件的工作，在一度失去组织联络的情况下，全
力确保建党以来直至当时的档案文件的安全。1937年
3月13日在上海病逝。

▲ 陈为人

31 茅丽瑛（1910—1939）

　　女，浙江杭州人。1931年考入上海海关任职员。
1935年，参加上海中国职业妇女会，与一批有志青年
共寻救国之路。1936年12月参加中共海关党支部组
织的乐文社，成为党领导的抗日救亡运动的积极分子。
1937年八一三淞沪抗战爆发后，积极参加海关华员战
时服务团，任慰劳组负责人，开展劳军和救济难民工
作。上海沦为"孤岛"后，曾奔赴广州等地宣传抗日，

▲ 茅丽瑛

后返回上海继续投身抗日救亡工作。1938 年 5 月加入中国共产党。中国职业妇女俱乐部成立后，被推选为主席。为了支援新四军，积极推动中国职业妇女俱乐部和各救亡团体发起"劝募寒衣联合大公演"和组织"物品慈善义卖会"。在义卖活动筹备和进行中，面对日伪势力的恐吓、威胁甚至公开打砸，以"愿为义卖而生，为义卖而死"的决心，使义卖终获成功。1939 年 12 月 12 日晚，在南京路遭汪伪特务行刺，15 日在医院逝世。

32 徐阿梅（1906—1939）

▲ 徐阿梅

上海人。1923 年入上海法商电车电灯公司（简称"法电"）当钳工。1926 年 10 月至 1927 年 3 月参加上海工人三次武装起义。之后，加入中国共产党。1928 年 5 月与中共上海法南区委取得联系，任法电党支部书记。1928 年 12 月领导法电工人进行了持续 24 天的改善生活斗争。1929 年 9 月任中共江苏省委委员、法电工会常务委员。1930 年 6 月因拒不执行上级布置的冒险主义的"红五月政治总同盟罢工"，被错误地开除党籍，遭打击后并不气馁，仍继续领导法电工人举行了震动全市的 57 天大罢工。1931 年 9 月遭法租界巡捕逮捕。10 月被国民党法院以"危害民国罪"判处徒刑 10 年 6 个月。1937 年 4 月经组织营救出狱。在八一三淞沪抗战中，发动工人积极投入抗日救亡活动，组织

"法电工人星期服务团"到前线挖战壕、筑工事。1938
年底经中央长江局批准，恢复党籍。1939 年 12 月 29
日被汪伪特务绑架至市郊中山路杀害。

33 郑文道（1914—1942）

广东香山（今属中山）人。早年生活在山东烟台，
后迁往青岛，就读于青岛礼贤中学。1933 年考入上海
同济大学附设高级工业职业学校。在校期间，阅读进
步书刊，参加学生爱国救亡运动。1937 年毕业后，参
加中共青岛党组织领导的抗日游击队。1938 年初经上
海去江阴地区参加华东人民武装抗日会。同年 7 月加
入中国共产党。同年 9 月奉调至中央特科，在上海从
事党的地下情报工作，负责同日本情报机构"满铁上
海事务所"的日本同志中西功联络。1940 年 4 月经中
西功介绍进"满铁上海事务所"的"时事研究室"任
研究员。把从中西功处和南京情报组织送来的重要情
报，及时送交党组织。1942 年 7 月被日本警视厅特务
和宪兵逮捕。为保全组织，保护同志，在审讯时从窗
口跳楼牺牲。

▲ 郑文道

34 邹韬奋（1895—1944）

江西余江人。1921 年毕业于上海圣约翰大学。
1922 年入上海中华职业教育社，编辑《教育与职业》

▲ 邹韬奋

月刊。1926 年接办《生活》周刊。九一八事变后，坚决反对国民党政府奉行的"攘外必先安内"的不抵抗政策，主编的《生活》周刊以团结抗敌御侮为根本目标。1932 年 7 月创办生活书店。之后，书店在全国各地的分支机构扩展到 56 家，出版数十种进步刊物，以及包括马克思主义译著在内的 1000 余种图书。1933 年参加中国民权保障同盟，当选执行委员。1935 年 11 月在上海创办《大众生活》周刊，参加上海文化界救国会、上海各界救国会、全国各界救国联合会领导工作。1936 年 11 月因积极宣传抗日，与沈钧儒等被国民党政府逮捕，为救国会"七君子"之一。1937 年卢沟桥事变后获释。后在上海创办《抗战》三日刊。上海沦陷后转至武汉继续主编《抗战》。武汉沦陷后到重庆创办和主编《全民抗战》。1943 年初因患耳疾秘密到上海治病。1944 年 7 月 24 日在上海病逝。同年 9 月 28 日中共中央根据其在遗嘱中的请求，追认其为中共党员。2009 年 9 月，被评为"100 位为新中国成立作出突出贡献的英雄模范人物"。

35 王孝和（1924—1948）

浙江鄞县（今属宁波）人。1938 年考入励志英文专科学校，结识中共党员，开始接受革命思想。1941 年 5 月加入中国共产党。1943 年 1 月考取上海电力公司，进杨树浦发电厂电气控制室当运行值班工。抗日

▲ 王孝和

战争胜利后，参加筹组工会，被推选为控制室工会组长。1946 年初参加上海电力公司工人九日八夜的罢工斗争，深得大家的信任和拥护。先后被推选为上海电力工会杨树浦发电厂支会干事及上海电力公司工会常务理事。1948 年 2 月领导发电厂工人声援上海申新九厂工人大罢工。1948 年 4 月 21 日遭国民党淞沪警备司令部稽查大队逮捕。在法庭上，当众解开衬衣，露出布满血痕的胸部，揭露和控诉国民党当局的血腥迫害。被特刑庭判处死刑后，分别给双亲、妻子、难友写了三封遗书。在给难友的遗书中写道："前途是光明的！那光明正在向大家招手呢！只待大家努力奋斗。"9 月30 日牺牲于上海提篮桥监狱。

36　李白（1910—1949）

湖南浏阳人。1925 年加入中国共产党。1930 年参加中国工农红军，成为通信连战士，后任通讯连指导员。1934 年 6 月到瑞金红军通信学校第二期电讯班学习无线电技术，结业后分配到红五军团任电台台长兼政治委员。1937 年 10 月赴上海筹建党的秘密电台。在日本侵略军、汪伪军警特务和流氓控制严密的上海，冒着极大危险，克服种种困难，担负起上海党组织与党中央的秘密电台联络工作，架起上海和延安的"空中桥梁"，传达党中央的指示，汇报上海党组织的工作情况，报告上海党的秘密组织收集到的各方面情报。

▲ 李白

曾被日军逮捕，获释后到浙江、江西等地工作。抗日
战争胜利后回到上海，继续从事党的秘密电台工作。
1948 年 12 月 30 日凌晨，在与党中央进行电讯联络
过程中被国民党特务机关测出电台位置而被捕。1949
年 5 月 7 日牺牲于浦东戚家庙。2009 年 9 月，被评为
"100 位为新中国成立作出突出贡献的英雄模范人物"。

37 秦鸿钧（1911—1949）

▲ 秦鸿钧

　　山东沂南人。1927 年加入中国共产党。大革命
失败后，坚持地下斗争，成为沂蒙山区党组织和游击
队的创建人之一。1933 年春由于叛徒出卖，被迫离开
家乡先后去青岛、哈尔滨，通过地下交通员重新与党
组织接上了关系。1936 年赴苏联学习电台技术。1937
年底回国，到上海建立秘密电台，收集情报。为方便
工作，和小学教员韩慧如结婚，并开设永益糖果公司
作为掩护。1939 年奉调哈尔滨，参加收发情报工作。
1940 年夏调回上海。后调苏北工作，不久又调上海
建立电台。在这一时期，冒着生命危险，多次往返于
上海和苏北，接通了两地之间的电台通讯，完成了建
立地下电台及输送情报的任务。解放战争时期，任中
共上海局电台报务员，不断排除国民党军警特务的侦
察干扰和机器故障，及时把重要情报传送给党中央。
1949 年 3 月 17 日因电台被国民党特务破坏被捕，5 月
7 日牺牲于浦东戚家庙。

38 张困斋（1914—1949）

浙江镇海（今属宁波）人。1930 年到上海辛泰银公司（后改为辛泰银行）工作。1932 年一二八淞沪抗战中参加宣传抗日救国活动。1933 年加入中国社会科学家联盟。1935 年参加抗日武装自卫会。一二九运动后，参加上海职业界救国会。1936 年参与发起筹建进步团体"上海市银钱业业余联谊会"。1937 年八一三淞沪抗战爆发后，领导上海银业同人战时服务团，发动群众，宣传抗日，救护伤员，救济难胞。同年 10 月加入中国共产党。1939 年被派到江南抗日游击区工作，主编《江南》半月刊。同年冬回沪，在中共江苏省委职委所属的金融业工作委员会工作，联系钱兑业支部，为配合新四军进上海做了大量调查工作。1946 年以"丰记米号"经理的公开身份，负责上海党组织领导机关的掩护工作，后领导中共上海局的秘密电台，出色完成了各项联络任务。1949 年 3 月 19 日因电台被国民党特务破坏被捕，5 月 7 日牺牲于浦东戚家庙。

▲ 张困斋

39 胡文杰（1916—1949）

江苏丹阳人。1935 年吴江师范毕业后，在丹阳任小学教师。1937 年 12 月日军占领丹阳后，带领青年参加抗日自卫团（后改建为新四军挺进纵队）。1938 年

▲ 胡文杰

6月加入中国共产党。历任文书、干事、支队指导员、营政委、团政治处主任、团政委、团长等职。1949年3月苏中第二军分区第六团改编为中国人民解放军第二十九军八十七师二五九团，任团长。5月攻占上海的外围战开始后，奉命率部攻占月浦镇外围战略要地叶大村后，又率部投入月浦攻坚战。亲临敌前沿阵地侦察，率部冲入月浦街区，展开殊死搏斗，终与兄弟部队一起将敌人逐出月浦镇。5月15日在指挥部队阻击敌人反扑时，不幸中弹牺牲，是解放上海战役中牺牲的职位最高的军队干部。

40 张权（1899—1949）

▲ 张权

　　河北武强人。早年在保定军官学校、日本士官学校学习。抗日战争时期，任国民党陆军战车防御炮教导总队中将总队长。1940年部队移驻四川后，在重庆设有办事处。曾数次应周恩来等邀请赴重庆八路军办事处做客，对共产党有了较多的了解，遂提出入党的要求。在党组织研究认为其在党外可以起更大的作用后，接受了党组织的决定。1948年在上海与中共上海党组织负责人会面，表示愿为人民解放事业作出贡献。以国民党联勤总部中将视察员的身份，到济南、徐州、南京搜集军事情报并整理成材料，通过党组织送解放军前线指挥部，并绘制了在渡江战役中起了一定作用的《长江沿线布防图》。上海解放前夕，先后对国民党

军的军长、师长多人进行策反。任上海起义军司令，
准备于1949年5月16日上午10时起义。因叛徒告
密，于15日被捕。21日下午在南京路西藏路口的大新
公司（今市第一百货商店）门前，以"银元贩子"的
罪名惨遭杀害。

41　陈仲信（1929—1949）

上海人。1946年春加入中国共产党。同年秋，初
中毕业后，服从组织决定，考取教会办的清心男中高
中部。在校期间，带领大家同国民党派往该校实施军
训的反动教官作斗争，领导开展劝募寒衣的活动，参
加全市示威游行，打开了教会中学党的工作新局面。
1948年秋，进入省吾中学，担任中共省吾中学学生党
支部组织委员。1949年上海解放前夕，负责省吾夜校
中共党小组工作，在夜校学员中发展了一批工人协会
会员。利用省吾夜校教师身份到附近工厂发展人民保
安队队员，并担任人民保安队长宁区指挥部第二大队
队长。5月25日清晨，中国人民解放军已经解放苏州
河南岸市区，在执行任务途中至万航渡路突遭国民党
残兵开枪射击，不幸牺牲。是上海党组织在解放上海
斗争中最后一个牺牲的中共党员，也是唯一牺牲的人
民保安队队员。

▲ 陈仲信

42 刘长胜（1903—1967）

▲ 刘长胜

山东海阳人。1924 年 12 月，在苏联加入列宁共产主义青年团。1927 年 5 月加入苏联共产党，后转为中共党员。1935 年 4 月受共产国际派遣，携带共产国际与中共中央联系的密电码回国。到达陕北后，先后任全国总工会西北执行局委员长、陕甘宁边区总工会主任。1937 年 8 月到上海参加中共江苏省委的恢复和重建工作，任中共江苏省委副书记、上海工人运动委员会书记等。1943 年 3 月任中央华中局敌区工作部副部长。1944 年 9 月任中央城市工作部副部长。1945 年 8 月任中共上海市委书记。1947 年 1 月任中央上海分局副书记，同年 5 月任中央上海局副书记。1949 年 5 月任中共上海市委常委。1949 年任中央华东局委员、华东局职工运动委员会书记。1950 年 1 月任中共上海市委第三书记，同年 2 月任上海市总工会主席。1953 年 5 月任全国总工会第七届执委会副主席。1957 年 12 月任全国总工会第八届执委会副主席、书记处书记。中共第七届中央候补委员，第八届中央委员。

43 陈毅（1901—1972）

四川乐至人。1919 年 8 月赴法国勤工俭学。1921 年 10 月因参加留法同学的爱国运动被迫回国。1922 年加入中国社会主义青年团。1923 年 11 月加入中国共产党。1927 年 8 月参加南昌起义。1928 年 1 月参与领导湘南起义，同年 4 月与朱德率部上井冈山和毛泽东领导的部队会师。先后任红四军政治部主任兼第十二师师长，红四军军委书记，红六军、红三军政委，红二十二军军长，中共赣西南特委书记等。1934 年 10 月红军长征后，留在南方坚持游击战争，其间任中共苏区中央分局委员、中华苏维埃共和国中央政府南方办事处主任等。1937 年 12 月起，历任中央军委新四军分会副书记，第一支队司令员，新四军代军长、军长，中央华中局代理书记等。1945 年 8 月起，历任中央军委委员、中央华中局副书记，中央华东局副书记，新四军军长兼山东军区司令员，华东军区司令员，华东野战军司令员兼政委，中原军区和中原野战军副司令员，第三野战军司令员兼政委等。1949 年 5 月任上海市军事管制委员会主任、上海市市长、中共上海市委副书记，同年 8 月任中共上海市委第二书记。1949 年 10 月起任华东军区司令员，华东军区党委第一书记、中央华东局第二书记等。1950 年 1 月任中共上海市委第一书记。1954 年后，历任国务院副总理，中国人民革命军事委员会副主席，中央军委副主席，国防委员会副主席等。1955 年被授予元帅军衔。1958 年起兼任外交部部长。中共第七、八、九届中央委员，第八届中央政治局委员。全国政协第三、四届副主席。

▲ 陈毅

44 张闻天（1900—1976）

▲ 张闻天

江苏南汇（今属上海）人。1919年5月在南京参加学生运动并开始从事文艺创作和翻译。1925年加入中国共产党，入党后赴苏联莫斯科中山大学、红色教授学院学习、任教，并在共产国际东方部工作。1931年2月回到上海任中央宣传部部长，同年9月任临时中央政治局成员、常委。1934年初当选中央书记处书记、中华苏维埃共和国人民委员会主席，同年10月参加长征。遵义会议后，代替博古在中共中央负总责，至抗日战争初期主持中央日常工作。1938年11月兼任西北工作委员会主任。长期兼任中央宣传部部长。1945年8月起历任中央政治研究室主任、中央东北局常委、中共合江省委书记、中央东北局组织部部长、中共辽东省委书记等。中华人民共和国成立后，历任中华人民共和国驻苏联大使，外交部副部长、党组副书记等。1959年庐山会议遭到错误批判，被撤销相关职务。1960年11月任中国科学院社会科学部经济研究所特约研究员。中共第六、七、八届中央委员，第六、七届中央政治局委员，第八届中央政治局候补委员，第六届中央政治局常委。

45 陈望道（1891—1977）

浙江义乌人。1915年赴日留学。1919年6月回国，任浙江第一师范学校语文教师，参加新文化运动。1920年4月应星期评论社邀请到沪任职，后《星期评论》被迫停刊，遂应陈独秀之请参加《新青年》的编辑工作。同年6月、8月中国共产党发起组和上海社会主义青年团先后成立，是中国共产党发起组成员和上海社会主义青年团的发起人之一。1920年8月翻译的《共产党宣言》第一个中文全译本出版。1921年11月任中共上海地方委员会第一任书记。1922年脱党。此后，长期从事文化教育活动，担任过上海大学教务长、上海大学中文系主任、复旦大学新闻系主任等。1934年参与发起"大众语运动"，创办《太白》半月刊。1950年任华东军政委员会文化教育委员会副主任、华东文化部部长。1952年至1977年任复旦大学校长。1955年当选中国科学院哲学社会科学学部委员。1960年任《辞海》编辑委员会主编。1951年加入中国民主同盟，并担任民盟中央副主席、民盟上海主任委员。1957年6月重新加入中国共产党。

▲ 陈望道

46 吕士才（1928—1979）

浙江绍兴人。1942年到上海当学徒。1947年通过自学考进药联高级药学职业补习学校。1949年毕业后，参加格致中学夜校高中部学习。1951年2月考入中国人民解放军第二军医大学（今海军军医大学）。1953年10月加入中国共产党。1956年毕业后，被分配到第二

▲ 吕士才

军医大学附属长征医院当军医。1979 年 1 月担任长征医院手术队队长，隐瞒自身病情带队奔赴对越自卫反击战的广西前线。同年 5 月 13 日，手术队返回上海后才接受治疗，在病床上还坚持测画战时微型手术器械图纸等。1979 年 10 月 30 日逝世。1980 年被中央军委授予"模范军医"称号。

47 彭加木（1925—1980）

▲ 彭加木

广东番禺（今属广州）人。1947 年毕业于中央大学农学院。1949 年后，在中国科学院生理生化研究所、中国科学院综合考察委员会、中国科学院上海生物化学研究所先后担任助理研究员、副研究员、研究员。1953 年 10 月加入中国共产党。1956 年后坚持到祖国边疆发展科学事业，足迹遍及新疆、云南、福建、甘肃、陕西、广东等十余个省区，先后 15 次进新疆考察和参与中科院新疆分院的筹建工作，后任该院副院长。曾冒着生命危险，先后三次进入我国最干旱的地区之一——新疆罗布泊进行科学考察。在科研基地的扩展，资源的综合考察和利用，技术系统的建立以及对植物病毒的发病控制和诊断技术方面都作出重要成绩。1980 年 6 月带领科学考察队胜利完成了我国近代史上第一次穿越罗布泊干涸湖底的任务，6 月 17 日在为考察队找水的途中不幸遇难。1981 年 11 月 17 日被上海市政府授予"革命烈士"光荣称号。2009

年9月，被评为"100位新中国成立以来感动中国人物"。

48 刘晓（1908—1988）

湖南辰溪人。1926年春考入上海政治大学，12月加入中国共产党。1927年参加上海工人第三次武装起义。1928年秋任中共奉贤县委书记。1931年1月任中共江苏省委秘书长。1932年先后担任中共福建省委常委兼组织部长、省委代理书记。1933年任中共粤赣边区会昌中心县委书记、粤赣省委书记、军区政委。1934年10月参加长征。后任红一军团政治部地方工作部部长、红军前敌总指挥部政治部地方工作部部长、援西军政治部主任。1937年5月参加党的白区工作会议。会后，被党中央派往上海，负责中共江苏省委的恢复与重建工作。同年7月任中共上海三人团书记，11月任中共江苏省委书记。1943年3月任中央华中局敌区工作部部长。1944年9月任中央城市工作部副部长。1946年初回上海继续负责领导上海地方党组织工作。1947年1月任中央上海分局书记，5月任中央上海局书记。1949年5月任中共上海市委副书记，同年8月任中共上海市委第三书记。1949年7月任中央华东局委员兼组织部部长。1950年1月任中共上海市委第二书记。1955年2月起，历任中国驻苏联大使、外交部常务副部长、中国驻阿尔巴尼亚大使、外交部顾

▲ 刘晓

问。中共第七届中央候补委员，第八届中央委员，中央顾问委员会委员。

49 盛铃发（1944—1989）

▲ 盛铃发

上海人。1962年8月参军，1965年6月加入中国共产党。在部队历任班长、排长等职，多年在海岛守卫。1982年转业到上海市公安局，曾任刑侦处二队侦查员、副指导员、副队长。1984年被评为上海市打击经济领域严重犯罪活动的先进个人。1989年7月28日晚，接到线索带领侦查员前去调查劳改农场潜逃犯在上海进行诈骗犯罪活动的有关问题。在抓捕罪犯的过程中，被歹徒刺伤，当场牺牲。8月11日被公安部追授"全国公安战线二级英模"称号。8月22日被上海市政府授予"革命烈士"光荣称号。9月28日被中共上海市委追认为"上海市优秀共产党员"。

50 陈云（1905—1995）

江苏青浦（今属上海）人。1925年参加五卅运动，任商务印书馆发行所职工会委员长，参与领导商务印书馆大罢工。同年加入中国共产党。1927年四一二反革命政变后，在上海参与领导农民运动和工人运动，历任中共青浦县委书记，淞浦特委组织部部长等。1931年5月任中共特科书记。同年9月，任临时中央政治局成员。1932年3月任临时中央政治局常委兼全国总工会党团书记。1933年1月赴中央革命根据地，后兼任中央白区工作部部长。1934年10月参加长征，任红五军团中央代表。1935年6月被派往上海恢复和开展党的秘密工作。1937年底被增补为中央书记处书记，任中央组织部部长。1944年任西北财经办事处副主任，主持陕甘宁边区的财政经济工作。解放战争时期，任中央东北局副书记、东北财经委员会主任、沈阳军管会主任等职。1948年10月当选全国总工会主席。中华人民共和国成立后，任政务院副总理兼财经委员会主任、中央书记处书记、国务院副总理、中共中央副主席、中央财经小组组长等，长期主持全国财政经济工作。党的十一届三中全会上，重新当选中央政治局委员、常委，中共中央副主席，同时当选中央纪律检查委员会第一书记。是以邓小平同志为核心的党的第二代中央领导集体成员。党的十三大后，担任中央顾问委员会主任。中共第六至十二届中央委员，第六、七、八、十一、十二届中央政治局委员，第六、八、十一、十二届中央政治局常委。

▲ 陈云

51 谢晋（1923—2008）

浙江上虞（今属绍兴）人。上海电影（集团）有限公司原电影导演。1943年就读于四川江安国立戏剧专科学校，毕业后入职重庆中青剧社。1953年后一直

▲ 谢晋

担任电影导演，代表作有《女篮 5 号》《红色娘子军》等。始终贯彻党的文艺方针，坚持艺术创作与时代发展同步，改革开放以来执导了《天云山传奇》《牧马人》《芙蓉镇》《高山下的花环》《鸦片战争》等一批思想性、艺术性相统一的优秀电影，为拨乱反正、解放思想发挥了积极作用。其作品集中展现了改革开放以来人民思想解放、时代风云激荡的历程，为我国社会主义文艺事业繁荣发展和人民群众思想文化建设作出了突出贡献。荣获"国家有突出贡献电影艺术家"称号和第二十五届中国电影金鸡奖终身成就奖等。2018 年 12 月，入选 100 名改革开放杰出贡献人员名单，获得"改革先锋"荣誉称号。

52 谷超豪（1926—2012）

▲ 谷超豪

浙江温州人。著名数学家、中国科学院院士、复旦大学原副校长、中国科技大学原校长、温州大学原校长、复旦大学数学研究所名誉所长。1940 年 3 月加入中国共产党。1948 年浙江大学毕业后留校任教。1953 年起在复旦大学任教。1957 年赴苏联莫斯科大学学习，后获物理数学科学博士学位。主要从事偏微分方程、微分几何、数学物理等方面的研究和教学工作。首次提出了高维、高阶混合型方程的系统理论，在超音速绕流的数学问题、规范场的数学结构、波映照和高维时空的孤立子的研究中取得了重要的突破。曾荣

获 2009 年度国家最高科学技术奖、国家自然科学奖二
等奖、上海市首届科技功臣奖、何梁何利基金科学与
技术成就奖等。

53　汤庆福（1947—2013）

浙江宁波人。原上海市外经贸委（市外资委）副
主任、上海市口岸办原副主任、上海 WTO 事务咨询
中心原副理事长。参与筹建 1999 年上海工博会和 2002
年上海跨国采购大会。2001 年中国加入世界贸易组织
后，参与设计上海的行动方案和各种应对措施。2007
年 9 月退休后，任上海进出口商会会长，兼任中国外
经贸企业协会副会长、上海市经济团体联合会执行副
会长、上海现代服务业联合会副会长。2008 年国际金
融危机爆发后，带领商会坚持"自主办会，服务立会，
创新强会"的理念，尽心为外贸企业服务，帮助企业
排忧解难。坚持公权只姓"公"，被外经贸系统公认为
"为民、务实、清廉"的好干部，获"全国外经贸系统
先进工作者"等称号。2014 年 10 月被中央宣传部追授
"时代楷模"荣誉称号。

▲ 汤庆福

54　邹碧华（1967—2014）

江西奉新人。上海市高级人民法院原党组成员、
副院长、高级法官。1988 年 7 月北京大学毕业后进入

▲ 邹碧华

上海市高级人民法院工作。1999 年 5 月加入中国共产党。坚持司法为民、便民利民，在依法公正行使审判权中彰显公平正义，把先进管理理念和现代技术手段运用到工作实践中，独创的审判工作方法成为法院系统学习宝典。先后参与审理社保基金追索案、北方证券破产案、房屋维修基金案等一大批全国瞩目的重大疑难案件。规范设立上海法院系统便民服务热线，受到群众欢迎。积极推进法院管理科学化，牵头起草上海市法院司法改革试点工作实施方案，推动上海市法院司法体制改革工作。2014 年 12 月 10 日不幸因公殉职，后被追授"时代楷模""全国模范法官""全国优秀共产党员"等荣誉称号。2018 年 12 月，入选 100 名改革开放杰出贡献人员名单，获得"改革先锋"荣誉称号。

55 钟扬（1964—2017）

▲ 钟扬

湖南邵阳人。复旦大学原党委委员、研究生院院长、生命科学学院教授、博士生导师。1984 年中国科学技术大学毕业后，进入中国科学院武汉植物研究所工作。1991 年 6 月加入中国共产党。2000 年调入复旦大学。长期从事植物学、生物信息学研究和教学工作，在分子进化、青藏高原植物多样性与适应机制等前沿领域取得一系列重要研究成果，是我国生物资源与安全领域的重要专家。中央组织部第六、七、八批援藏干部，教育部长江学者奖励计划特聘教授，国家杰出青年科学基金获得者。曾获国家科技发明二等奖、教育部自然科学一等奖等。2017 年 9 月 25 日在赴内蒙古为民族干部授课途中遭遇车祸，不幸因公殉职。2018 年 3 月被中央宣传部追授"时代楷模"荣誉称号。

56 王逸平（1963—2018）

上海人。中国科学院上海药物研究所研究员、博士生导师、药理室心血管药理实验室研究组长，兼任中国药理学会理事、《中国药理学报》编委。1988 年从上海第二医科大学（现上海交通大学医学院）硕士毕业后，进入中国科学院上海药物研究所工作，从事心血管药理研究。研发了现代中药丹参多酚酸盐，先后完成 50 多项新药药效学评价，构建了完整的心血管药物研发平台和体系。曾获国家技术发明二等奖、"全国先进工作者"、"上海市优秀共产党员"荣誉称号。2018 年 11 月被中央宣传部追授"时代楷模"荣誉称号。

▲ 王逸平

57 吴孟超（1922—2021）

福建闽清人。著名肝胆外科专家、中国科学院院士、海军军医大学（原第二军医大学）东方肝胆外科医院原院长、我国肝胆外科的创始人和开拓者。1949

▲ 吴孟超

年同济大学医学院毕业参加工作，1956 年起从事肝脏外科事业。1956 年 3 月加入中国共产党。创立了肝胆外科的关键理论和技术体系，创造性地提出肝脏解剖"五叶四段"新见解，为肝脏手术奠定了解剖学基础；发明了"常温下间歇肝门阻断切肝法"和"常温下无血切肝法"，开创了我国肝脏手术止血技术革新的先河，成功进行了中肝叶切除术，打破了人体中肝叶手术禁区。还开辟了肝癌基础与临床研究的新领域。曾荣获 2005 年度国家最高科学技术奖、国家科学技术进步一等奖和全国科学大会奖等，被中央军委授予"模范医学专家"荣誉称号。

四

重要革命
遗址旧址

01 中国共产党发起组成立地（《新青年》编辑部）旧址

位于黄浦区南昌路 100 弄（原环龙路渔阳里）2 号。旧址建于 1912 年，为坐北朝南的两楼两底砖木结构石库门旧式里弄住宅建筑，现为上海市文物保护单位。

1920 年春，陈独秀到上海，迁居于此。同年春，俄国共产党（布尔什维克）代表维经斯基经李大钊介绍到上海，在此会见陈独秀，商讨建立中国共产党的问题。5 月毛泽东来上海后，曾到此会晤陈独秀，讨论了马克思主义和湖南改造等问题。6 月，陈独秀与李汉俊、俞秀松、施存统、陈公培在此开会，成立中国共产党发起组。8 月定名为共产党。

《新青年》编辑部随陈独秀迁到此处，随后，《新青年》改为中共发起组的机关刊物。同年年底，陈独秀前往广州担任广东省教育委员会委员长，《新青年》交由陈望道负责编辑，参加编辑的还有沈雁冰、李达、李汉俊。1920 年 11 月 7 日，中共发起组又在此创办由李达担任编辑的《共产党》月刊。

▲ 中国共产党发起组成立地（《新青年》编辑部）旧址

1921 年，中共发起组在此筹备中共一大召开事宜。同年 7 月，中共一大闭幕后，这里成为中共中央局机关，1922 年 8 月搬离老渔阳里。

02 留法勤工俭学出发地（黄浦码头旧址、汇山码头遗址）

汇山码头位于北外滩滨江公平路—临潼路岸线；黄浦码头位于秦皇岛路 32 号。现黄浦码头尚在，汇山码头已拆除。

20 世纪 20 年代初，为了探寻救国救民的真理，许多向往民主与科学的有志青年和有识之士，在此赶赴法国勤工俭学。1919 年 3 月，毛泽东曾在此欢送留法勤工俭学的湖南青年登上"因蟠丸"邮船。

从 1919 年 3 月到 1920 年底，在此出发留法勤工俭学生约有 20 批共 1600 余人。这些有志青年在留学期间大都接受了马克思主义，最终走上革命的道路。

▲ 黄浦码头

03 中国共产党第一次全国代表大会会址

位于黄浦区兴业路 76 号（原望志路 106 号）。会址建于 1920 年，是一幢沿街两层砖木结构建筑，坐北朝南，为上海典型的石库门式样建筑，现为全国重点文物保护单位。

1921 年 7 月 23 日至 30 日，中国共产党第一次全国代表大会在此客厅召开。出席大会的有李达、李汉俊、张国焘、刘仁静、毛泽东、何叔衡、董必武、陈潭秋、王尽美、邓恩铭、陈公博、周佛海、包惠僧等 13 人，共产国际代表马林、尼克尔斯基也参加了大会。7 月 30 日，会址受到法租界巡捕房的注意和搜查。最后一天的会议临时转移到浙江嘉兴南湖的一艘游船上举行。中共一大制定并通过了《中国共产党第一个纲领》和《中国共产党第一个决议》，选举产生了党的中央领导机构，宣告了中国共产党的诞生。

▲ 中国共产党第一次全国代表大会会址

1921年6月，陈独秀、李大钊、李达、李汉俊等人发起成立新时代丛书社，编辑出版《新时代丛书》，这里成为该社通讯处。1922年，李家他迁，该处为其他居民租用。

1951年，会址经李达踏勘确认后，初步勘定。1958年，会址重新按当年建筑原状修复，拆除改建时增添的厢房，在楼下客厅复原一大会议场景。

04 中国共产党第一次全国代表大会代表宿舍旧址

位于黄浦区太仓路127号（原白尔路389号）。旧址为沿马路两层砖木结构石库门建筑，坐南朝北，内外两进，现为全国重点文物保护单位。

1921年7月，李汉俊、李达筹备中共一大时，正值暑假，博文女校校址靠近望志路106号。于是，他们就以北京大学暑期旅行团名义向博文女校校长

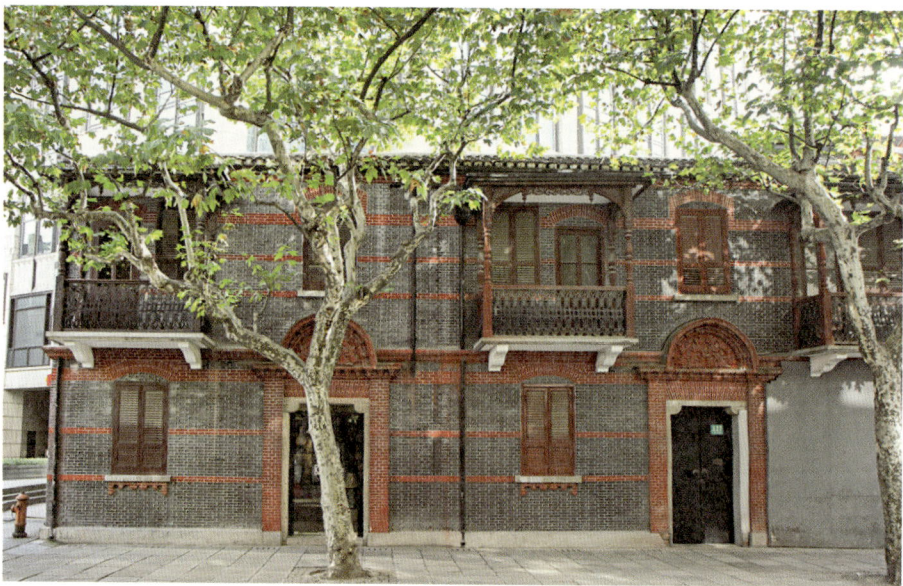

▲ 中国共产党第一次全国代表大会代表宿舍旧址

黄绍兰借得校舍。参加中共一大的毛泽东、何叔衡、董必武、陈潭秋、王尽美、邓恩铭、包惠僧、刘仁静、周佛海9人，在会议召开期间，借宿于此。代表们均住前进二楼，毛泽东、何叔衡住西半间，董必武、陈潭秋住东半间，包惠僧、周佛海、刘仁静住沿路的东侧北半间和中间。由于天气酷热，代表们大多睡在草席铺的楼板上。7月22日，代表们曾在东侧北半间举行预备会议，推举张国焘为会议主席，毛泽东、周佛海为记录，商讨和通过大会议程和开会地点。中共一大会议中讨论交流、酝酿有关文件等大量活动也在此举行。

05 中国社会主义青年团中央机关旧址

位于黄浦区淮海中路567弄（原霞飞路渔阳里）6号。旧址是一幢两楼两底砖木结构石库门住宅，现为全国重点文物保护单位。

旧址原为戴季陶寓所，1920年6月戴季陶迁走后，房子由杨明斋和陈独秀继续租赁下来，在俄共（布）维经斯基指导下，杨明斋在此创办中俄通信社。同年8月22日，俞秀松等8位青年在这里发起创立上海社会主义青年团，由俞秀松任书记。团的发起人有施存统、沈玄庐、陈望道、李汉俊、金家凤、袁振英、

▲ 中国社会主义青年团中央机关旧址

俞秀松、叶天底。9月，中国共产党发起组在这里开办外国语学社，培养青年党团干部，并为输送青年赴俄留学做准备，由杨明斋负责，俞秀松任秘书。教师有李汉俊、李达、袁振英、王元龄（女）、库兹涅佐娃（女）等，学生有刘少奇、任弼时、罗亦农、王一飞、汪寿华、萧劲光、柯庆施、许之祯等50余人。

1921年3月，中国社会主义青年团临时中央执行委员会成立后，这里成为团中央的机关。同年初，李汉俊组织成立教育委员会，选送青年团中的优秀分子去莫斯科留学。同时，中国共产党发起组还在这里领导筹组上海机器工会，举行首次三八妇女节纪念活动以及筹备纪念五一节活动等。1921年4月29日，法租界巡捕房搜查渔阳里6号。同年5月，由于团员成分复杂，信仰各异，领导骨干的不足，青年团暂时停止活动。

06 中国共产党第二次全国代表大会会址

位于静安区老成都北路7弄30号（原南成都路辅德里625号）。旧址是一幢一开间旧式石库门里弄住宅，现为全国重点文物保护单位。

1922年7月16日至23日，中共二大在上海召开。其中7月16日的全体大会，在此举行。陈独秀、张国焘、李达、杨明斋、罗章龙、王尽美、许白昊、蔡和森、谭平山、李震瀛、施存统等12名代表（其中一人姓名不详）参加此次会议。中共二大通过了《中国共产党宣言》及9个决议案，确定了党的民主革命纲领，提出了民主联合战线的思想，制定了第一部《中国共产党章程》，选举产生了中央执行委员会。

这里还是党的第一个出版社——人民出版社的所在地，也是当时中央局宣传主任李达的寓所。1921年9月1日，人民出版社在此成立，由李达负责具体工作。出版社计划出书49种，然由于经费、人力等原因，出版了《共产

▲　中国共产党第二次全国代表大会会址

党宣言》《工钱劳动与资本》《共产党礼拜六》《资本论入门》《国家与革命》以及《劳动运动史》《两个工人谈话》《李卜克内西纪念》等。1923年，人民出版社与新青年社合并。

　　1958年，上海有关部门经过艰难查访，最终确证中共二大会址，并根据李达、王会悟等人的有关回忆和文献记载，对它重新进行复原布置。20世纪末，上海开始建造延安高架路，鉴于中共二大在中国革命史上的重大意义，有关部门对原来的规划作了修改，高架路为会址让道，到这里有个细微的转弯。

07　中国共产党第四次全国代表大会遗址

　　位于虹口区东宝兴路254弄28支弄8号处。原建筑是一幢砖木结构假三

251

层石库门住宅，坐西朝东，1932 年淞沪抗战期间毁于日军炮火。遗址现为上海市文物保护单位。

1925 年 1 月 11 日至 22 日，中国共产党第四次全国代表大会在此召开。二楼设会场，放有黑板、讲台和课桌椅，每位与会者都持有一本英文书，布置成英文补习课堂。三楼作为部分外地代表的宿舍。底楼是空着的客房，进出均走后门。出席中共四大的代表有陈独秀、蔡和森、瞿秋白、林育南、周恩来、陈潭秋等 20 人。中共四大提出了无产阶级在民主革命中的领导权和工农联盟问题，对民主革命的内容作出更加完整的规定。中共四大后，党组织进一步发展壮大，党员队伍不断发展壮大，人数从四大召开时的九百余人发展到五大前的近五万余人。中共四大闭幕后，会址交由中央工农部使用，为中央工农部工作人员住宿地。

20 世纪 80 年代初，中共四大遗址经四大与会人员郑超麟实地勘察后，确定地址。

▲ 中国共产党第四次全国代表大会遗址纪念碑

08 中国社会主义青年团中央局机关遗址

位于静安区大沽路 400—402 号（原新大沽路 356—357 号）。原建筑是两幢沿街并排砖木结构一开间两层旧式石库门住宅，坐北朝南，现已拆除，所在地块被改建为中凯城市之光住宅社区。遗址现为上海市文物保护单位。

1922 年 1 月，施存统从日本回国，党中央派他负责团的临时中央局的工作。施存统租下这里作为团临时中央局办公机关。在此期间，临时中央局在上海发动悼念被反动派杀害的湖南劳工会负责人黄爱、庞人铨的活动；组织"马克思学说研究社"和"非基督教学生同盟"；出版团的机关刊物《先驱》半月刊第 4—7 期；发展团组织，不到半年，各地建立团组织的有 17 处，团员达 5000 余人；等等。

1922 年，在广州召开中国社会主义青年团第一次全国代表大会后，团中央迁回上海，机关仍设于此。1922 年 6 月 9 日，租界巡捕房以"妨碍治安"为由查封此处。此后，团中央机关移至他处，继续领导全国青年运动。

▲ 中国社会主义青年团中央局机关遗址

09 中国劳动组合书记部旧址

位于静安区成都北路899弄（原北成都路19号C）。旧址是一幢砖木结构一开间两层坐西朝东旧式石库门里弄住宅，1999年，因成都路高架工程建设需要，在成都北路893弄7号易地重建，现为上海市文物保护单位。

中国共产党诞生后，即把组织领导工人运动作为党的中心工作。1921年8月，中国劳动组合书记部在此成立。主任为张特立（张国焘），干事有李启汉、李震瀛、包惠僧等。书记部成立后，在湖南以及武汉、济南、北京、广州等地设立分部。上海由书记部直接领导开展工作，不另设分部。书记部在上海创办机关刊物《劳动周刊》，开办工人补习学校，组织工会，成立"上海各业工会代表团"同招牌工会斗争，支援香港海员罢工，发起召开了第一次全国劳动大会，纪念五一劳动节，领导工人参加反帝反军阀斗争和罢工斗争等。并以1922年1月香港海员罢工为起点，以1923年2月京汉铁路工人罢工为终点，掀起了中国工人运动的第一个高潮。在13个月的时间里，全国发生罢工100余次，参加人数在30万以上；上海罢工54次，人数8万以上。这些罢工都是在书记部支援或直接领导下进行的。

▲ 中国劳动组合书记部旧址

随着工人运动的开展，中国劳动组合书记部引起了帝国主义的仇视，1922年7月，此处被公共租界工部局查封。书记部迁往北京，改称为中国劳动组合书记部总部，继续领导全国工人运动。

10 沪西工人半日学校遗址

位于普陀区安远路 62 弄（锦绣里）178—180 号。原建筑是一栋简陋的两层砖木结构工房，现已拆除。遗址现为普陀区文物保护单位。

中国共产党发起组在上海成立后，1920 年秋，为实践马克思主义必须和工人运动相结合的理论，对工人进行文化和马克思主义思想教育，李启汉租下此处，开办工人学校。楼下 3 间连成一大间作教室，内放 28 套课桌和凳子。楼上一大一小两间，小间放一张床和一只写字台，为李启汉的宿舍兼办公室；大间两室连通，用作教室。当

▲ 沪西工人半日学校遗址

时没有电灯，教室里挂一盏煤油灯，用于上课照明；又放一台留声机，供学生学习使用。工人分早晚两班上课，故称"半日学校"。这是中国共产党早期组织创办的第一所工人学校。

1921 年 8 月，中国劳动组合书记部派干事李震瀛来校任教，在半日学校基础上，易名为"上海第一工人补习学校"。1922 年 7 月，中国劳动组合书记部被租界当局封闭，学校也就被迫停办。

11 上海机器工会临时会所遗址

位于黄浦区自忠路 225 号（原西门路泰康里 41 号）。原建筑是一幢坐南朝北砖木结构的两层沿街住宅，现已拆除，所在地块被改建为"翠湖天地御苑"住宅小区。

中国共产党发起组成立后，在创办工人半日学校对工人进行启蒙与教育的同时，还号召觉悟的工人赶快自己联合起来，组织真正的工人团体。1920年秋，江南造船所锻工李中受中国共产党发起组委托，发起组织上海机器工会。10 月，上海机器工会发起会在霞飞路渔阳里（今淮海中路 567 弄）6 号召开。李中担任临时主席并作了报告。陈独秀、杨明斋、李汉俊、李启汉等中共发起组成员到会，并被推举为名誉会员，陈独秀还发表了演说。会上，通过了《机器工会章程》。11 月，上海机器工会正式成立。上海机器工会是中国产业工人在党领导下成立的第一个工会组织。上海机器工会发起会召开后，临时会所曾设于此。

▲ 上海机器工会临时会所遗址

12 又新印刷所旧址

位于黄浦区复兴中路 221 弄（原辣斐德路成裕里）12 号。旧址为一幢两层坐北朝南砖木结构旧式石库门里弄住宅，现为黄浦区文物保护点。

1920年初，上海《星期评论》社约请陈望道翻译《共产党宣言》，准备在该刊转载。译稿完成后，遭该刊被迫停刊。陈独秀与国际代表维经斯基商量后，以"社会主义研究社"的名义秘密出版此书。中共发起组在此处租下一间房子，建立了一个小型印刷所——"又新印刷所"，蕴"日日新又日新"之意。又新印刷所所承印的第一本书便是《共产党宣言》。1920年8月，第一个中文全译本《共产党宣言》首版印刷1000本，很快售罄，9月再版，加印1000册。同时印刷的还有

▲ 成裕里

《马格斯资本论入门》等书籍。《共产党宣言》中文全译本的出版使马克思主义在中国迅速传播开来。

13 中共三大后中央局机关三曾里遗址

位于静安区公兴路临山路口（原香山路三曾里）。原建筑为一幢两层楼石库门房子，1932年在一·二八淞沪抗战中被日军炸毁。遗址现为上海市文物保护单位。

中共三大召开以后，党中央根据当时革命形势的发展需要，决定将中央局机关迁回上海。1923年7月，中央执行委员、农工部部长王荷波（后增补

▲ 中共三大后中央局机关三曾里遗址纪念标志

为中央局成员）受党中央委派到上海，在三曾里租下这幢房子，作为党中央机关的秘密办公场所。7月至9月，中央局5名成员中除谭平山留驻广东外，陈独秀、毛泽东、蔡和森、罗章龙等先后来到上海。在三曾里居住的有：毛泽东、杨开慧住楼下前厢房，蔡和森、向警予夫妇住楼下后厢房，罗章龙住楼上。党中央开会、办公均在楼上。

为隐蔽起见，住在这里的"三户人家"对外称"王姓兄弟"，向警予是"户主"，门外挂"关捐行"（帮人填外文表格到海关去报税）招牌作为职业掩护。楼里专门设有陈独秀床位，陈独秀曾在这里工作、留宿。王荷波、恽代英等常来此开会。共产国际代表常派人来此联系工作。三曾里是中共三大后中央局集中办公的一处秘密机关。1924年6月至7月间中央局机关搬迁至他处。

14　中共中央联络点遗址

位于北京西路 1060 弄内（原爱文义路望德里 1239 号半），原建筑为一幢砖木结构旧式石库门住宅，现已拆除，所在地块被改建为银发大厦。

1927 年 10 月上旬，中共中央机关从武汉迁至上海，周恩来着手整顿和重建中央各秘密机关。因为这里当时属租界，各方杂处，居民集中，便于隐蔽和掩护，所以将中共中央临时政治局的一处秘密联络点设在此处。邓小平曾到此汇报工作。1928 年 4 月 15 日，时任中共中央临时政治局常委的罗亦农在这里与中共山东省委的同志接头时，因叛徒何家兴夫妇的出卖，被租界巡捕逮捕。这是党中央机关迁回上海

▲ 中共中央联络点遗址

遭到第一次破坏。三天后，罗亦农被引渡到龙华淞沪警备司令部。1928 年 4 月 21 日，罗亦农慷慨就义。

15　中共中央政治局联络点遗址

位于静安区石门一路 336 弄 9 号（原同孚路柏德里 700 号），原建筑为一幢砖木结构的两上两下里弄住宅，坐北朝南，因市政建设该建筑现已拆除，所在地块被改建为兴业太古汇。

▲ 中共中央政治局联络点遗址

大革命失败后，1927 年 10 月上旬，中共中央机关从武汉迁回上海，这里是最早建立的中共中央政治局联络点之一。彭述之夫妇、黄玠然夫人杨庆兰、陈赓夫人王根英，还有法国留学生白载昆等以房东和房客身份居住在此。此处为一个负责处理党中央的日常事务的重要机关。时任中央政治局常委、组织部部长的周恩来和中央秘书长邓小平几乎每天要到这里来办公。中央各部和各地都来此请示工作。凡属事务性的问题都由秘书长邓小平直接处理。有关政策性的问题都由周恩来亲自处理，重大问题还要交政治局会议讨论决定。此外，中共中央机关刊物《布尔塞维克》的稿件，都由中央秘书处派人送到这里，经领导审定后，再由内部交通转给毛泽民主管的印刷厂印刷发行。

16 中共中央联络处旧址

位于虹口区四川北路 1953 弄（永安里）135 号。旧址为砖混结构三层联排式里弄住宅，现为上海市文物保护单位。

1928 年黄玠然调到《布尔塞维克》编辑部工作后，在这里建立了一个中央联络开会的机关。由黄玠然夫妇与他的父母居住于此，掩护机关。黄玠然调任中央秘书处长搬离此处后，由张纪恩和张越霞以假夫妻名义（后两人结婚成为

▲ 中共中央联络处旧址

260

正式夫妻）在此居住，作为掩护。当时，张纪恩是中央秘书处文件阅览处负责人。中央领导同志曾在这里阅办文件；周恩来、罗登贤、李维汉等都曾到这里开会，布置具体工作；陈独秀和郑超麟也曾来过这里，商量工作。1928年秋天，张纪恩等搬至浙江路清和坊内。

17 中共中央政治局机关旧址（1928—1931年）

位于黄浦区云南中路171—173号（原云南路447号）。旧址为一幢坐西朝东钢筋水泥结构的两层沿街楼房，现为上海市文物保护单位。

1928年春，在上海担任党中央会计工作的熊瑾玎以商人身份租得云南路447号生黎医院楼上的三间房间，设立党中央政治局机关，并挂出"福兴"商号的招牌作为掩护，对外声称经营湖南纱布。他的夫人朱端绶则协助承担机关内部事务和抄写中央文件的任务。1928年秋到1931年4月，中央政治局、中

▲ 中共中央政治局机关旧址（1928—1931年）

央军委、江苏省委的领导周恩来、项英、瞿秋白、李立三、彭湃、李维汉、李富春、任弼时、邓中夏、邓小平等经常到这里开会。一些党内问题，如顺直省委、江苏省委问题的解决，中央对各地红军发出的重要指示，中共六届二中全会、三中全会的准备工作，均在此讨论酝酿。1931 年 4 月，顾顺章被捕叛变。周恩来指示熊瑾玎、朱端绶搬迁，将中央文件、账簿等转移到别处隐蔽。这里是中共中央在上海期间使用时间最长的一处机关。

18 中共临时中央政治局机关旧址

▲ 中共临时中央政治局机关旧址

位于静安区奉贤路 290 弄 1 号（原西摩路云上邨 1 号），旧址为一幢砖木结构两层旧式石库门里弄住宅。

1931 年，因中共中央政治局候补委员顾顺章、中央政治局常务委员会主席向忠发先后叛变，留沪的政治局委员已不足半数，9 月下旬，经共产国际批准，中共临时中央政治局（简称"临时中央"）在上海成立。临时中央成立后，组织要求应修人等寻找一处独住的、适合一般中上等人家的新住所。应修人等最终选定了西摩路云上邨的一幢新造两层楼房。1931 年冬至 1932 年初，中共临时中央政治局机关设于此，名义上柯庆施是房东，住在楼上，应修人、曾岚夫妇作为机关工作人员住在楼下。时为临时中央政治局成员的博古、张闻天、陈云、康生等，曾在此开会讨论工作。

19 中共中央军委机关旧址

位于静安区新闸路 613 弄 12 号（原新闸路经远里 1015 号）。旧址为一幢砖木结构，坐北朝南的旧式石库门住宅，现为上海市文物保护单位。

大革命时期，中共中央于 1925 年设立军事部，1926 年改称为中央军事委员会。其任务为进行军事组织、联络和政治工作等。1928 年冬，中共中央军委机关设于此。

1929 年 8 月 24 日下午，中央军委、江苏省委军委在这里召开联席会议。由于叛徒白鑫的出卖，出席会议的中共第六届中央政治局常委兼中央军事部长杨殷、中共第六届中央政治局委员彭湃、中央军委委员颜昌颐、江苏省委军委干部邢士贞和上海总工会纠察队副总指挥张际春等 5 人在此被捕。周恩来当天晚上召集紧急会议，研究武装截击囚车的营救方案，后因枪支运来较晚，延误时机，营救未成。杨殷、彭湃等 4 人在狱中视死如归，1929 年 8 月，在龙华壮烈牺牲。

▲ 中共中央军委机关旧址

263

20 中共中央宣传部遗址

位于虹口区四川北路 1649 弄（安慎坊）32 号，原建筑是一幢坐北朝南的二层砖木结构里弄住宅，现已拆除，所在地块被改建为艾尚天地。遗址现为虹口区文物保护点。

中共四大以后，党领导的工农革命运动迅猛发展，出现了大的革命高潮。1926 年春至 1927 年 4 月，中共中央宣传部在此办公。当时中央宣传部由彭述之、蔡和森、瞿秋白等三人组成，办公室在过街楼，前间是《向导》编辑办公室，后间办公室兼存放图书资料。彭述之、沈雁冰、郑超麟等均在这里工作。中共中央机关刊物《向导》《新青年》丛书等在此编辑。中央局有时在此召开会议。宣传部主任彭述之、秘书郑超麟等人住在这里。上海工人第三次武装起义前后，陈独秀曾居住于此，听取关于武装起义的工作汇报。周恩来也曾在此工作、居住。1927 年 4 月，党中央迁往武汉后，此处改为中央交通处。

▲ 中共中央宣传部遗址

21 中共中央国际电台遗址

位于杨浦区长阳路 640 弄 61 号。原建筑因市政建设拆除。

1931 年，与国际台通报的中共中央国际电台设于此。中共中央建立了第一个秘密电台后，陆续培养了一批掌握无线电技术的青年。从苏联学习无线电通讯技术回国的毛齐华在上海从事秘密电台收发报工作。1931 年顾顺章叛变后，毛齐华租借到华德路乾信坊（今杨浦区长阳路 340 弄）的一间房子，将楼上开辟为工场，并在这里装配出一台台收发报机秘密送往根据地。1931年秋，由于联系人的疏忽，乾信坊工场不幸暴露，毛齐华等立即将工场秘密转移到此处。负责国际无线电台的程祖怡也搬到这里，一面与国际台通报，一面与毛齐华一起研究收发报机的改装问题。1932年一·二八淞沪抗战爆发后，中共中央国际电台从这里秘密转移。

22　中共中央无线电训练班旧址

位于黄浦区巨鹿路391弄（原巨籁达路四成里）12号。旧址为一幢三层砖木结构一开间坐西朝东石库门里弄住宅，现为黄浦区文物保护点。

1930年9月，中央特科在此开办无线电训练班。为掩人耳目，培训班门口挂"上海福利电器公司工厂"招牌。学员16人，由广东、江苏、湖南等地党组织选派。负责人顾顺章、李强。张沈川、吴克坚、涂作潮、宋廉、方仲如、毛齐华、陈宝礼、李元杰等人担任教学和领导工作。学员平时身着工作服，对外称工人，教职员对外称经理或工程技术人员。平时学校规定，不能与外界通讯或将训练班地址告诉他人，外出需请假，并按时归来，以三楼窗口放置的花瓶为安全信号。同年12月，6名中外捕探闯入，教师、学员20人被捕，先押法捕房，旋引渡市公安局，后均被判有期徒刑。训练班因遭破坏而结束。

▲ 四成里

23 中共中央第一座无线电台遗址

▲ 中共中央第一座无线电台遗址

位于静安区原大西路福康里 420 弄 9 号，原建筑是一栋三层楼石库门房子，现已拆除，所在地块被改建为美丽园大厦。

1929 年下半年至 1930 年 5 月，中共中央在上海建立的第一座秘密电台就设在这里。负责人是李强、张沈川。在这里居住和工作的还有蒲秋潮、黄尚英等人。所使用的第一台 50 瓦功率发报机是李强用无线电元件自己安装的。李强和张沈川还分头去各处教各地来的同志学收发报技术。1929 年年底，李强和黄尚英在香港开设分台。1930 年 1 月，两台成功通报。经香港分台的转递，上海的党中央和江西中央苏区的通讯往来终于迈进了无线电时代，有力地促进了革命事业的发展。1930 年 5 月，为了安全，电台迁到英租界静安寺路附近。

24 中共中央秘密印刷厂旧址

位于黄浦区新昌路 99 号。旧址是一幢坐西朝东、砖混结构沿街三层公寓式建筑，现为上海市文物保护单位。

1931 年初，中共中央出版发行部经理毛泽民布置钱之光在齐物浦路元兴里（周家嘴路 998 弄 146—148 号）筹建中共中央秘密印刷厂。同年 4 月，顾顺章叛变后，印刷厂转移到这里。其中，二楼两间为住房，三楼为排字、印刷及装订车间，底层开了一间烟纸店，印刷厂负责人是钱之光，化名徐之先，以烟纸店老板身份作掩护开展工作。施有章、赵锡群负责印刷，杜梅臣负责铸字、印模、制型版，杜延庆、霍彤光排字，何实山、何实嗣、钱宛正做装订、包装。印刷厂的主要任务是翻印苏区来的文件、文章，印制有关宣传形势、罢工斗争情况的传单，同时还曾印刷《党的建设》《红旗周报》《布尔塞维克》《实话》等刊物，直至 1932 年夏搬离此处。

25 中共中央秘书处机关遗址（青海路）

位于静安区青海路南京西路东南角附近（原青海路 19 弄善庆坊 21 号）。原建筑为一正一厢两开间两层旧式石库门里弄住宅，坐北朝南，现已拆除，所在地块被改建为街角绿地。

1927 年 9 月底，中共中央秘书处秘密迁沪后，机关曾设于此处。当时，秘书处由邓小平任秘书长，中央政治局常委周恩来常来秘书处指导工作，并起草中央重要文件。秘书处是中央工作的运转基地，上通下达的枢纽，下设 5 个科：文书科、内交科、外交科、会计科、翻译科。这里是中央刊物《每日宣传要点》的写作和印发地。同时，这里还是邓颖超任书记的中央直属支部（简称"直支"）活动地，周恩来、彭湃等中央领导曾在此召开过直支干事会。

▲ 中共中央秘书处机关遗址（青海路）

26 中共中央秘书处机关遗址（西康路）

▲ 中共中央秘书处机关遗址（西康路）

位于静安区南京西路西康路东北角（原小沙渡路24弄遵义里11号）。原建筑为一正一厢两开间两层旧式石库门里弄住宅，坐北朝南，现已拆除，所在地块被改建为恒隆广场。

1928年，中共中央秘书处机关曾设于此。中共中央秘书处机关遗址（西康路）是油印处所在地，负责将中央文件用药水密印在字画、手绢、线装书等的背面，由交通员传递出去；这里还是邓颖超任书记的中央直属支部活动地，周恩来、彭湃等中央领导都曾到这里参加过组织生活。当时中央的重要文件一般都由周恩来亲自起草，有关宣传工作和职工运动方面的文件，李立三和项英也参与起草。中央发给各地的指示，从这里发出。

27 中共中央秘书处机关旧址（江宁路）

位于静安区江宁路673弄（原戈登路文余里1141号）10号。旧址为一幢两楼两底的石库门建筑，现为静安区文物保护单位。

中共中央从武汉迁回上海后，在周恩来的建议下，中央秘书处租下这里，

▲ 中共中央秘书处机关旧址（江宁路）

辟为阅文场所，专供中央领导阅办文电，负责人为张唯一。1930年，阅文处迁往他处。1931年，中央秘书处张纪恩以他父亲的名义租下此处。张纪恩夫妇住在楼下，楼上的厢房是中共中央政治局开会和阅批文件的地方，布置成一个单人房间，房内布置有床铺、脸盆架，架上放着毛巾、牙刷、牙膏之类的住宿用品。楼上其他房客是登报招租来的，租给不相识的人。常到这里的中央领导有向忠发、周恩来、陈绍禹、张闻天、秦邦宪、罗登贤等。1931年4月，中央特科的顾顺章在汉口被捕叛变，周恩来迅速布置中央机关和领导人转移，中共中央秘书处的两大木箱文件也及时转移出去。6月22日，中共中央政治局常务委员会主席向忠发突遭逮捕。翌日，大批中西巡捕涌入秘书处，张纪恩夫妇当场被捕，并搜查了这所房子。所幸前一日中央派人运走了存放在楼上厢房的两大木箱文件，巡捕除搜到共产国际文件、王明用绿墨水写的手稿各一份外，一无所获。

28 中共中央组织部遗址

▲ 中共中央组织部遗址

位于静安区北京西路成都北路西北角（原北成都路 741 弄丽云坊 54 号），是一幢一楼一底两层楼的石库门住宅，坐北朝南，现已被拆除，所在地块被改建为静安雕塑公园。

1928 年至 1931 年，中共中央组织部曾设于此。组织部秘书恽代英、陈潭秋等人曾先后在一楼住过。中共六大后，时任中央政治局常委、中央军委书记、中央组织部部长周恩来经常来这里办公，二楼后楼即是周恩来当年办公的地方。在此期间，面对白色恐怖和秘密工作需要，周恩来着手制定各项秘密工作制度，提出党员职业化，机关群众化、社会化的重要原则，对加强白区党的建设起了重要作用；同时，随着苏区和红军的不断发展壮大，中共中央组织部在上海举办了许多秘密训练班培训干部，向苏区和红军输送人才。

29 中共中央特科机关旧址（中共六届四中全会会址）

位于静安区武定路 930 弄 14 号（原武定路修德坊 6 号）。旧址是一幢砖木结构假三层里弄房屋，现为上海市文物保护单位。

1927 年 10 月上旬，中共中央机关从武汉迁回上海。11 月，中央临时政治局决定在上海成立中央特科，由周恩来负责。中央特科（是党的政治保卫机构）归中央特委会领导，特科设总务、情报、保卫、无线电通讯四科主要任务

▲ 中共中央特科机关旧址（中共六届四中全会会址）

是保卫中央领导机关的安全。中央特科在白色恐怖的环境里开展了卓有成效的工作，保证了中共六届二中、三中、四中全会和第五次劳动大会、苏维埃区域代表大会等重要会议的顺利召开。

1931年1月，党的扩大的六届四中全会在这里举行。出席会议的有中央政治局委员和候补委员向忠发、周恩来、瞿秋白、关向应等9人，中央委员和候补中央委员任弼时、罗章龙等13人。列席会议的有王明（陈绍禹）、沈泽民、王稼祥、博古（秦邦宪）、柯庆施等15人。在共产国际代表米夫的直接干预下，全会改选了中央领导机构，原先不是中共中央委员、缺乏实际斗争经验的王明被选为中央委员，并进入中央政治局，掌握了中央领导权。自此，以王明为代表的"左"倾教条主义在党中央开始了长达4年的统治，使革命事业遭受了严重挫折。

30 中共中央与中央军委联络点旧址

位于黄浦区浙江中路 112 号二楼。旧址为一处砖木结构坐东朝西临街一开间两层住宅，现为上海市文物保护单位。

在中共六大开会期间，李维汉曾居于此处二楼，负责留守、主持中央工作。1928 年秋，中共中央秘书处张纪恩、张越霞夫妇搬到这里居住，用"机关家庭化"的形式作掩护。周恩来在这个联络点接待过各地负责同志，顺直省委的张兆丰、浙江省委的卓兰芳以及龙大道、杨善南等，与他们交谈全国的形势，商讨地方省委的工作。1928 年 10 月，中共中央在此召开政治局会议，出席者有蔡和森、李立三、杨殷、李维汉、邓小平等。

31 中共中央机关办公地点遗址

▲ 中共中央机关办公地点遗址（旧景）

位于黄浦区山西南路 344 号，原建筑是一幢坐东朝西砖木两层沿街住宅，所在地块被改建为上海物资大厦。

在 1929 年夏至 1930 年底，中共中央曾选取此处作为中共中央机关办公地点。当时，在房子外面挂上"荣丰号"的招牌，对外声称是做证券、股票生意。顾玉良（中共中央秘书处内交科科长）、沈恩珍夫妇带着孩子居住于二楼的后间，作为掩护机关。当时很多中央领导都曾在这里工作。任弼时、关向应、邓中夏、罗登贤、邓小平等曾在此处，就相关工作进行沟通交流谈话。管理财务的熊瑾玎更是常常来这里工作。同时，时任江苏省委书记的李维汉，也曾与江苏省委军委书记李硕勋在此商谈领导发动江苏的武装斗争等工作。

32 中共中央与共产国际代表联络点遗址

位于静安区南京西路 681—683 号（原静安寺路 681—683 号）。原建筑是一处两开间上下两层的沿街门面房，现已拆除。

1929 年至 1930 年前后，中共中央在此处设立与共产国际驻华代表联络处。大革命失败后的白色恐怖时期，中共中央与共产国际的联络只能秘密进行。1929 年夏，中共中央为与共产国际驻华代表联络，决定在静安寺路上开设古玩商店作掩护，受周恩来派遣，由朱锦棠任古玩店经理，直接与共产国际代表接洽、联络和传递文件。

33 中共中央文库遗址

位于静安区西康路 560 弄（原小沙渡路合兴坊）15 号。原建筑为一幢两层楼房，现已拆除，所在地块被改建为联谊西康大厦。

1935 年 2 月，中共中央文库负责人陈为人为地下秘密文库的安全，以高价租下了此处一幢两层楼房为中央文库。由于与党组织失去联系，经济来源断绝，生活困厄，工作艰辛，陈

▲ 中共中央文库遗址

为人等工作人员依然坚守在文库。1936 年秋，陈为人与党组织取得联系后，将中央文库大量党的机密档案和珍贵历史文献移交给其他同志。1937 年 3 月 13 日陈为人因劳累过度病逝。此后，中央文库几经转移，守护者数易其人，上海解放后，由陈来生将全部文件，共 104 包（16 箱）15000 余件，完整地交给上海市委，后移送中央档案馆保存。

34 任弼时旧居及团中央机关遗址

▲ 任弼时旧居及团中央机关遗址

位于黄浦区延安东路 1472 弄 7 号。原建筑因延安东路高架建设，已拆除。

1925 年 1 月，团中央机关设在这里的前楼，任弼时就住在这栋房子简陋的亭子间。屋内陈设极为简单，只摆了一张床、一张桌子和一只陈旧的书架。当时，团中央书记张太雷在广州，由任弼时代理团中央书记兼组织部长，恽代英任宣传部长，贺昌任青年部长。任弼时在这里多次召开团中央会议，组织发动各界青年学生积极投入反帝斗争。五卅惨案后，团中央迁往北四川路大德坊附近。

35 全国苏维埃代表大会中央准备委员会机关遗址

位于静安区愚园路 259 弄 15 号（原庆云里 31 号）。原建筑为一幢三层旧式楼房，后因市政建设拆除。

1930 年 8 月，中共中央为筹备中华苏维埃第一次全国代表大会，在上海举行了全国代表大会准备会议。会后不久，在此设立全国苏维埃代表大会中央准备委员会（简称"苏准会"）秘密机关，直至 1931 年 1 月。由时任中华全国总工会执行委员、秘书长林育南兼任"苏准会"秘书长，组织起草中华苏维埃共和国的宪

▲ 全国苏维埃代表大会中央准备委员会机关遗址

法大纲和各项法令、中华苏维埃全国代表大会选举条例等文件。这个机关当时也是党中央领导人经常活动的秘密地点之一。1930 年九十月间，周恩来、瞿秋白、李维汉、任弼时、恽代英、王稼祥等同志经常来这里指导文件起草工作。此外，李求实、何孟雄、柔石、胡也频等也来过此处开会。

36 中共中央上海局机关旧址（江苏路）

位于长宁区江苏路 389 弄 21 号。旧址为一幢砖结构、坐北朝南的三层楼新式里弄住宅建筑，现为上海市文物保护单位。

▲ 中共中央上海局机关旧址（江苏路）

1945年9月，根据刘长胜指示，由王辛南以私人名义租下这栋楼房作为党的秘密机关，并由张执一、方行两家老幼迁入居住，作为掩护。1947年1月以后，此处为中共中央上海分局、中共中央上海局的秘密机关，直到上海解放。楼房底楼客堂用于张执一、方行两家老人和孩子的日常活动，二楼为方行、王辛南夫妇住房。三楼是张执一、王曦夫妇住房，也是上海局开会、研究工作的地方。上海局的一些重要会议和活动主要是在此进行。除了上海局领导成员外，还有上海局文化工商统战委员会书记张执一、中共上海市委书记张承宗也曾来此开会。为了适应地下斗争环境，开会时，桌上放有麻将或扑克牌作掩护，方行、王辛南则在楼下守卫，散会后，又负责把"客人"送出去。在白色恐怖极为严重的情况下，这个秘密机关保证了上海局的安全和工作的顺利开展直至上海解放。

37 中国共产党代表团驻沪办事处旧址

位于黄浦区思南路73号。旧址是一幢三层西班牙式花园住宅，坐北朝南，西侧临街，现为全国重点文物保护单位。

　　1946 年 6 月，中共代表团在这里设立驻沪办事处，由于国民党阻挠，外称"周恩来将军寓所"，西大门户名牌刻"周公馆"三字。办事处设立后，中共代表团周恩来、董必武、邓颖超、陆定一、李维汉等先后来上海开展宣传及统战工作，多次在这里举行中外记者招待会和召开各界人士座谈会，向国内外人士介绍中共和平建国的各项方针、政策，揭露国民党反动派假和平、真内战，假民主、真独裁的阴谋。在办事处还成立了中共上海工作委员会（简称"上海工委"），书记华岗。上海工委成立后，编辑出版了英文《新华周刊》和《群众》周刊，与上海地方党组织共同领导发动了六二三反内战和平请愿运动，输送转移了大批革命干部。

　　1946 年 11 月，国共和谈破裂，周恩来率中共代表团返回延安，办事处随之改为中共代表团驻沪联络处，由董必武主持。1947 年 2 月，国民党政府决心彻底关闭和谈大门，于 28 日晚派宪警包围周公馆，限期撤离中共在沪人员。3 月 5 日，中共驻沪人员被迫离开上海，辗转返回延安。

▲ 中国共产党代表团驻沪办事处旧址

38 《布尔塞维克》编辑部旧址

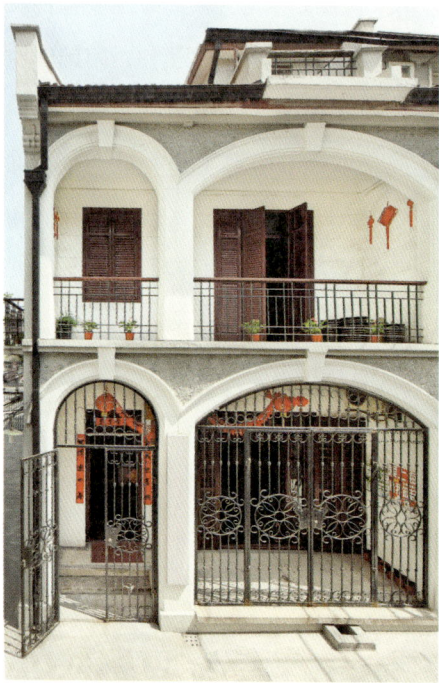
▲《布尔塞维克》编辑部旧址

位于长宁区愚园路 1376 弄 34 号（原亨昌里 418 号），旧址为假三层砖木结构新式里弄住宅，现为上海市文物保护单位。

1927 年大革命失败后，中共中央机关刊物《向导》被迫停刊。中央机关从武汉迁上海，决定继《向导》后重新出版中央机关刊物，并定名为《布尔塞维克》。编辑部即设在此处。编委会由瞿秋白、罗亦农、邓中夏、王若飞、郑超麟组成，后扩大为蔡和森、张太雷、毛泽东、周恩来、恽代英、任弼时、李富春等 26 人，瞿秋白为主任。《布尔塞维克》自 1927 年 10 月创刊至 1932 年 7 月，共编辑出版 52 期，其中编辑部设在亨昌里 418 号的 15 个月中出版了 31 期。这里当时不仅是党中央机关刊物的编辑机关，而且还成为党中央领导同志的革命活动的重要场所。1928 年 12 月，编辑部迁往别处。

39 上海工人第三次武装起义时工人纠察队沪南总部——三山会馆

位于黄浦区中山南路 1551 号。建于 1909 年的三山会馆是福建水果商人营建用以聚会和奉祀天后的地方，故又名天后宫。原址位于半淞园路 211 号，后

▲ 三山会馆

因辟通中山南路，三山会馆按原样移位重建。旧址现为上海市文物保护单位，是上海市唯一保存下来的上海工人纠察队指挥部旧址。

1927 年 2 月，中共中央和上海区委成立以陈独秀为首的特别委员会，领导上海工人第三次武装起义。在特别委员会下，分别建立以周恩来为首的特别军委和以尹宽为首的特别宣委。1927 年 3 月 21 日，上海工人在中国共产党的领导下举行第三次武装起义，沪南工人纠察队在三山会馆设立了联络点。上海工人第三次武装起义胜利后，上海总工会工人纠察队南市总部也设在这里。周恩来曾亲临指挥部慰问工人纠察队员。1927 年 4 月 12 日，蒋介石发动反革命政变，反动军警在此处缴了工人纠察队的全部枪械，工人纠察队进行了顽强抵抗。

40 五卅运动爱国群众流血牺牲地点

位于黄浦区南京东路 766—772 号门前。1925 年 5 月 30 日，五卅惨案即在此发生。现为上海市文物保护单位。

1925 年 5 月，内外棉七厂工人顾正红惨遭日本大班杀害，激起全市人民的极大愤慨。5 月 30 日，上海 3000 多名学生和工人组成演讲队，分赴租界各闹市区演讲和散发传单，抗议帝国主义侵略中国、枪杀工人顾正红的罪行。租界巡捕殴打和逮捕演讲的学生和工人。下午，愤怒的群众云集南京东路、六合路老闸巡捕房前，坚持要求释放被捕学生。老闸巡捕房英籍捕头爱活生下令向群众开枪射击，何秉彝、尹景伊、陈虞钦等 13 人当场牺牲，重伤数十人。这就是震惊中外的五卅惨案。

41 上海大学遗址（陕西北路299弄）

位于陕西北路 299 弄 4—12 号（原时应里 522—526 号）。原建筑因市政建设拆除，遗址为上海市文物保护单位。

▲ 上海大学遗址（陕西北路 299 弄）

上海大学前身是 1922 年春创办的东南高等专科师范学校（位于青云路青云里）。因校长假借学者名流之名办校携款出国引发学潮。学生要求改造学校，请陈独秀或于右任为校长。于右任出任校长后，改校名为上海大学，由国共两党力量共同办学。聘请邵力子出任副校长，经李大钊介绍，聘请邓中夏为校务长、瞿秋白为教务长。建立评议会作为学校的领导决策机构，请孙中山为名誉校董。于右任在筹备办学经费、扩建校舍等方面尽心竭力，但因忙于政务，学校实际工作由共产党和与共产党关系深厚的人士承担。

1924 年因校务发展，上大迁至陕西北路 342 弄（原西摩路 132 号），分部设在时应里。1925 年秋，上大迁至青云路 167 弄处（青云路师寿坊）。1927 年 2 月，上大又迁往江湾镇西新校舍。四一二反革命政变后，上大被国民党军队以武力查封。

上海大学很早就建立了中国共产党和青年团的组织。上大学生是大革命时期上海学生运动的主力。上海大学是反帝爱国运动的堡垒，全市青年学生运动的核心，当时有"文有上大，武有黄埔"之说。

42 中国左翼作家联盟成立大会会址

位于虹口区多伦路 201 弄 2 号（原窦乐安路 233 号）。旧址是一幢坐北朝南、砖混结构假三层花园住宅，现为上海市文物保护单位。

这里是中华艺术大学所在地。1929 年中共党组织接办该校，校长陈望道，

▲ 中国左翼作家联盟成立大会会址

教务长兼中国文学科主任是沈端先（夏衍）。1930年3月2日，在中国共产党领导下，中国左翼作家联盟（简称"左联"）成立大会在此召开。出席会议有50余人，鲁迅、沈端先、钱杏邨（阿英）三人为主席团成员。左联成立后，左翼文化运动自此蓬勃展开。这里成为"左联""美联""社联""剧联"的活动中心。1930年8月，此处被国民党当局查封。

43 《中国青年》编辑部旧址

位于黄浦区淡水路66弄4号（原萨坡赛路朱依里252号）。旧址是一幢一正一厢两开间两层坐北朝南旧式石库门里弄住宅，现为上海市文物保护单位。

《中国青年》是在党领导下创办最早的传播马列主义，坚持以爱国主义、共产主义精神教育青年的刊物。1923年8月社会主义青年团第二次全国代表大会在南京举行。10月，团中央的机关刊物《中国青年》在上海创刊，主编恽代英。创办之初，编辑部没有固定场所，信件由恽代英的居所辣斐德路186

▲《中国青年》编辑部旧址

号但一转，"但一"就是恽代英。

1924 年春，《中国青年》编辑部设在此处。二楼的客堂和亭子间是编辑部办公室，三楼小阁楼作印刷间，底楼客堂是《中国青年》创始人之一萧楚女的寓所。恽代英、邓中夏、林育南、任弼时、钟复光都担任过主编或编辑，在此工作、居住。《中国青年》出版后，成为团中央和各地团组织、各种青年团体和广大革命青年联系和通讯中枢，对指导各地团组织和教育团员青年起了积极推动作用。1927 年四一二反革命政变后，《中国青年》迁往武汉出版。

44　上海书店遗址

位于黄浦区人民路 1025 号（原小北门民国路振业里口 11 号）。原建筑是一幢坐东朝西砖木结构的街面住宅，现已拆除。遗址现为上海市文物保护单位。

上海书店是中国共产党早期的出版发行机构之一。1923 年秋，中共中央决定在上海创办一个公开的出版机构，抽调了在浙江女子师范学校里任教的徐白民来沪主持，租下了这所街面店房，楼下为书店，楼上过街楼为徐白民的宿舍和党内活动的秘密场所。11 月，上海书店开业，中共中央所有对外宣传的刊物，如《向导》《中国青年》《前锋》，以及《共产党宣言》《马克思主义浅说》《唯物史观》，还有瞿秋白的《社会科学讲义》《社会科学概论》、恽代英的《平民千字课》《反帝国主义运

▲ 上海书店遗址

动》等书籍都在这里出版发行。1925年12月中共中央派毛泽民来上海，任中央出版发行部经理，领导上海书店。1926年中共在长沙、广州、南昌、宁波等大中城市先后开设了发行机构，在香港和巴黎也设立了书报销售点，上海书店成为这些机构的供应处。同年2月，淞沪警厅以"煽动工团，妨害治安性质"为由派出探警查封了上海书店。

45 1927年中共江苏省委旧址

位于虹口区山阴路69弄90号（原施高塔路恒丰里104号）。旧址为一幢砖木结构单开间三层石库门新式里弄住宅，现为上海市文物保护单位。

四一二反革命政变后，陈延年按照中央指示，来沪担任中共上海区委（又称江浙区委）代理书记，在此设立办公机关。底层作会客室，二楼作会议室，三楼为交通员住处。

▲ 1927年中共江苏省委旧址

1927年6月上旬，中共中央政治局会议决定，撤销上海区委，分别成立中共江苏省委、中共浙江省委。江苏省委管辖范围除上海、江苏省外，还领导安徽省的凤阳、泗县、宿县、蚌埠等地的党组织。6月26日，中共江苏省委在此举行成立会议，陈延年为江苏省委书记，组织部部长郭伯和，宣传部部长王若飞。由于叛徒出卖，当天下午，机关遭敌人包围。陈延年、郭伯和奋不顾身与军警搏斗，掩护其他同志迅速从屋顶撤离，终因寡不敌众而被捕，江苏省委机关被破坏。7月，陈延年、郭伯和在枫林桥英勇就义。

46 中共上海区委党校旧址

位于黄浦区复兴中路（原辣斐德路）239弄4号。旧址为一幢砖木结构三层旧式石库门建筑，现为黄浦区文物保护点。

1926年11月，中共上海区委党校设于此，对外挂牌"启迪中学"。学员均为区委所属江浙地区及上海市区的基层党组织负责人，也有青年团干部，约三、四十人，按地区分成若干个小组。党校建有党支部，负责人是区委宣传部主任尹宽，组织委员王嘉模。党校严格规定，学员入学后不准外出，膳宿都在校内，过集体生活。党校的教员为中央及上海区委的领导人周恩来、罗亦农、王若飞、彭述之、瞿秋白、赵世炎等。课程设中国现代革命史、中国革命问题、政治经济学、世界革命史等。

1927年2月，上海工人第二次武装起义爆发，党校提前结束，学员们大都回各自的工作岗位。此地即成为工人武装起义的临时指挥部和联络处及组织纠察队骨干秘密进行武装训练的地点。周恩来、罗亦农、赵世炎、侯绍裘、汪寿华等人常来此开会碰头。

▲ 中共上海区委党校旧址

47 八路军驻沪办事处旧址

位于静安区延安中路 504 弄 21 号（原福煦路多福里）。旧址为一幢砖木结构坐北朝南二楼二底有厢房的新式石库门里弄住宅建筑，现为上海市文物保护单位。

▲ 八路军驻沪办事处旧址

1937 年 3 月李克农到上海后，曾租借此地，并在这里秘密成立红军驻沪办事处，对外称"李公馆"。红军改编为八路军前后，中共中央决定，由李克农、潘汉年和刘少文等在原红军驻沪办事处和中共上海办事处的基础上筹备八路军驻沪办事处。八一三淞沪抗战爆发后，李克农赴南京建立八路军办事处。此处即成为八路军驻沪办事处机关，公开活动。楼下为会客室；楼上为卧室。上海租界沦为"孤岛"后，迁往他处。

48 抗战时期中共江苏省委机关旧址

位于徐汇区永嘉路 291 弄 66 号（原西爱咸斯路慎成里 64 号）。旧址为一幢三层石库门房屋，旧址现为徐汇区文物保护单位。

1937 年卢沟桥事变前夕，中共中央委派刘晓来上海恢复和重建党的地下组织。同年 11 月初中共江苏省委成立，由刘晓任书记、刘长胜任副书记，委员有王尧山（组织部长）、沙文汉（宣传部长）、张爱萍、刘宁一等。八一三淞沪抗战结束后，上海租界沦为"孤岛"。江苏省委几经搬迁，于 1939 年 4 月，中共江苏省委机关转迁到这里。由王尧山夫妇作二房东，刘晓作三房客，掩护省委活动。王尧山的妻子赵先除担任省妇委的部分工作外，专职掩护省委机关。省委会议常在楼下客堂间举行。1941 年底，太平洋战争爆发，日军占领上海租界，次年 8 月起，江苏省委奉命分批撤退至淮南根据地。

▲ 抗战时期中共江苏省委机关旧址

49 新四军驻上海办事处旧址

▲ 新四军驻上海办事处旧址

位于徐汇区嘉善路 140 弄（原甘世东路兴顺东里）15 号。旧址是一幢两层楼房，现为徐汇区文物保护单位。

1941 年 1 月，皖南事变发生后。为了击退国民党发动的反共浪潮，中共中央军委决定重建新四军。同年 3 月，新四军驻上海办事处（简称"新办"）在此成立，杨斌任办事处主任。办事处还有 3 个固定联络站，分别设在爱多亚路（今延安东路）益星商店、吕班路（今重庆南路）一家烟纸店和福煦路（今延安中路）华北煤业公司。

另有一个报关行，设在福州路。在此期间，新办输送各类人员赴新四军根据地；承担掩护和护送各根据地领导路过上海或来上海治病等工作；搜集有关资料，采购药品、医疗器械、教育用品、电讯器材等物资运往苏北、淮南抗日根据地。1942 年底，新办完成了历史使命，加之环境日益险恶，党组织决定撤销该机构。

50 1920年毛泽东寓所旧址

位于静安区安义路 63 号（原哈同路民厚南里 29 号）。旧址为一幢沿街坐南朝北、砖木结构的两层建筑，现为上海市文物保护单位。

1920 年，湖南各界人民为驱逐湖南督军张敬尧，组织驱张请愿团分赴北京、上海、衡阳等地作宣传活动。5 月 5 日，毛泽东作为赴京请愿团代表，从北京到达上海，至 7 月初离沪，一直寓居在此。在此期间，毛泽东开展驱张斗争；与在沪新民学会会员彭璜、萧三、李思安等在南市半淞园聚会，讨论学会会务；欢送湖南青年赴法国勤工俭学。此外，还多次前往老渔阳里 2 号，与陈独秀探讨马克思主义和湖南改造等问题。毛泽东回忆说，"他对我的影响也许超过其他任何人"；"陈独秀谈他自己的信仰的那些话，在我的一生中可能是关键性的这个时期，对我产生了深刻的影响"。

▲ 1920 年毛泽东寓所旧址

51 上海茂名路毛泽东旧居

位于静安区茂名北路 120 弄 7 号（原慕尔鸣路甲秀里）。旧址是一幢坐南朝北两层砖木结构旧式石库门里弄房子，现为上海市文物保护单位。

1924 年第一次国共合作时期，毛泽东来沪在国民党上海执行部工作，先住在三曾里，不久便迁来此地。在此地居住的还有他的夫人杨开慧、其岳母及孩子毛岸英、毛岸青。在此期间，毛泽东继续担任中共中央局秘书，负责组织工作，协助陈独秀主持中共中央日常工作，担任《向导》周报编委。同时，在国民党上海执行部任组织部秘书和文书科主任等职，先后负责国民党员的重新登记、黄埔军校在上海地区招生的复试、上海各界追悼列宁大会的组织筹备以

▲　上海茂名路毛泽东旧居

及平民教育的指导等工作，并同国民党右派进行尖锐斗争。同年 12 月，毛泽东因病经中共中央同意，回湘疗养，全家离开上海。

52 上海宋庆龄故居

位于徐汇区淮海中路 1843 号。故居是一幢乳白色假三层楼房，现为全国重点文物保护单位。

宋庆龄于 1945 年至 1948 年期间曾居住在徐汇区桃江路 45 号，1949 年春，迁居于此。1949 年 8 月，宋庆龄就是在这里接受中国共产党的邀请，北上出席中国人民政治协商会议，参与制定建国大政方针。新中国成立以后，她经常在此会晤和宴请来访的各国贵宾，积极促进中外交往，维护国际和平。还接待过毛泽东、刘少奇、朱德等国家领导人。她所创建的新中国妇女儿童福利事业和保卫世界和平运动的许多重大活动也在这里举行。20 世纪 60 年代宋庆龄迁居北京后，每年冬季仍来此居住。1979 年是她最后一次来上海，并在此度过了春节。1981 年宋庆龄逝世后，这里作为她在上海的故居，以志纪念。

▲ 上海宋庆龄故居

53 张闻天故居

位于浦东新区祝桥镇川南奉公路 4398 号。故居建于清光绪年间，是一座具有江南农村特色的一正两厢房砖木结构的民宅，现为全国重点文物保护单位。

张闻天故居具有典型的江南农村特色，周围有菜园、绿树、翠竹、河沟，以及古色古香的黑色篱笆墙。1900 年 8 月30 日，张闻天就出生在这里的

▲ 张闻天故居

客堂西侧的正房内，并在这里度过了童年和少年时期。在此期间，张闻天就读于张家宅东张家祠堂里的一所私塾。1912 年，张闻天继续求学，进入南汇县立第一高等小学读书。1915 年，考入吴淞的江苏省立水产学校。1917 年，考入南京全国水利局河海工程专门学校。自此张闻天离开家乡，赶赴南京，之后在南京参加五四运动。在 1925 年五卅运动的洪流中，张闻天毅然加入中国共产党，开始踏上了职业革命家的道路。

54 陈云故居

位于青浦区练塘镇下塘街 95 号。故居为一座坐南朝北，砖木结构的清代老式江南民居，现为上海市文物保护单位。

陈云自幼失去双亲，被舅父母收养。陈云故居即陈云舅父母家。1911 年

▲ 陈云故居

至1919年，陈云在此生活了8年，度过了少年时期。故居北面临街靠河为平房，先后用作裁缝铺和小酒店，南面是两层楼房，楼上为陈云舅父母所居，楼下一角为陈云住所。在此期间，陈云就读于练塘镇西市城隍庙贻善初小学，1915年，入颜安小学读高小。1917年，就读于青浦乙种商业学校，之后由于财力不济，重新回到练塘，入颜安小学高小部读书。1919年五四运动爆发，陈云是组织颜安小学声援北京学生爱国运动的骨干人物之一。与一些老师、同学组成童子军和救国十人团及宣传队，参与抵制日货、提倡国货，反对帝国主义侵略中国的宣传和演剧活动，带头印发传单，张贴标语，在练塘示威游行。1919年年底，陈云告别练塘镇，到商务印书馆当学徒，接触新思想，开启了人生新的起点。

55 李白烈士故居

▲ 李白烈士故居

位于虹口区黄渡路107弄（原亚细亚里）15号。旧址是一栋砖木结构三层新式里弄建筑，现为上海市文物保护单位。

1937年，李白来沪从事情报工作。在经历两次被捕后，李白将电台几经周转，于1947年上半年，迁入此故居三楼。在此居住期间，李白白天上班，以掩护身份，夜晚将一份份重要情报发送给党中央。1948年12月30日凌晨，国民党采用分区停电的办法测得电台方位，李白被捕。国民党特务对他施以种种酷刑，他坚强不屈。1949年5月7日夜，李白被害于浦东戚家庙。

56　鲁迅故居

位于虹口区山阴路132弄（原施高塔路大陆新村）9号。故居是一幢坐北朝南、红砖红瓦、砖木结构的三层新式里弄住宅，现为上海市文物保护单位。

1933年4月，鲁迅从拉摩斯公寓搬到此处，直至1936年10月19日逝世。在这里，鲁迅曾致电中共中央，祝贺中国工农红军二万五千里长征成功，称"在你们身上，寄托着人类和中国的将来"；拥护中国共产党提出的抗日民族统一战线政策，并表示"无条件地加入这战线"；先后编辑了《南腔北调集》《伪自由书》《准风月谈》等七本杂文集，翻译《死魂灵》《俄罗斯童

▲ 鲁迅故居

话》等外国名著，编成《引玉集》《凯绥·珂勒惠支版画选集》等木刻作品集。他还曾掩护瞿秋白夫妇、冯雪峰等共产党人在此居住。

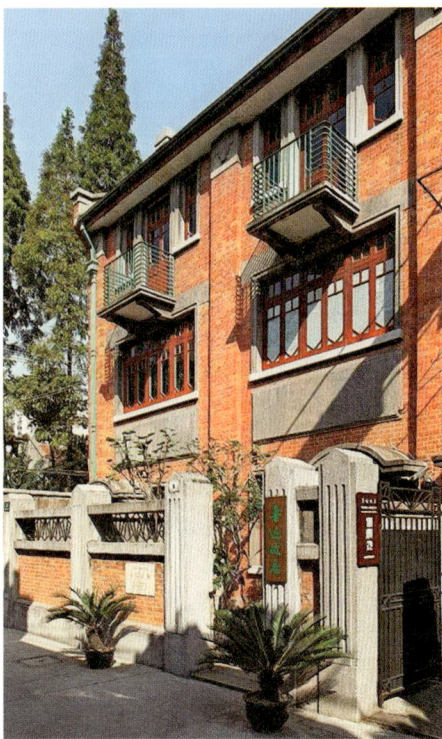

293

57 瞿秋白寓所旧址

▲ 瞿秋白寓所旧址

位于虹口区山阴路 133 弄（原施高塔路东照里）12 号。旧址是一幢坐南朝北、砖木结构三层新式里弄住宅，现为上海市文物保护单位。

1933 年 3 月，经鲁迅介绍，瞿秋白夫妇入住此处二楼亭子间。同年 4 月 11 日，鲁迅一家搬至山阴路大陆新村，两家相距仅隔一条马路。在此居住期间，鲁迅和瞿秋白经常在一起谈论时事、文艺，共同领导左翼文化运动，结下深厚的友谊，"人生得一知己足矣"是为写照。为了给鲁迅留下一个永久的纪念，瞿秋白在此编辑《鲁迅杂感选集》，写下 15000 字的序言，对鲁迅的思想及杂文的战斗意义作了精辟论述，第一次给鲁迅以中国现代文学史上"无产阶级和劳动群众的真正的友人，以至于战士"的高度评价。同年 6 月搬出。

58 上海中山故居

位于黄浦区香山路 7 号（原莫利哀路 29 号）。故居是一幢欧洲乡村式的两层小洋房，建于 20 世纪初，现为全国重点文物保护单位。

孙中山长期为革命四处奔波，却一直没有自己固定的住所。1918 年，为支持孙中山的革命活动，4名华侨集资在上海为他买下这所宅院。1918年至1924年11月间孙中山与夫人宋庆龄寓居于此。1918年至1919年，孙中山在此完成重要著作《孙文学说》和《实业计划》。1920年11月，在此会见共产国际代表维经斯基。1922年8月，在此孙中山会见李大钊、林伯渠及苏俄特使越飞的代表马林，就中国革命和改组国民党问题进行交谈，确立了联

▲　上海孙中山故居

俄、联共、扶助农工的思想。1923年1月17日，孙中山在此会见上海各团体代表60余人，号召团结起来奋斗，使中国成为一独立国家。19日、20日，孙中山在此宴请、接见苏俄代表越飞。26日，发表《孙文越飞宣言》。

1925年孙中山病逝后，宋庆龄仍居住此地。八一三淞沪抗战爆发后，宋庆龄撤离上海，故居家具物件委托亲友妥为保管。1945年底，宋庆龄将此故居移赠国民政府，作为永久性纪念地。

59　韬奋故居

位于黄浦区重庆南路205弄（原吕班路万宜坊）54号。故居是一幢三层砖木结构新式里弄建筑，现为上海市文物保护单位。

1930年，邹韬奋寓居于此。底层是会客厅，邹韬奋与好友胡愈之、杜重远等常在这里集会，商讨救国大计，研究出版事宜。二楼亭子间是韬奋的写作室。在此期间，1932年，邹韬奋创办生活书店，成为出版发行进步书刊和马

▲ 韬奋故居

列著作的重要文化阵地。1933 年 1 月，参加中国民权保障同盟，当选执委，后被国民党列入"黑名单"。同年 7 月，被迫去欧洲考察。在国外获悉《生活》周刊遭国民党查封而停刊的消息后，即在最后一期上发表《与读者诸君告别》。1936 年 7 月 15 日，与沈钧儒、陶行知等共同签署发表《团结御侮的基本条件与最低要求》公开信，要求国民党停止内战，联合红军，共同抗日。11 月 22 日，邹韬奋与救国会其他 6 人被国民政府逮捕，即"七君子入狱案"。七七事变后获释。是年冬，迁离。

60 刘晓故居

位于静安区愚园路 579 弄（中实新村）44 号。故居是一幢砖木结构坐北朝南的三层楼新式里弄住宅建筑，现为上海市文物保护单位。

1946 年 2 月间，刘晓从延安回到上海领导上海党的工作。1947 年 1 月，成立了中共上海分局，同年 5 月改为中共中央上海局，刘晓任书记。为了工作需要，1947 年春夏，刘晓化名刘

▲ 刘晓故居

镜清入住于此，公开身份是关勒铭金笔厂经理。曾到这里来研讨工作的还有上海局副书记刘长胜、委员钱瑛和上海市委书记张承宗以及张执一、卢绪章等。在此期间，刘晓领导上海及长江中下游国统区城市人民革命运动，形成了配合人民解放军正面战场的第二条战线，里应外合，解放上海。

61　刘长胜故居

位于静安区愚园路 81 号。故居是一幢坐南朝北沿街三层砖木结构新式住宅。为配合城市建设，故居建筑整体平移 130 米。故居现为上海市文物保护单位。

1937 年 9 月，刘长胜奉命来到上海，参加恢复和重建中共上海党组织工作。先后任中共江苏省委副书记，上海工人运动委员会书记，华中局城工部副部长、部长，上海市委书记，上海局副书记等。1946 年至上

▲ 刘长胜故居

海解放，刘长胜以瑞明股份有限公司董事身份作为掩护住在这里。刘长胜夫妇住在二楼，同住三楼的是中共上海市委书记张承宗一家。同时，这里也是中共中央上海局的秘密机关之一。在此期间，刘长胜领导上海党组织积极发动工人、学生和各界爱国人士，广泛进行反搬迁、反破坏、反屠杀和保护工厂、机关、学校的斗争，有力地配合了解放军解放、接管上海。

62 龙华革命烈士纪念地

位于徐汇区龙华路 2591 号。纪念地现为全国重点文物保护单位。

1927 年 3 月，国民党淞沪警备司令部（初为上海警备司令部）在龙华镇设立后，许多共产党人和革命志士在此牺牲。1927 年四一二反革命政变后，中共早期重要领导人和优秀党员汪寿华、宣中华、孙炳文、佘立亚、杨培生、张佐臣、陈延年、赵世炎、郭伯和、黄竞西、周颐、顾治本、糜云浩、陈博云被杀害。1928 年，罗亦农、陈乔年、郑复他、李主一等牺牲。1929 年，又有杨殷、彭湃、颜昌颐、邢士贞等牺牲。1931 年，林育南、何孟雄、李求实、欧阳立安等二十四烈士英勇就义。龙华，就是这些革命烈士的埋骨处。

1950 年 4 月，上海市政府在此挖掘出锁着脚镣手铐的烈士遗骸，以及烈士遗物。

▲ 龙华革命烈士纪念地

后
记

　　值此迎接中国共产党成立 100 周年和开展党史学习教育、"四史"宣传教育之际,我们组织编纂《上海党史知识读本》,对于广大党员干部群众学习和了解党的奋斗历程、提升政治能力和历史思维、弘扬党的光荣传统和优良作风将具有重要意义。

　　本书是集体劳动的结晶。中共上海市委党史研究室主任严爱云初步设定了全书内容及框架结构,多次参与大纲和内容讨论,审读了全书书稿并提出修改意见。副主任谢黎萍组织大纲讨论和全书的审稿、修改。室领导曹力奋,研究一处吴海勇、陈彩琴、沈阳、曹典、董奇、柏婷,研究二处张励、黄坚,研究三处郭继、黄金平、孙宝席,以及科研处年士萍等参与大纲和初稿讨论,提出了许多中肯的修改意见。具体执笔人侯桂芳(第一部分)、贾彦(第二部分)、刘明兴(第三部分)、马婉(第四部分)在短时间内多方查阅资料、综合权威和最新党史研究成果,多次修改完善书稿。郭炜、胡迎提供文字和图片查阅帮助。上海人民出版社鲍静同志为本书的出版付出了辛勤劳动。在此,对为本书编纂、出版作出贡献的所有同志表示衷心感谢。

　　由于水平有限、时间仓促,本书难免存在错讹、疏漏和不足,敬请广大读者批评指正。

编者

2021 年 6 月

图书在版编目(CIP)数据

上海党史知识读本/中共上海市委党史研究室编
.—上海:上海人民出版社,2021
ISBN 978-7-208-16935-7

Ⅰ.①上… Ⅱ.①中… Ⅲ.①中国共产党-地方组织
-党史-上海 Ⅳ.①D235.51

中国版本图书馆 CIP 数据核字(2021)第 015663 号

责任编辑 吕桂萍
封面设计 谢定莹

上海党史知识读本
中共上海市委党史研究室 编

出　　版　上海人民出版社
　　　　　 (200001 上海福建中路 193 号)
发　　行　上海人民出版社发行中心
印　　刷　上海中华商务联合印刷有限公司
开　　本　720×1000　1/16
印　　张　20.25
字　　数　248,000
版　　次　2021 年 7 月第 1 版
印　　次　2021 年 7 月第 1 次印刷
ISBN 978-7-208-16935-7/D·3707
定　　价　88.00 元